江苏省社会科学基金资助项目(项目编号:17HQ016)

公私合作行政行为形式选择之理论与实践

张一雄 著

东南大学出版社
SOUTHEAST UNIVERSITY PRESS
·南京·

内容摘要

本书以公私合作问题观为导向，基于行政行为形式基本理论，分别在静态和动态的视角下解构和剖析公私合作的类型、模式、体系以及运作过程，以行政合作契约为落脚，结合司法判例，完善公私合作行政行为形式的法制构建。

本书适合高校学生、专职教师、科研人员使用，也可成为政府及法院司法部门研究公私合作这一领域的专业人员理论学习的参考书。

图书在版编目(CIP)数据

公私合作行政行为形式选择之理论与实践 / 张一雄著. —南京：东南大学出版社，2018.11
ISBN 978-7-5641-8063-8

Ⅰ.①公… Ⅱ.①张… Ⅲ.①政府投资-合作-社会资本-行政行为-研究-中国 Ⅳ.①F832.48 ②F014.39

中国版本图书馆 CIP 数据核字(2018)第 254823 号

公私合作行政行为形式选择之理论与实践

出版发行	东南大学出版社
出 版 人	江建中
社　　址	南京市四牌楼 2 号
邮　　编	210096
经　　销	全国各地新华书店
印　　刷	江苏凤凰数码印务有限公司
开　　本	700 mm×1000 mm　1/16
印　　张	16.5
字　　数	238 千字
版　　次	2018 年 11 月第 1 版
印　　次	2018 年 11 月第 1 次印刷
书　　号	ISBN 978-7-5641-8063-8
定　　价	59.00 元

(本社图书若有印装质量问题，请直接与营销部联系。电话：025-83791830)

前言
FOREWORD

一、以法学视角研究公私合作的背景与理由

改革开放 40 年来，我国经济发展迅速，取得了举世瞩目的成就。与此同时，我国法治建设也取得了长足进步，宪政建设亦不断发展。我国社会结构发生了巨大的变迁，即进入所谓的"转型时期"。我国公共事业与民营资本的合作作为社会结构变迁的一部分，无论是实践层面还是制度层面都经历了深受时空文明情势影响的嬗变。第一，由计划经济下的政府主导公共事业向市场导向的公私合作嬗变。第二，由政府公共资源不可转让的传统公共管理桎梏向政府积极寻求私人资本融资多方位渠道构建的嬗变。第三，国家主导的公共设施建设向市场主导的市场化公共设施建设的嬗变。

纵观国际潮流，自 20 世纪末以来，社会福利和社会服务已经成为现代法治国家的主要原则，福利行政和给付行政日益成为现代行政的主要方式。行政权也变得更加活跃、积极、主动和恣意。但是，在给付行政和行政活动迅速膨胀与发展的这一进程之中，导致国家政府的财政赤字和危机高度攀升，基于国家全面负担的给付行政显得力不从心，这种由公共性的政府全面负责的给付行政模式受到质疑。在 20 世纪 70 年代中后期，首先出现在西方发达的国家，然后在世界范围内涌起一股重视和发挥私人或市场机制在公共给付行政辅助作用的行政改革运动和思潮，在公共设施建设、公共服务提供上日益采用民营化和公私合作等方式实现行政目的。在这样的背景之下，为使行政活动能应对社会变迁的情势，作为调整行政法律关系的行政法也越来越多地渗入了私法的成分，强调公力与私力的结合，行政法中也开始注重行政机关在行政过程中"借力"完成行政预期目的，广泛地注重借助和依赖相对人的协助与参与实现行政管理的目标，这是一种通过"公私合作"形式实现行政任务的基本面向。

就我国目前情况而言，行政活动中的公私合作行为亦开始在城市公用事业、公共基础设施建设、公共服务的提供、灾害的救援防治等领域得到一定的推广和适用，政府公共机构与私法部门之间采取公私合作关系，可以满足社会成员对高质量公共服务的需求，而这种公私合作行为构成了"合作行政国家"的基本内涵。公私合作在具体行政行为中表现为行政服务承包、BOT（建设—运营—转让或移交）、特许经营、BOO（建设—拥有—运营）、行政契约等基本形式，特别是以公私合作的形式完成特定的行政任务。毋庸讳言，在我国公私合作发展过程中也存在着诸多的问题与不足，例如公私合作的外部法律保障制度不健全、公私合作的内部构成机制运行不顺畅、公私合作的实施方式程序缺乏规制、公私合作的运行透明化程度不高、公私合作的救济监督处于薄弱环节等，这些问题与不足严重阻碍着公私合作的正常运行和健康发展。同时，在行政法理论层面上对公私合作行为及其制度的研究相对匮乏，不能够回应社会现实的需要。对于公私合作行为的概念特征、内涵结构、基础理论、机制构建、具体运行和制度保障等相关问题研究不足，不能在理论研究层面正确引导公私合作机制正常功效的发挥。以上种种问题，在行政法理论层面均与行政行为理论紧密相关，而且因公私合作形式导致以上问题出现的深层内因则在于行政行为形式的多样化，由于公私合作导致行政权的恣意裁量，导致行政行为形式的多样化，甚至超出法定界限以至于公私合作非良性运行。因此本书以此为背景，深层次挖掘公私合作背景下的行政行为形式选择，以期从根本上解决公私合作进程中由于行政权过大以及行政行为形式恣意化引发的一系列问题。

恰逢中国共产党第十八届中央委员会第三次全体会议（简称"中共十八届三中全会"）所通过的《中共中央关于全面深化改革若干重大问题的决定》（简称《决定》）重点提出政府购买公共服务等公私合作模式，在整体制度建构上针对我国公私合作现状及现有法律体系进行了政策性的布局和研究。公私合作无论在欧洲各国，还是在亚洲的日本、新加坡等国以及我国的台湾和香港等地区均普遍存在，并被广泛应用于各种政府工程以及民生工程。德国作为大陆法系的代表且公私法二元论的创始国，其真正从制度理论层面上讨论公私合作关系的还应当自2004年欧盟颁布《公私合作绿皮书》（*Green Paper on Public-Private Partnerships and Community Law on Public Contracts and Concessions*）（简称《PPP绿皮书》）开始。当然，颁布《PPP绿皮书》以前，德国诸多公法学者从民营化时期便有行政法学上的思考。德国从传统的梅耶高权行政时代转向公私合作背景下的行政合作时代，不仅是市场经济和时代潮流的转向，也带动了整个宪法与行政法学的研究方向的演变，公私合作的法制化研究不仅在德国生根发芽，也带动了全球公法学界对其关注和研究。以这部分为理论依托，从而可以

从历史和实践角度分析公私合作背景下的行政行为的形式及其选择裁量，在借鉴域外先进理论基础和实务经验的基础上，进一步梳理完善我国公私合作行政行为形式的定义、类型、法制化评价以及未来公私合作法制的整体制度架构。

二、各界研究公私合作模式之现状

（一）境外研究现状

在欧盟《PPP 绿皮书》发布后，各国各地区学界均对公私合作制度进行更深入和系统的体系化研究。在德国公法学界，倡导公私合作进程中行政私法化、行政行为形式多样化的学者主要有 W. Meyer-Hesemann 教授、Schmidt-Assmann 教授和 P. Krause 教授等，他们对公私合作法律制度尤其是在公法层面的探讨尤为深入和细致。在研究政府采购以及公私合作建设基础设施上，德国公法学界首先提出了"双阶理论"。此理论是公法和私法交错的理论，带给我们的不仅是现存的理论学说，更是一种思考模式，思考法律性质重叠行为的归属及效果，然而在是否适用公私合作契约问题上，迄今为止各国立法及学理观点并不一致。在德国行政法之父奥托·迈耶（Otto Mayer）建立的公私二元行政法体系之下，随着现代国家的行政任务加剧、政府财政的紧缺，无论是西方发达国家还是亚洲发达、发展中国家的政府都愈来愈积极地寻求与私部门进行合作（无论是组织形式还是实质出资运营），随之而来的首要问题便是在这种公私合作的组织形式中，法律上传统的公私二元对立规制手段可能已经不再是最为效率经济的规制手段。尤其突出的方面表现在行政行为的形式选择裁量上。传统的行政命令、行政计划等"标准式"行政行为形式已无法满足公私合作后的新境遇，因此德国 Fritz Ossenbuehl 教授及 Hans-Ullrich

Gallwas教授于1971年即以"私人执行行政任务"为题,在德国国家法教授协会发表年会专题演讲,两位教授的演讲以公权力委托为重点,全面剖析大陆法系传统公私二元论下的公权力变迁,以及在公法基本原则下私人介入公权力行使的合法性与正当性。德国当时正处在国家行政任务普遍扩张的时期,各种公共事业急剧加强,亟须民间力量融入公共事业的建设当中。行政法学在当时背景下所探讨的主要问题围绕在法治国家中对于这种私人介入公权力行使以及所设立的组织如何加以规制及限缩等方面,由此引发了学界的重视。

同时,日本学者美浓部达吉的传世经典著作《公法与私法》为后世日本学者在研究公私合作法制问题上铺下了法学理论基石。日本的PFI(私人主动融资)制度、独立行政法人制度均是在公私合作进程中逐渐创设的新型制度,典型的如日本独立行政法人制度侧重于强调其在组织架构、人事管理和财务调配上的弹性,更加尊重独立行政法人的市场自主性。日本政府起初由于石油危机所带来的财政赤字,推行了一系列财政改革计划,同时推出了市场经济社会结构变革,设置了"第二次临时调查委员会",提出了"尊重市场原理和排除政府介入"的口号。在这种社会体制变革之下,日本政府以及执政党接受"第二次临时调查委员会"的建议,陆续在20世纪80年代推行了电信公社、烟酒专卖和国家铁路的民营化,后续又开始推行公共事业费的删减并推动中央省厅的再造等行政改革措施。但是这种表征化的变革并不能从制度层面上根本解决问题,所造成的社会影响和既有成效也非常有限。20世纪90年代,日本经济又迅速恶化,出现严重的财政赤字。自此日本政府才真正意识到公私合作的概念,不能仅仅局限于将国营事务交由民间资本来参与,于是采用了多样民营化的手段与措施。日本政府在这期间推出的《经济社会基本计划》详细记载了多位学者的意见和著作,包括远山嘉博教授、平河一郎教授、今村都南雄教授等。他们在《经济社会基本计划》中指出:"如欲保障事业的公共性,或是欲吸引企业投资回报率较长的事业时,公部门可以规划以公私合作的形态来经营,达到活用第三部门的目的。"日本社会学者佐藤庆幸在其翻译的著作 The Third Sector 中提到,传统的社会可以分成两个部门,即公部门和私部门。但是远山嘉博教授指出应当还有第三部门的概念,包括了五项基本要素:以地方政府作为官方出资的中心、能因应区域新的社会需求、民间参与公共规划、经营上有相当的自主性、企业单纯的公司形态。综上可知,远山嘉博教授所指的第三部门是有条件的,可以归纳为为了因应区域社会新的需要,所担任大型开发计划的推行者或区域振兴的推动者,为了将民间资金或经营能力导入所策定的公共规划中,由政府和民间成立公私共同出资的股份制公司。总而言之,日本学者在日本政府公私合作进程中都著有大量文献专著,沿革日本政府公私合作的历史维度进行分析阐述,系统化研究了日本公私合作的理论体系和现有制度。

在英美国家,英国学者 John Vicker 和 George Yarrow 将民营化定义为:凡是强化市场力量,提高事业的经营效率与竞争能力,缩小公营事业规模以降低事业活动影响力,同时减少政府对经营活动的政治干预,提高民间部门拥有资产比例与强化它对经济活动的政治干预,均称为民营化。学者 Emanel Savas 则认为政府基本上对各类财货及服务有规划、支付及生产的功能,在此基础上,民营化意味着减少政府干预,增加私有机制的功能,以满足人民的需求。因此，更明确的民营化定义应是：在各类公共活动及资产所有权上，政府角色减缩而私部门角色增加。虽然我国将"privatization"翻译为"民营化"，但是从英文构词上理解应当符合公私合作的内涵，美国民营化大师萨瓦斯亦使用"privatization"这一词。当然，美国学者James Sundquist提出了"真民营化"与"假民营化"的主张，他认为"真民营化"系政府的责任不能被转移，所转移的只是通过民间功能所表现出来的绩效，而且"真民营化"不会造成政府角色的消失，而只是减少而已，因为政府仍要承担政策说服、规划、目标设定、监督标准拟定以及执行、评估及修订等功能，因此，成功的民营化必须建立在功能健全的政府基础之上。

在我国台湾地区，则以刘宗德、林明锵、程明修、詹镇荣和黄立等学者为代表，系统化研究公私合作制度，而且研究领域横跨公法和私法，并将公私合作法制问题着眼于公共工程领域，尤其是公私合作过程中行政行为形式多样的理论变迁和实务现状，因为在这种公私合作的组织形式中，法律上传统的公私二元对立规制手段可能已经不再是最为效率经济的规制手段。尤其在行政行为的形式选择裁量上，传统的行政命令、行政计划等"标准式"行政行为形式已无法满足公私合作后的新境遇，就传统行政法理论框架下的行政裁量而言，规范主义控权模式可能已经不再是绝对有效的裁量治理模式，取而代之的是一种以法律原则为取向的功能主义建构模式的改革，尤其在公私合作的大背景下，现行法规范的滞后性已无法满足私法行政形式多样化的需求，凸显这种超越僵硬规范主义的裁量治理模式尤为必要。在这一裁量治理模式的建构下，需要设定几个界限，贯彻法价值理念和公法基本原则（尤其是行政法基本原则），从而实现法治框架内的行政行为形式选择裁量。程明修教授认为，行政行为形式理论在传统大陆法系框架下得以存续并发展，直至今日它仍然是行政法中最为重要的一个部分。但无论是从行政行为形式的功能上来看，还是从类型的划分上来看，很多形式均未能在现代国家背景下（尤其是在民营化浪潮推动公私合作的广泛普及下）继续担当重任。其实，并不是这些传统行政行为形式已经过时，而是随着"资讯社会""合作国家"的出现，在这种背景下讨论行政行为形式一体性和理论性问题时，并不适宜将行政的现代种种要求与传统上的Mayer教授所构建的行政法理论相提并论。詹镇荣教授亦认为政府与私人公私合作执行行政任务是现今民营化浪潮下最流行的部分民营化模式，其优点在于国家借重私主体之人力、专业知识、技术以及资金等资源，减轻政府部门的人事、财政等各方面的负担，同时参与公私合作项目的私人亦可获取经济回报、社会影响等各种方面的收益，可谓双赢的合作模式。詹镇荣教授在其著述中体系化地阐述了民营化后行政体系以及行政法如何管制革新，顺应潮流。同样的，在行政组织法上，行政行为形式选择也具有重要的地位和作用。随着公私合作的深入，我国台湾地区许宗力大法官提出进行行政主体的革新并系统化研究公法人制度。公法人即基于法律由行政权以组织行为所创设的权利主体，是广义上"公"和"私"的结合。在学理上而言"行政法人"即行政机关"公法人"化的特定结果；在行政主体法的组织层面上来看，"行政法人"是于传统国家和地方政府之外，或新设，或直接由既有国家机关组织改制成一新的独立的法人，再由该新的独立法人执行公共任务。李建良教授亦针对公私合作设立的行政法人，依照组织运作的基本模式，提出三项基本机制，分别是意思机关、执行机关和监督机关，分别负责形成实现组织目的之规范、将规范付诸实行以及检视规范执行之间的合致性。但是公私合作方式众多，行政行为形式选择是公私合作进程中最为重要的关键点。最后，随着公私合作的广泛发展，作为公私合作进程中最具代表性的行为形式之一，公共设施的合作建设在当今社会广泛普及，受到各地政府部门的青睐，其不仅缓解了财政压力，同时满足了市场需求，成为公共行政的最新形式。在公私合作建设公共设施过程中，公、私法行为互相交错，容易导致行政部门本应公法行为所承担的行政责任而遭到"隐匿"。针对这一问题，林明锵教授首先对"行政责任"一词作了界定，其在我国台湾地区学界并无明确的定义。德国学说通说上所称之"国家责任"包括"行政责任"，系指国家（含地方自治主体）对其高权行为，就其行为所发生之特定后果，所必须承担起的法律责任；国家责任专指国家的行政、立法及司法责任。行政责任概念虽然容易界定，但是公私合作所设立的所谓公共设施却难以界定，尤其在公私合作之后行政行为形式多样化的态势之后。针对这一重要问题，林锡尧大法官指出，国家或其他公法人之公务管理机关将公务委托民间团体或个人管理时，该公物是否仍具有公共设施之性质，其判断必须先了解原公务管理机关与民间团体或个人之间的委托法律关系为何（是否有公权力之转移？受委托之民间团体或个人是否享有公权力），并据以进一步判断该物是否仍具有公物之功能或地位而定（该物是否仍属行政主体支配及供公共目的使用）。对于公私合作所建立的公共设施致损所产生的责任分配问题，我国台湾地区学者并未有新观点，而是承接德国学者Schuppert教授所提出的"责任阶段论"理论（此理论与公私合作后的行政责任变迁最具紧密关系）。他从国家执行行政任务密度的观点出发，由强至弱依序将行政责任区分为履行责任、保障责任和网罗责任三种基本类型。履行责任指国家或其他公法人自行从事特定任务之责任，特定任务之执行置于国家自己支配力之下；保障责任是指特定任务虽有国家或其他公法人以外之私人与社会执行之，但国家或其他公法人必须负起担保私人与社会执行任务之合法性，尤其是积极促其符合一定公益与实现公共福祉之责任；网罗责任则重在备位功能，仅在于具有公益性之管制目的无法由私人与社会达成或管制失灵时，此项潜在的国家履行责任才被予以显现化。① 行政责任与行政行为互为呼应，并且相互承接是公私合作进程中极为重要的一个环节，厘清行政责任的前提便是界定行政行为形式的具体存在形态。

（二）我国大陆研究现状

在我国大陆，研究公私合作的领域多见于管理学和经济学，在法学界有类如葛云松、章志远、陈军等学者对公私合作背景下的部门行政法问题进行探讨，尚未在法律体系和法释义学上对公私合作有深入的研究分析，也没有系统研究公私合作背景下的行政行为形式选择。我国大陆学者在对行政行为形式的分类研究上，多局限于对标准化行政行为的分类，对于公私合作下的新型行政行为形式鲜有理论探讨，从而行政行为形式选择裁量的理论研究也就略显空白了。公私合作下所创设的公共设施、大型基础设施事前事后的责任界分，以及对第三人的责任分配问题，也是随着

---

① G. F. Schuppert. Die öffentliche Verwaltung im Kooerationsspektrum staatlicher und privater Aufgabenerfüllung: Zum Denken in Verantwortungsstufen, Die Verwaltung 31 (1998), S. 415 ff. (423). 转引自詹镇荣：《民营化法与管制革新》，台北元照出版公司2005年版，第125页。

公私合作后更为复杂的学理问题。针对这些细节问题，我国大陆学者并未有体系化的研究和论证，也尚未从行政法学角度真正对公私合作进行系统研究。截至目前，真正意义上研究公私合作的博士论文只有苏州大学陈铭聪博士的《公私合作的行政法问题研究》、中南大学敖双红博士的《民营化语境下的行政法问题研究》和苏州大学陈军博士的《变化与回应：公私合作的行政法研究》。虽然三篇博士论文都是从行政法角度研究公私合作，但尚未真正从行政法理论角度切入公私合作的逻辑变化和制度设计，只是从行政法表征上对公私合作做一个阐述，或虽然有制度设计层面上的论证，但并未从宏观上把握公私合作，而是从某一种公私合作类型进行切入。或者正是由于公私合作的架构过于庞大，理论体系过于复杂，涉及学科众多，导致无法一一把握公私合作的细节部分，也导致以上博士论文的研究结果留有未尽之处。

具体到我国目前实际情况，公私合作项目是为了改善传统的由政府财政支持投资建设、由国有企事业单位垄断经营时所产生的弊端应运而生的。它在资金、效率、质量、风险等方面都有优势。随着各地许多PPP项目的签约和开展，新一轮PPP投资浪潮已经在我国各地全面展开。就国际上比较典型的PPP项目而言，可以参考2000年英国伦敦地铁的PPP模式项目，这为国内外轨道交通的公私合营提供了一个相对成功的借鉴范本。当时，由英国政府负责地铁车站、轨道和洞体等土建和公益部分的投资和建设，包括车辆、信号等设备的投资、运营和维护，并由吸收社会资本组建的PPP项目公司来完成，这套比较可行的办法也逐渐对国际和国内的大型市政基础设施的建造和运营提供了参考依据。就我国目前PPP模式发展情况来看，我国城市地铁轨道交通建设已经

全面拉开了PPP模式的序幕。2005年,北京地铁建设在规划和上马的项目中,"四号线"因与其他地铁线建设模式有所不同而备受瞩目。同年2月,香港地铁公司与北京市政府草签北京地铁四号线项目《特许经营协议》,揭开了中国内地轨道交通建设PPP模式的序幕;地铁四号线引入PPP模式其意义不仅在四号线本身,它将成为北京乃至全国基础设施建设新模式的一个样本,也给国内学者研究公私合作法制建构及理论发展提供实践性研究的素材和案例。此外,从未来发展趋势看,我国的中小型城市的基础设施的建设和完善,以及我国广大农村地区对公用事业服务日益增长的需求也将是PPP模式又一个广阔的潜在阵地。

以上现状及问题的分析和研究,必须基于公私合作背景下,厘清以行政机关为主导的行政行为形式选择内在合法界限及裁量标准,以确保公私合作进程中公权力运行的框架和范畴,确保在公私合作项目中行政行为形式不被滥用,从而达到一个公与私在合作过程中的平衡基点。同时也要明确行政行为形式的本质内涵和社会客观评价体系,让公私合作在行政行为主导下向良性的未来发展。

三、本书研究的内容与体例

本书的写作立足理论与实践相结合,重点解决公私合作背景下的行政行为形式内涵及选择裁量,进一步完善我国公私合作的法学理论体系,从而推动公私合作法释义学研究,并结合相关司法判决和实务案例,指导相关立法、执法和司法工作,以达到推动我国公私合作法制发展和中国行政法治进步之目的。

第一,以"公私合作问题观"为导向,引出行政行为形式的基本理论问题。界定公私合作和民营化之间的关系,从法释义学角度剖析公私合作的实质。同时,探析在公法尤其是行政法主导下的公私合作发展趋势,以此为背景从传统公法学角度提出在公私二元论下的公私合作境遇之挑战,导出传统行政行为理论需要在这一境遇下进行变革。

第二,分别在静态和动态的视角下解构和剖析公私合作的类型、模式、体系以及运作过程,从而讨论在各种公私合作类型下的行政行为形式态样。在静态视角下,主要观察公私合作的模式、类型化界分以及法释义学体系,解读各种不同模式下的法律关系以及公私法之间法域区分;在动态视角下,主要从行政法律关系、行政行为形式的功能取向以及公私合作行政行为形式与组织形态三大方面具体剖析公私合作进程中的行政行为形式的变革和动向。

第三,从发展的角度来观察公私合作。公私合作虽然在我国实践操作中历来已久,但明确提出这个概念还是近几年,尤其在大型公共基础设施建设过程中的运用也是近年来才趋向成熟。落实到法学乃至行政法学层面仍然是大陆法学界的空白,因此借鉴国外法制经验,指导我国公私合作法学理论发展,尤其是行政行为形式选择裁量上,需要在公私合作态样理论化的基础上,对传统行政行为形式选择裁量治理模式进行分析总结,归纳出在公私合作背景下行政行为形式选择裁量的新体系,才能在真正意义上指导实践层面的公私合作发展。

第四,是对公私合作行政行为形式选择的评价与规制。以比较法的角度对公私合作立法以及立法中的行政行为形式对比分析研究,从行政行为形式选择的制度设计上分析和架构公私合作的具体运作模式,以及引入其他配套的行政立法,从实体和程序上均能保障公私合作在法制运行过程中充分保护参与者的权利和权力，也同时针对近期财政部《关于推广运用政府和社会资本合作模式有关问题的通知》和国家发展和改革委员会等六部委共同出台的《基础设施与公用事业特许经营管理办法》作一个梳理和理论分析，对将来我国出台更为全面和针对性的立法进行一个法制体系完善。

第五，重点对公私合作行政行为形式选择裁量进行法律规制，基于公法学基本原则视角之下，尤其是在宪法基本原则和行政法基本原则约束下，公私合作行政行为形式选择应当如何确定界限，并在公法原则约束下如何具体展开裁量基准，是本书的重点研究内容，也是核心论证部分。其次是基于公法原则约束下公私合作行政合作契约的具体定性以及如何进行法律规制，本书参照域外理论研究学说与司法实践经验，选取行政合作契约作为公私合作行政行为形式最具代表性的行政行为形式进行立法评价与法制架构，以管窥豹，从典型行政行为形式落脚，在宏观上架构我国公私合作的法制框架。

公私合作背景下的行政行为形式之评价取决于行为法律形式，在传统行政法理论体系之下是基于行政行为理论展开研究的，本书另辟蹊径，以行政行为形式为研究对象，展开对公私合作背景下的行政行为及形式选择裁量进行研究。本书以公私合作背景下的"行为"为研究对象，先从公私合作中的立法政策以及行政行为合法合理性角度出发，讨论在公私合作背景下行为行政形式选择的基本法理学考量。按照公私合作的行政过程论，分别以行政行为形式的行政法基本原则、行政组织选择合理性、行政行为形式选择对私主体利益之保障以及行政行为形式对应的行政责任进行研究，讨论公私合作背景下行政行为形式的态样化差异和选择裁量标准。

基于这种考虑，在公私合作的现实背景下，本书尝试运用行政法学的基本原理、管理学基本理论，并立足于德国、日本以及我国台湾地区等先进的理论基础和立法经验之上，采取比较、实证等研究方法，对公私合作进程中的行政行为形式的运用与选择裁量等基本问题进行多位一体的系统研究，同时在公法学基本原则的视角下对公私合作的法制化建构展开系统梳理并提出建议。全书共分为以下章节：

第一章为公私合作与行政行为形式理论问题界定。首先，从"公私合作"和"民营化"的概念切入，一方面阐述公私合作模式的兴起及其发展模式，另一方面从学理上厘清"民营化"概念之本质并剖析其类型化模式，在此基础上论证公私合作与民营化有着本质的区别。其次，在行政法理论基础下透视公私合作模式，并且将其置于传统公私二元论下进行法释义学解读，论证这种模式的合宪性。最后，以公私合作为背景提出"行政行为形式"理论，并且从型式化和非型式化两种分类进行论证行政行为形式在公私合作进程中有着极其重要的地位和内涵。

第二章为公私合作类型涵摄下的行政行为形式态样思辨。一方面，在管理学和行政法学跨学科的视角下对公私合作模式类型作一个学理上的分类；另一方面，在传统行政法学理论下对行政行为形式的类型作一个学理上的分类。基于这种融合和交叉，论证不同种类公私合作模式下的具体行政法律关系，并进一步论证在不同公私合作行政法律关系下，行政行为形式选择的结果有着不同的功能性取向和组织形态。

第三章为公私合作行政行为形式选择裁量。首先在静态的视角下，透过行政行为形式选择裁量理论论证公私合作中的行政行为形式具有选择裁量的空间。其次在静态的视角下，分别论证公私合作中行政部门具有行为形式选择裁量和组织形态选择裁量，而且组织形态选择裁量亦是行为形式选择裁量的结果。最后在基于宪法和行政法基本原则的约束下，论证了公私合作行政行为形式选择裁量应受制于各项基本原则，并在这些原则约束下公部门仍应承担特定的行政责任。

第四章为比较法下的公私合作法制及行政行为形式评价。该部分分别选择德国、日本和我国台湾地区作为比较研究的蓝本，分别选取以各自的公私合作"立法"背景与进程、公私合作程序的设计与实施以及公私合作案件的司法实践为视角，汲取其各自的"立法"理念与技术优势，作为指导我国大陆公私合作法制建构的理论素材。同时在各自国家和地区的"立法"解读及案例评析下，论证了公私合作背景下行政行为形式是否合理并且适用于特定的公私合作项目，需要进行法政策学、程序性以及实体性的评价，以此得以保障行政行为形式的选择具有合理性、科学性以及效率性。

第五章为公私合作行政行为形式法制建构。该部分主要选取公私合作中最具代表性的行政行为形式——行政合作契约为研究对象，首先在法制建构基础上论证了我国大陆构建公私合作法制的必要性和可行性。其次参照了德国和我国台湾地区关于行政合作契约的现有"立法"，先对行政合作契约进行法律性质的认定，同时基于"宪法"和行政法的基本原则，分别从公私合作私主体的选任和契约签订、行政合作契约的全面履行以及行政合作契约履行障碍时公部门的担保责任三个方面系统建立行政合作契约制

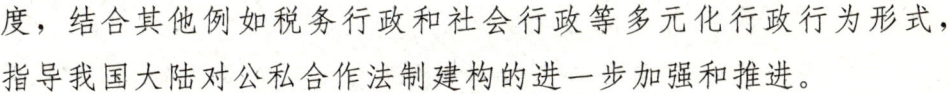

度,结合其他例如税务行政和社会行政等多元化行政行为形式,指导我国大陆对公私合作法制建构的进一步加强和推进。

四、以法学视角研究公私合作的方法与路径

对于研究方法与路径而言,并无固定的模式,"合适的就是最好的"。行政法学基于其多元化的法学理论基础,有其独特的逻辑思维进路和价值取向。但对于公私合作为主要背景下的行政行为形式问题而言,艰深的理论研究不是终极目标,解决实际问题才是最终目的。这并不是庸俗的功利主义,而是诸如行政法等部门法固有价值的承载。本书基于行政法基础理论研究基础之上,以公私合作实践为导向并最终应用于公私合作实践。围绕这一点,本书采取了下列主要研究方法:

第一,历史研究的方法。无论是在观念层面还是在制度层面,为了更深刻更准确地把握公私合作的概念、性质、体系和制度等问题,必须考察公私合作的历史,追溯其制度变迁的轨迹,进行一种回溯性研究。因为公私合作的历史情况不仅是特定文明情势使然,而且已经成为其独特的理论传统,对当下的公私合作理论与制度带来诸多影响。这种影响可以从公私合作的原初思想、公私合作的入宪等方面体现出来。

第二,文本分析的方法。关注真实的文本,从文本的内容来观察文本背后的运行逻辑,亦是社会科学研究的重要方法。本书拟采取文本分析的路径,立足于公私合作法释义学视角以及构成公私合作基本秩序的一系列规范,以体系解释的方法,展开公私合作当下的文本分析。一方面,可以从根本法的角度理解公私合作的真正意蕴;另一方面,有助于对公私合作进行宪法解释。这两个方面对公私合作的法治保障都是不可或缺的。

第三，法律社会学的分析方法。从历史的发展看，公私合作是一个深受社会、经济与政治影响的概念，其意蕴往往与特定时代的经济社会政治发展水平密切联系。因此，通过公私合作与经济发展、公私合作与政治文明的发展、公私合作与社会生活之间的效果进行研究，能使公私合作不至于脱离现实成为一种纯粹"应然"的法律现实。在公私合作背景下，合作项目均常见于政府公共工程，关乎社会公众利益，行政行为形式的法社会评价显得尤为重要。

第四，比较研究法。他山之石，可以攻玉。欧洲各国尤其是德国的公私合作研究已经比较成熟，因此在本书中，首先也是重点对公私合作制度和理念比较成熟的德国与日本进行介绍、比较、借鉴，并与我国当下公私合作现状进行较细致的比较分析。其次，比较我国大陆公私合作行政法学理论体系与德国、日本以及我国台湾地区法制规范下的法学理论体系。最后，结合境外现有法制背景以及理论学说，加之欧盟的《PPP绿皮书》，比较分析研究并探讨我国大陆公私合作行政行为形式的基本法律制度保障和体系化建构进路。

目录 CONTENTS

第一章　公私合作与行政行为形式理论问题界定 …………… 1
第一节　公私合作与民营化的区别与联系 ………………… 1
第二节　行政法主导下的公私合作 ………………………… 8
第三节　公私合作与行政行为形式理论的展开与变革 …… 27

第二章　公私合作类型涵摄下的行政行为形式态样思辨 ……… 40
第一节　跨学科视角下的公私合作及其实践应用 ………… 40
第二节　传统行政法理论下的行政行为形式态样 ………… 60
第三节　公私合作下的行政行为形式 ……………………… 69

第三章　公私合作行政行为形式选择裁量 …………………… 76
第一节　公私合作行政行为形式选择裁量空间 …………… 76
第二节　公私合作行政行为形式与组织形态之选择裁量 … 85
第三节　公私合作行政行为形式选择裁量应以公法基本原则为约束 …… 94

第四章　比较法下的公私合作法制及行政行为形式评价 ……… 113
第一节　德国公私合作法制架构基础与行政行为形式 …… 113
第二节　日本公私合作法制架构基础与行政行为形式 …… 127

  第三节　我国台湾地区公私合作立法及判例评析……………… 131
  第四节　比较法下公私合作行政行为形式的评价…………… 135

第五章　公私合作行政行为形式法制建构……………… 141
  第一节　公私合作行政行为形式法制建构基础……………… 141
  第二节　行政合作契约法制比较研究与本土化建构………… 149
  第三节　其他行政行为形式法制建构与发展………………… 182
  第四节　相关司法判例与项目调研之观点总结……………… 188

参考书目 …………………………………………………………… 231

第一章
公私合作与行政行为形式理论问题界定

第一节　公私合作与民营化的区别与联系

公私合作的兴起，是行政法理论重新焕发生机的一次契机，传统大陆法系下的行政法基本理论已无法逐步适应当下公私合作浪潮的脚步。行政行为形式的多样化既是公私合作的生命力所在，也是公私合作深层隐患所在。虽然公私合作模式在我国存在已久，但也有部分常被习惯称之为民营化，这种习惯性称谓在改革开放以后尤为流行。在对行政行为形式理论展开的同时，应当先对公私合作和民营化做一个学理分界，同时在行政法基本理论的角度对公私合作现状和趋势做一个评价，在这两点基础之上，方能以公私合作为背景对行政行为形式进行讨论和研究。

一、公私合作之兴起——私人参与公共任务

在传统大陆法系的基本框架下，公私合作并非起初既已存在，而是在通过行政任务私人介入这种行政权相对突破的境遇下发展产生的。传统大陆法系的私人介入公主体参与行政任务的行为相对并不陌生，比如行政法理论上的行政授权和行政委托，但这种行政权的相对释放也只是局限于以行政公权力为核心的行政行为理论范畴。至于私人参与行政任务的提出，应追溯自1971年德国 Fritz Ossenbuehl 教授和 Hans-Ullrich Gallwas 教授的

专题演讲，他们在专题演讲中阐述了在行政任务大范围扩张的背景下，私人参与行政任务的可行性和适当性，也提出了私人和公权力主体共同协力完成行政任务的组织和行为的合法性参考要件，① 从而开启行政法学者对私人参与行政任务所形成的组织和行为形式模式的学理思考。

因此，私人参与行政任务是在现代国家的行政给付浪潮下提高行政效率、精简行政人事布局以及减少政府财政支出最为有效的措施之一，行政机关在私人参与行政任务的背景下进一步下放行政权限，导致私主体亦享有一定的行政权，从而满足本书所称真正意义上的公私合作。近年来，我国政府已不单单在理论层面讨论公私合作的可行性与有效性，而是在多重领域尤其是政府工程领域，充分将公私合作模式付诸实践。但在行政法学界却没有紧密跟进的理论研究，包括对公私合作前段的合宪性、合法性等理论原则问题以及公私合作后段的行为形式选择和行政责任承担等具体运行问题的研究。而且在公私合作进程中，并非所有行政主体采取完全下放行政权的方式，将行为权力与责任承担一并交由私主体承担公私合作项目，而在多数情况下均采取组织私法化的方式，比如建立项目法人公司，由法人机构统一运作公私合作项目，而核心为行政权的主导不变；又或者由私主体参与项目建设，而实际项目责任则完全由公主体承担的传统的私人参与行政任务的类型。这也是我国台湾地区学者所称谓的"部分公私合作"，这种公私合作模式的共同特征在于公共任务是由公部门和私主体共同合作而达成的，② 即由私人参与公共任务发展而成的公私合作的典型模式。

二、传统民营化的学理定义及类型化模式

"民营化"一词在英文中为"Privatization"，有"私人化""私有化"之意，而私有化往往与社会所有制相联系，与我国社会主义公有制相冲突，

---

① 参见 Ossenbuehl. Die Erfuellung von Verwaltungsaufgaben durch Private, VVDStRL 29(1971), S. 137ff.

② 参见詹镇荣：《论民营化类型中之〈公私协力〉》，载《月旦法学》，2003年第11期。

因此"民营化"一词在我国大陆的出现时间并不算早。在境外，不仅"民营化"一词出现得较早，而且在理论上均有学者对其进行研究。比如英国的 John Vicker 和 George Yarrow 将民营化定义为：凡是强化市场力量，提高事业项目经营效率与社会竞争力，缩小共有事业规模，减少共有事业支出，同时减少政府公部门对私人主体行政干预，提高民间私人资产的拥有比重并强化其对经济活动行政干预的，均可称其为民营化。[①] 我国台湾学者李希扬把民营化定义为：民营化是将公共部门（政府）所提供的各类公共活动、公共服务、资产所有权、经营权等，透过合理的方式与适当的程序开放转移给民间，借以达到下列目的：第一，减缩政府规模并减少管制与干预，以增加私有携带的功能并促进社会参与。第二，扩大并强化市场功能，促进兼顾市场取向之施政模式。第三，促进政府组织经营绩优，提升服务品质并满足人民需求。就以上学者对民营化的定义来看，是各自基于特定的社会环境和政治背景下所作出的，也是当时特定时代背景条件下的产物。至于民营化在学理上的定义，尤其是在行政法学界的定义和理解，并无显见。就台湾学者李希扬所下的定义来看，民营化意图达到的目的在于减少政府干预、促进市场参与同时提升行政任务的效率，从这三点目的来看，民营化在很大程度上类似于行政辅助人的概念，并无行政权力的下放和私人参与行政的内涵。而且从其他学者所下的定义来看，更多的只是强调市场对行政任务效率的提升，并未申明民营化后市场便可获得一部分行政自主权限。因此，单一从民营化定义来理解民营化的学理内涵并不显得十分具有逻辑性，也无法从单一的学理角度来探讨复杂多样的民营化形式，在学理逻辑上应当进一步分析研究民营化类型，从而归纳总结型式化民营化种类，再从行政法学理上对其进行剖析释义。

关于对民营化的学理分类，可参照德国公法学界的通说进行归纳总结。德国公法学界通说以行政权的私人参与程度为分水岭，分别依私人参与程

---

① John Vicker and George Yarrow. Privatization：Economic Analysis，MIT Press，1988.

度由弱至强划分为组织民营化、功能民营化和任务民营化。① 首先，就组织民营化而言，学理上有称之为形式民营化或者不纯正民营化之说，亦即这种民营化方式并非真正意义上的由市场化之后进而完成行政任务，而是公主体借用私人组织外壳进行行政任务的执行。在实际操作中，行政任务的公法属性亦即行政主体对行政任务的履行责任和担保责任仍保持不变。在组织民营化实际实施中，出于以私法组织及其行政行为形式达成特定的行政目的存在已久，只是组织民营化将其特定内涵给予涵摄而已，因此这种方式容易产生理论上所谓的"公法遁入私法"而规避公法规制约束的现象，行政私法理论针对此种组织民营化应运而生。正如陈敏教授所指出的，"宪法"赋予人民之基本权利保障，对各种形式之行政权皆应适用，因此并不容许行政将其行为安排于私法层面，从而摆脱公法之拘束，产生所谓"遁入私法"之现象，行政私法即在于以公法规定修正、补充私法规定，或排除私法规定之适用。② 正因为组织民营化之进程并无私人资本的参与也无私人得以行使行政权，因此导致行政权在组织民营化下可有相当程度的恣意程度，行政私法理论强制约束行政权在组织民营化下受到公法规范的约束。其次，德国传统公法学理论中所谓的任务民营化，是指公部门退出履行行政任务的范畴，不再作为行政任务的执行主体，而将其所有活动归为私人主体的范畴。从行政法理论上来看，在任务民营化中，行政主体释放出完全的行政权，由市场进入行政任务范畴，但鉴于大部分行政任务事关公共利益，尤其是政府公共工程关乎民生福祉，因此在任务民营化进程中，行政主体也并非完全脱离行政责任之承担，其仍需以公共监督者的身份统筹项目所有过程，借由内在规制和外在立法以确保其对公共任务的国家担保责任。当然，相对于组织民营化而言，任务民营化在最大程度上释放公权力，市场主体可以完全进入行政任务的履行和承接范畴，政府公部门仅对行政任务的结果承担国家担保责任，这也是法治国家基本原则的要求。任

---

① 参见 Schoch. Privatisierung von Verwaltungsaufgaben, DVBl. 1994, S. 962(962f).

② 参见陈敏:《行政法总论》, 台北新学林出版有限公司 2011 年版, 第 658 页。

第一章 公私合作与行政行为形式理论问题界定

务民营化将行政任务的完成完全归于私主体,是最为彻底的民营化类型,也是民营化进程中的终极目标。最后,介于组织民营化和任务民营化两者之间的是在学理上习惯称为功能民营化的民营化类型。对于功能民营化而言,一方面出于行政任务的特殊性,无法直接交由私主体全部承接,因此公部门应当履行一部分行政任务,无法像任务民营化类型那样,直接将行政任务的履行全部交由民间完成;另一方面,功能民营化也不像组织民营化那样具有形式性,并不是完全掌握行政任务的履行全过程而仅仅需要私法形式的外壳,在功能民营化中也有将行政任务的部分执行项目交由民间私人主体去完成的。简而言之,在功能民营化类型中,行政任务的真正性质并没有发生改变,依旧由公部门承担行政任务的国家担保责任,担保行政任务的顺利完成和公共利益的实现与满足,只是公部门在这过程中将一部分行政任务的执行交由民间私主体完成。据此可知,私人并非取代公部门或在公部门之外从事私人活动,而是为公部门执行行政任务,这种类型的私人执行之行为,在与特定行政任务的完成有功能上的关联性,①故将其称为功能民营化。纵观德国乃至整个欧盟的民营化历程,功能民营化在各个政府层级中是最为常见也最为普遍适用的,而行政法理论上的行政辅助人概念已无法涵盖复杂多变的功能民营化类型。随着进入21世纪,欧盟逐渐开始转用公私合作之概念替代民营化,而且公私合作的概念进一步滥觞于德国、日本以及我国台湾地区的整个制度立法和行政实践之中,现在有更多的学者习惯将"民营化"称为"公私合作",但亦有不少学者习惯于区分民营化和公私合作,例如,学者敖双红在其博士论文中提到,功能民营化则是指公任务权限与责任仍然保留在公行政主体身上,任务的执行并非委托给真正的私法主体,私法主体事实上只不过充当了行政助手而已。确

---

① 参见 Burgi. Privatisierung oeffentlicher Aufgaben: Gestaltungsmoeglichkeiten, Grenzen, Regelungsbedarf, in: Staendige Deputation des Deutschen Juristentages, Verhandlungen des 67. Deutschen Juristentages Erfurt 2008, Bd. I, Gutachten D, Muenchen 2008, S. 33; Gersdorf, (Fn. 12), S. 832.

切地说，这只是部分的任务民营化，常见的有公私合作行为。① 这种见解代表了一部分学者的观点，认为公私合作只是民营化类型中的一个分支而已，应当隶属于民营化的下位概念。当然，公私合作在当时的时代背景下实属于比较新颖的概念，这一概念的提出不仅彰显了私人参与行政任务的实践内涵，也顺应了行政法理论体系随着潮流发展的趋势。

三、公私合作的发展模式及其与民营化之界分

公私合作模式历史上肇始于美国的非型式化公私协商合作模式，以此来参与经济发展计划和城市更新规划项目。学者 Becker 曾指出，在匹兹堡实践计划中，公私合作是在国库财政窘迫背景下开始发迹，旨在利用私主体的专业技术和资金资源，拯救并改造日益衰弱的重工业，这也是被学界普遍认为的公私合作模式的开端。② 以此来看，公私合作模式在一开始出现之时并未有任何以契约为基础的型式化法律关系，自 20 世纪 70 年代公私合作模式才在美国其他城市普遍发展起来，而且"公私合作"一词是在 1977 年首次出现在美国政府的官方文件中。这种推动，多是基于美国地方非官方组织用来推动地方经济发展的实践，最终才被美国政府官方得以确认实施。相比而言，德国等欧盟国家公私合作的实践相对较晚，但理论研究相比较美国发展更为成熟与系统。随着民营化浪潮的蓬勃发展，德国行政法学界在当时便开始研究讨论公私合作和民营化两者之间的关系。纵观 20 世纪 90 年代后期的德国行政实务界，德国联邦政府以及各州政府开始逐步适用公私合作模式，主要运用在民生救助工程、公共设施兴建与运营以及其他公共非经济性事务上。由于实务上的发展，德国联邦政府制定了历史上第一部促进公私合作发展关系的法律——《推动公私合作关系加速法》（*ppp-Beschleunigungsgesetz*）。德国这部法律的制定意味着公私合作开始融

---

① 参见敖双红：《民营化语境下的行政法问题研究》，中南大学博士学位论文，2007 年第 20 页。

② 参见 Becker. Rechtsrahmen fuer Public Private Partnership, ZRP 2002, S. 303(304).

入德国法律体系,从而德国公法学界开始逐步用"公私合作"一词替代"民营化","公私合作"也从法制和理论上根本性地取代了"民营化"的用法。

我国台湾学者刘宗德将公私合作定义为:公私合作是指来自公组织与私主体间所谓持续,且具生命周期取向性合作。① 学者詹镇荣将公私合作定义为:国家高权主体与私经济主体间本于自由意愿,透过正式之公法或私法性质双方法律行为,抑或非正式之行政行为形塑合作关系,且彼此为风险与责任分担之行政任务执行模式。② 日本学者山本隆司将公私合作理解为:公组织对私主体委以下列任务与责任之相关事宜,① 关于诸利益之衡量或财产、服务分配之决定,或执行、实现此决定。② 为准备公组织做成此决定,或作为公组织不作此决定之替代,搜集、形成、提示有关自己利益以外之利益资讯。③ 可见公私合作之定义在理论上也众说纷纭,这既是由于公私合作本身横跨多门学科,无法统一在某一个学科视角内予以定义,也是因为实践中公私合作形式多样性所导致,因此法学界对公私合作的定义也会因不同的视角而予以不同的诠释。就从最广义的公私合作视角来看,仅需公部门与私主体合作即可,犹如民营化类型中的组织私法化,在这种广义的公私合作架构下,随着时代的变迁和公私合作模式的演变,学界有以公私合作类型化为视角对公私合作的概念锁定在以特定契约为基础的公私合作关系,但是这种狭义的契约公私合作仍属广义公私合作的一部分。就行政法学理层面来看,无论广义还是狭义的公私合作,首先应当肯定公私合作是一开放性概念,属于行政法学的集合概念。其次,有学者提出在

---

① 刘宗德:《公私协力与自主规制之公法学理论》,载《月旦法学》,2013年第6期。
② 詹镇荣:《行政合作法之建制与开展——以民间参与公共建设为中心》,收录于我国台湾地区行政法学会编:《行政契约之法理/各国行政法学发展方向》,2009年第101-159页。转引自刘宗德:《公私协力与自主规制之公法学理论》,载《月旦法学》,2013年第6期。
③ 山本隆司:《日本における公私協働》藤田宙靖博士东北大学退职纪念《行政法の思考樣式》,2008年第176页。转引自刘宗德:《公私协力与自主规制之公法学理论》,载《月旦法学》,2013年第6期。

行政法学范畴内将公私合作区分为型式化公私合作和非型式化公私合作，而做这种区分的关键因素在于行政行为的型式化与否，由于公私合作的主导因素在于行政行为，而行政行为外在表现形式的关键则是行政行为形式选择裁量的结果，这种选择裁量影响公私合作本质乃至整个进程，在很大程度上关乎合作方当事人的切身利益。

当下，"公私合作"一词是被德国公法学理论界普遍采用的用语，也同时被一大批我国台湾学者所采纳，在对于公私合作和民营化的学理界分上，有学者主张以公私合作直接替代民营化，也有学者认为两者应当加以区分而分别存在，还有学者认为应当以民营化的用语更为科学。虽然公私合作日趋为实务界和理论学界所接受，但民营化用语一直存在且与公私合作交错使用，应当有予以厘清的必要。有学者认为公私合作是民营化三大类型中的功能民营化，并主张功能民营化是公私合作关系的典型范例。① 就这种观点来看，其认为公私合作隶属于民营化的下位概念，公私合作只是民营化的一个分支而已。但是就主体角度而言，公私合作在整体公部门与私主体之间较为侧重于公共任务在公部门与私主体之间任务转移的过程，而民营化则主要强调公私利益以及市场资源分配间的再调整；就生命周期角度而言，公私合作并非如民营化概念那样属短暂的资本过渡现象，而是具有长期性、程序性、结构性的合作伙伴关系；就概念内涵角度而言，公私合作关系兼具部分民营化以及种类混合民营化的特征，不仅仅局限于行政任务之目的，相比较民营化而言，公私合作具有更深层次的内涵和范畴。

第二节　行政法主导下的公私合作

现代公私合作模式已经逐步发展成为固有的行政主导模式，在公与私

---

① 参见 Schuppert, Die Oeffentliche Verwaltung im Kooperationsspektrum staatlicher und privater Aufgabenerfuellung:Erscheeinungsformen von Public Private Partnership als Herausforderung an Verwaltungsrecht und Verwaltungswissenschaft, in: Budaeus/Eichhorn(Hrsg.), Public Private Partnership: Neue Formen oeffentlicher Aufgabenerfuellung, Baden-Baden 1977, S. 93(117,124).

的博弈中,无可避免地需要依托公共任务和公共资源,在公部门的主导下以引入市场私主体,完善公私合作的全过程。纵观德国、日本以及我国台湾地区的立法趋势和公私合作法律实务操作,公法化趋势是显而易见的。在当下研究公私合作无疑需要以公部门为研究中心,行政行为形式在公私合作进程中发挥着重要作用。同时,传统大陆法系的"公私二元论"需要因这种公私合作进程作出进一步的变化和革新,以适应时代潮流。

一、公私合作公法化趋势

在公私合作背景下,所谓公私合作的公法化趋势即是指以公部门为主导的公私合作进程,以行政法为主要核心规制,从而进一步研究公私合作进程中的行政行为形式,以在行政法理论体系内规制、评价与重构公私合作下的行政行为。在行政法主导视角下研究公私合作首先要予以解决的便是公法与私法的区分问题。关于公法与私法的区分之理论性问题,日本学者美浓部达吉有以下论述:公法与私法的区分必要,主要是由法律关系而生,一个法律关系因其为公法所规律抑或为私法所规律而在原则上发生显著差异。但自他方而言,亦不能视为完全不同,无论公法关系或私法关系都同样是法律关系,因为有许多共通点,那全然否定公法和私法之区别的法一元说的主张,固属失诸极端,但若以公法和私法为截然不同,以为两者间全无共通的原则存在,那亦和法一元说者同样,不免陷于极端的错误中。① 而在我国台湾地区最早在司法实务中提及公法与私法争议的则是在一项大法官解释文中,该解释文提到:民事事件与行政事件之划分,……既常立于准私人地位与私人发生各种法律关系,政府之行政行为亦逐渐减少其权力色彩,与私法行为渐趋接近,故于行政行为之外,有所谓公法上契约,行政法规上关于行政行为之规定,亦颇多仿效私法之规定者,民事事件与行政事件之划分因而益见苦难,解决之道宜求诸立法之目的,细按有

---

① 参见[日]美浓部达吉:《公法与私法》,陈正明译,北京中国政法大学出版社2003年版,第71页。

关法规之全部条文，探索其基本精神之所在，据而为决定审判权之标准，如不察及此，专有各条文与法律理论之枝节处着眼，则由若干条文与理论观察可视为民事事件者，由另一角度观之又可视为行政事件，将见徘徊歧路而难获适当之决定。① 此段大法官解释文表述了即使在台湾当局早期，学者亦开始全面思考公私合作后行政法的变革趋势，以公法为主导下的公私合作显现出了多元化的行政行为形式，其精确地指出，"由若干条文与理论观察可视为民事事件者，由另一角度观之又可视为行政事件，将见徘徊歧路而难获适当之决定"。在公私合作进程中法学理论上最为明显的特征之一即是公法与私法的交错融合，正如大法官解释文中指出的容易陷入民事抑或是行政事件不明之状态，公私法交错的公私合作背景下，行政行为形式多样化而导致公法遁入私法值得进一步探讨并规制。而且公私合作类型多样复杂，从涉及行政权转移的行政授权到单纯未涉及行政权变动的行政委托，都可以囊括到公私合作下。

我国台湾地区在"立法"上将公私合作的形式予以明确的制度化，并通过公私合作建设公共设施予以直观化呈现。在我国台湾地区"促进民间参与与公共建设法"（简称"促参法"）条文中，列举了六种主要公私合作建设模式，② 以公私合作建设公共设施为例，依据物权形态及变动过程可以将其模式概括如下：从投资建设公共设施角度来看（如下图），其中前四种都由"民间机构投资兴建"。第四种虽然是在原先既存的设施上予以"扩建、整建"，也应认定为广义的"建设"，而后由私主体运营以获取收益，并在运营期满转移运营权于公主体。第五类则由公主体自己出资建设公共设施，然后再交由私主体运营，运营期满之后再将运营权移交公主体。第六类则是最大程度的行政任务"私化"，即公私合作的最大化，"为配合政策"，在行政主导下，将建设、拥有、运营全部交给私主体进行并保持永久性。从所有权移转角度来看，除了第六种公私合作建设模式之外，最终都

---

① 参见我国台湾地区"司法院"大法官解释第89号文。
② 参见我国台湾地区"促进民间参与公共建设法"（简称"促参法"）第八条。

归公主体所有。因此也可得知,在公私合作建设公共设施的进程中,行政任务并没有最大程度的"私化",最终公共设施的所有权都将归属于公部门,这也是当今公私合作进程中最为通行的做法。

种类	投资建设	所有权归属	运营权
A	私主体	运营期满转移	运营期满转移
B	私主体	建成后转移	运营期满转移
C	私主体	建成后转移	运营期满转移
D	私主体(部分建设)	公主体	运营期满转移
E	公主体	公主体	运营期满转移
F	私主体	私主体	私主体

从以上分类及图表中不难看出,私主体在公私合作进程中依然只是根据传统的契约形式来完成民事行为,除了一些行政权的委托授权行使,没有脱离传统民法学理论的框架。而行政权的行使以及行政行为形式的选择在公私合作进程中则占据了极为重要的地位,几乎支配着公私合作全过程。正是由于这种公私合作公法化趋势的发展,以及行政行为形式在公私合作进程中的多样选择性,导致传统公私二元论在公私合作背景下已不再完全适用,应当在宪法及行政法基本原则层面对其重新检讨思考,也同时基于这种思考对公私合作背景下的行政行为形式选择作出制度性规制和评价。

二、公私法二元论下的公私合作及其宪政基础

公私合作为行政任务的完成提供了新式的解决途径,使得政府部门在完成形成任务上不必单单依靠自身公主体的力量和资金,然而这种公私合作模式的适用虽然在我国也已形成既有规模,但在法学理论上必须先从宪法及其行政法基本原则角度予以思考衡量,在公私二元论体系下进行检讨分析,亦即分析公私合作内在的合宪性基础。

首先,从宪法理论层面来看,主要分析探讨公私合作的公私二元论和国家社会二元论。就公私二元论而言,德国行政法之父奥托·迈耶(Otto

Mayer）建立了一个与私法体系截然不同的行政法体系，并由大陆法系众多学者所传承继受，逐渐形成了稳固的公私二元体系，但正如前文所提及的公私合作类型化划分，法律上传统的公私二元对立规制手段可能已经不再是最为效率经济的规制手段，也无法在传统公私二元体系下完全涵摄公私合作模式，尤其在行政行为的形式选择裁量上，传统的行政命令、行政计划等"标准式"行政行为形式已无法满足公私合作后的新境遇。① 但是这种公、私法间的交错融合并未打乱固有公私二元论的严格体系，反而为公私二元论体系的发展提供了契机，公私合作是政府部门寻求行政任务完成效率最大化的经济途径，从而从公法规范角度来看并非完全需要严格按照公私二元论体系，而应当在合宪性的基础下允许一部分私主体介入行政体系，提高行政效率。而在制度设计上，应当在公私二元论内在体系下，按照公私合作的体例完善相应公法规范，在体系内完善公私合作，并不是在公私二元论体系之外进行制度再造。就国家社会二元论而言，其基本理论起源于欧洲18世纪的专制时代，虽历经数世纪以来国家形态之转变，至今仍为现代自由民主国家宪法规范框架之基础。② 而转视现今的公私合作模式，公、私主体之间已不再是完全界限清楚的权力与权利对立关系，由其共同完成的行政任务已将这种关系模糊化，另一方面也体现了行政权部分逐步转移到私主体身上，由其在完成行政任务中代为行使。对于这种关系，德国学者 Grimm 指出，这种国家社会二元间的混合现象，并非是宪法的建制基础，其虽因结构上之理由不得不在国家现实中存在，但却也留下诸多的宪法缺失，凡关注公私合作的法学学者，也必将视角关注于宪法朝国家社会混合方向进行的改革。③ 在这种宪法层面改革问题上，虽然宪法基本理念

---

① 参见张一雄：《论行政行为形式选择裁量及其界限——以公私合作为视角》，载《行政法学研究》，2014年第1期。

② 参见李建良：《宪法理论与实践（二）》，台北新学林出版有限公司1999年版，第1页。

③ 参见 D. Grimm. Regulierte Selbstregulierung in der Tradition des Verfassungsstaats, in: Die Verwaltung, Beiheft 4, 2001, S. 9(19).

在于人民的自由得以保障同时公权力应当受到约束，以此形成相互制衡之局面，但公私合作本质内涵并非是要求宪法在这种国家社会二元格局下进行改制或者重构，反而单从公私合作进程中以行政行为为主导的这一公私合作趋势，便可推论公私合作制度在公法学角度上是进一步加强了国家社会二元格局，而从公私合作实证背景角度下的格局来看只是将宪法层面的公私二元论予以相对化而已。

其次，从宪法实证层面来看，我们的分析主要包括行政任务行政专属原则和行政任务权限规则。我国《中华人民共和国宪法》（简称《宪法》）规定了我国是公有制国家，公共资源属于全民共有以及国家所有，对于国家所有部分资源应当由行政机关统一支配。简而言之，政府部门对这部分公有资源具有独占性使用以及经营的权力。但《宪法》以及其他部门法均有规定这部分公有资源得经法律以及行政机关的授权，交由民间使用经营，因此这一点可以视为公私合作的合宪性基础。从宪法实证角度来看，采取公私合作形式来完成具有宪法上传统独占性的行政任务，尤其是关乎重大公共利益的行政任务，并非与宪法精神相冲突。至于行政任务权限规则，亦是宪法上行政任务专属原则的一体两面，从层级纵向上确定了行政任务的层级分配原则，正如前述所论证的，公私合作亦满足宪法上关于行政任务权限规则的要求。

最后，从宪法基本原则层面来看，分析主要包括法治国原则和民主原则。公私合作进程中对于公共任务寻求私人之力并不是法治国原则所密切关注的问题，因此，正如学者 Ossenbuehl 所指出的，法治国原则并不禁止责任的分配，而是要求公部门将行政任务交由私人予以执行时，在有可能造成责任丧失或者影响其他法律地位时，公私合作项目的公部门应当掌握一定界限，并应当以法治国原则所要求之形式承担。① 这段论述的主旨即在于公私合作形式不应当与法治国原则中的依法行政原则相冲突，亦不得影

---

① 参见 F. Ossenbuehl. Die Erfuellung von Verwaltungsaufgaben durch Private, VVDStRL 18, S. 165.

响行政责任的承担,以防发生"公法遁入私法"之风险。正如前述,公私合作虽然在当今背景下行政行为形式呈现多样化趋势,也朝着公法主导趋势发展,但是其本身并未完全脱离公法规制的范畴。在法律明定的行政行为形式内,公私合作依照其轨迹发展当然符合依法行政基本原则。但是在其他法律并未明确规定的情形下,行政行为形式的多变导致公私合作并未完全在依法行政框架内运行,这也是下文将要讨论的重点情形,但无论行政行为形式变化如何,终究需要在依法行政的原则下进行公私合作,需要进一步在宪法精神的指导下细化各项法律以全面规制行政行为主导下的公私合作。根据德国法中民主原则的要求,对于公私合作而言是指所有国家权力之行使,无论是否是单方高权行政抑或给付行政,也不论其是否透过公法或者私法组织与行为形式,最终必须追溯自全国国民的全体意志。① 同时 Becker 教授亦指出,大部分公私合作行为虽然多出现在给付行政领域,多半亦未涉及公权力的形式,但这种公私合作也属于行政任务范畴,仍需具备民主正当性。② 诚如上述,在任何具有公权力行使的公私合作项目中,民主原则是其根本,以上见解充分指出了公私合作在进程中容易出现的问题,亦即会以完全私人化的外壳来掩盖一部分公权力的行使从而逃避民主原则的约束,而这种严格的民主原则约束观点恰恰把握了这一弊端,将任何公私合作形式都纳入民主原则约束的范畴之内,从而也导致了行政机关在使用任何行政行为形式时必须遵守这一原则。当然,由于行政行为形式的多样化和选择差异导致私人完成行政任务形式上不具有民主正当性,这也不一定意味违反这一原则。正如学者 Tettinger 所指出的,是否符合民主原则之要求,其主要判断基准并非在于公私合作进程中的各种正当性形式要件皆需具备,而是在于人民对于以公私合作方式行使国家公权力,是否

---

① 参见 E.-W. Boeckenfoerde. Demokratie als Verfassungsprinzip, in: Isensee/Kirchhof (Hrsg.), HStR I,1995, § 22, Rn. 12 f.

② 参见 J. Becker. Rechtsrahmen fuer Public Private Partnership, ZRP 2002, S. 308.

享有充分的能动作用和影响能力,这也是民主原则真正的内涵所在。① 因此,就以上论断来看,民主原则并非要求公私合作完全遵守现行法律制度严格不变,而恰恰相反,在其多变的行政行为形式选择中可以适当选择公私合作模式并允许私人进入行政任务领域,只要在实质层面上保留应有的民主原则并不破坏这种约束即可。正如学者所指出的,无论公私合作形式如何,只要不违背现行法律秩序,且委托机关仍保留有监督权限和程序支配权,则仍符合民主原则的要求。②

三、"双阶理论"在政府采购中的适用及学理辨析

在 PPP 模式推广之前,政府与私主体之间展开的民事法律行为易从《中华人民共和国政府采购法》(简称《政府采购法》)上寻得法律基础,而这种采购模式基于政府财政的多元补充需求,才衍生落实到制度层面上的公私合作模式,因而以政府采购中的"双阶理论"为学理基础展开研究讨论,更容易对公私合作模式的多元化法律关系进行辨析和明确。"双阶理论"肇始于德国,是由德国学者易普森(Hans Peter Ipsen)于 1951 年,在一份有关德国联邦政府对于电影企业提供或拒绝债务保证的程序与权利保护鉴定书中,对于以联邦内政部、经济部与财政部代表所组成的"邦际三边委员会",拒绝对于某影片提供债务保证,以至于该影片无法顺利上映所产生的权利救济争议问题所提出的理论。其中,易普森在鉴定书中指出,联邦与申请人的债权人之间的债务保证契约是一个民法上的法律关系,但是联邦与提出申请的电影企业之间的法律关系性质究竟如何定性,亦即三边委员会对于申请的同意或拒绝,是否仅是民法上平等原则适用下的活动,或者是行政高权性质的公权力行使的活动,却有进一步检讨的必要。依该

---

① 参见 Peter J. Tettinger. Public Private Partnership, Moeglichkeiten und Grenzen-ein Sachstandsbericht, NWVBl. 2005, s. 5.

② 参见 F. Ossenbuehl. Die Erfuellung von Verwaltungsaufgaben durch Private, VVDStRL 18, S. 159 ff.

案申请规制来看,三边委员会就申请所为之决定,并非民法上债务保证的意思表示,因此尚未发生民法上的债权债务关系。债务保证契约的意思表示,应该透过由联邦债务管理局的负责人所署名的债务保证书的交付才得以做成。因此三边委员会的决定以及债务证书的交付行为之间应该加以明确区分,两者属于彼此独立的法律行为。即使债务保证契约是一个私法契约,但是却不能直接导出三边委员会的决定是否同意缔结契约的意思表示的法律性质。接下来的问题是,此委员会的决定究竟是属于行使公权力的公行政领域,还是仅是一个遵守民法规定的行政私法行为而已。

(一)比较立法背景及"双阶理论"的适用

德国政府采购法于1998年5月通过,其法源主要表现为五大类,分别是:多个欧盟执行委员会关于政府采购之指令,① 德国在1999年1月1日正式生效的《增修营业竞争限制防止法》,② 世贸组织的"政府采购协定"(GPA),中标规则(The Award Regulations),各类行政公法之规范。德国政府采购法的其中一个特色在于招投标双方之间的关系被认为是一个以私法(主要是民法)为基础的契约关系,并且招标人与投标人的权利义务的规范与一般的民事私法契约之间的规范并无太大差别。这种立法模式与欧盟其他国家的立法有很大差别,因为在部分欧盟国家,政府采购契约式完全被行政法规范所支配而完全没有民法之适用余地;③ 另外,在德国政府采购法制上,招标人(一般为政府机关)被一些特定的行政法规所约束(相比较而言,这与我国的做法较为一致),而这些特殊的行政法规当初被制定的主要目的并不是要促进政府采购市场的公平竞争机制,而仅仅只是为了使招标人对于公共资金的适用能符合经济、效率原则,以及符合德国预算

---

① 包括德国93/36/EEC供应采购指令、93/37/EEC工程采购指令、92/50/EEC劳务采购等指令。

② 该法原先是反托拉斯法,在德国1999年增订第四篇"公共采购篇",专门规范政府采购相关程序。

③ DENNIS CAMPBELL, supra note(Fn. 38),at GER-2.

法之相关规定。① 最后，德国并无统一的政府采购法典（不像我国大陆以及我国台湾地区有统一的成文法典），而是散见于各类行政法规范中，在形式上比较分散。

1. 我国台湾地区关于政府采购之"立法"

我国台湾地区"政府采购法"在1998年5月于"立法院""三读"通过，其法源主要是一部成文的统一"政府采购法典"，全文共有一百一十四条。另外，我国台湾地区关于政府工程采购契约之法源还有台湾地区"行政院"公共工程委员会颁布制定的法规命令共计四十四项、"工程委员会"就相关采购法令的疑义做成的"函释"及台湾地区的"行政院""最高法院"就采购法所做成的相关指导性判决。就其立法背景来看，主要经历了两大阶段。其一为"稽查条例"时期，这段时期内政府机关办理采购，主要以"稽查条例"②"审计法"及"'行政院'所属机关营缮工程招标注意事项"等法规为主，上述法规均从审计观点出发而制定，并非以行使行政辅助功能为目的，因此容易混淆审计权和行政权，造成一切采购行为均以审计观点规范采购契约，导致在招投标阶段采购机关权力过大而投标人却没有救济途径。其二为"政府采购法"时期，这一时期废止了前述的行政性规范，以统一"法典"的形式规制政府采购及政府采购契约，从一定程度上避免了行政权恣意介入，也以法律的形式厘清了行政权和审计权的关系，避免"审计指导行政，审计控制造价"的局面，值得我国大陆立法借鉴。

2. 我国大陆关于政府采购之立法

我国大陆于2002年6月全国人大常委会通过了《中华人民共和国政府采购法》，此法规定了政府采购合同采购人和供应商之间的权利义务应当按照平等、自愿的原则以合同的方式约定。③ 但同时本法又规定国务院政府采购监督管理部门应当会同国务院有关部门，规定政府采购合同必须具备的

---

① DENNIS CAMPBELL, supra note 38 at GER-2.
② 全称为"机关营缮工程暨购置定制变卖财务稽查条例"，现已废止。
③ 参见《中华人民共和国政府采购法》第四十三条。

条款。① 不仅如此，本法还规定了政府采购工程进行招投标的，应当适用招标投标法，然后《中华人民共和国招标投标法》（简称《招标投标法》）又规定了政府采购工程必须进行招投标的情形，而这些情形恰恰是政府在进行工程采购中绝大多数情形。因此，纵观《政府采购法》和《招标投标法》，政府进行工程采购而订立政府工程采购契约的，似乎又多了一个前置程序——招投标程序，而此程序恰恰又是缔约之基础，成了政府工程采购契约缔约的一部分。因而种种问题还存在于我国大陆目前政府采购法及政府工程采购契约之上，就目前立法现状来说，对于政府工程采购的定性众说纷纭。

（二）对政府采购契约的学理辨析

1. 私法契约说

有认为政府采购是民事行为，不是具体行政行为，供应商不能对投标争议提起行政复议或者行政诉讼，对招标、评标、决标过程中发生的争议，只能通过申诉制度进行救济；② 也有认为政府采购本质上是民事行为，但兼具有行政性特点，并且政府采购主要由《中华人民共和国合同法》（简称《合同法》）、《招标投标法》等民事法律规范调整，同时兼由行政法规调整。③

以上两种观点均认为政府采购契约具备民事契约的基本特性，只是或多或少地具备一点行政性。第二种观点甚至认为《招标投标法》亦属民事法律规范，实难赞同。这两种观点的存在，首先其没有考虑缔结政府采购契约的程序。政府采购，尤其是政府工程采购，基本上均应通过招投标程序已如上述，然而纵观我国缔结私法契约的一般程序与《合同法》之规定，均未有如此之规定，因此完全彻底地肯定政府采购契约是为私法契约应当

---

① 参见《中华人民共和国政府采购法》第四十五条。
② 卢长普：《政府采购制度的有关法律问题的思考》，载《法学论坛》，2001年第4期第69页。
③ 朱慈蕴，郑博恩：《论政府采购合同的性质》，载《中国政府采购》，2001年第1期第28－32页。

不妥。而且，政府工程采购契约就立法而言，《政府采购法》亦有其特殊性，不同于一般的民事性法律，也正是因为如此，在实际操作和适用法律过程中，就政府工程采购来说，应当优先适用《政府采购法》相关之规定，在其规定不足或当事人另有补充的，才援引其他法律法规予以补充。当然，就依《政府采购法》立法本旨来看，立法者还是肯认政府工程采购适用《合同法》的，政府工程采购契约除非对适用《合同法》、"建设工程合同"及"承揽合同"项下不足或难以符合公共利益等原则时，才当援引其他规范予以调整。

2. 行政契约说

支持此说的学者认为，政府采购合同的条款基本上由采购方拟定，供应商一方的意思表示受到一定程度的限制；合同主体一方必然是政府机关或使用财政性资金的单位；合同的内容体现的是公共利益而非当事人之间的个人得失；采购人在整个过程中处于主导地位，实际享有一定程度上的优益权。[1] 因此，支持此说的学者认为应当把政府采购契约定性为行政契约。在我国台湾地区，"行政程序法"第一百三十五条规定公法上的法律关系得以契约设定、变更或消灭之。[2] 因此，行政机关可以自由选择依行政契约或行政行为来进行行政活动，这样一来，行政契约就有代替行政处分的性质。

在德国法上，对于行政契约与私法契约的区别，以往德国行政法院倾向于采用契约目的为标准，而联邦最高法院及学者通说则主张以契约标的为尺度，目前两种法院之见解已见一致。即原则上应以契约标的为准，如仍无法解决其法律性质时，则兼采契约目的加以冲量。[3] 依此理论，政府采购工程之目的并非完全以行政活动为目的，采购货物亦然，因此径将其定性为行政契约似有牵强。另外，在法国法上，行政契约原则上排除了私法

---

[1] 于安：《我国政府采购法的合同问题》，载《法学》，2002年第3期第10-15页。
[2] 参见我国台湾地区"行政程序法"第一百三十五条。
[3] 吴庚：《行政法之理论与实用》，台北三民书局2001年版。

公私合作行政行为形式选择之理论与实践

原则的适用，而基于公益优先原则，规定了一系列的特殊原则，其中最为重要的一点即是"可变性原则"，因公益之需要，行政机关对于有关公共服务的组织及其附属规章得随时加以变更，与此有关联的公法契约，亦有可变性。① 我国大陆学术界关于"行政契约"之通说，亦认为行政契约与普通私法契约最大的不同便在于行政契约的行政机关一方具有因公共利益而得行使的任意单方解除变更权，而无需在契约中特别约定。我国大陆《政府采购法》规定政府采购合同的双方当事人不得擅自变更、中止或者终止合同；政府采购合同继续履行将损害国家利益和社会公共利益的，双方当事人应当变更、中止或者终止合同。② 此处需说明两点：一方面，《政府采购法》是否定了合同双方对于政府采购契约的单方变更权的；另一方面，本法又同时赋予了政府采购契约双方在基于公共利益之下的变更权。这种"共有"之变更权与行政契约的行政主体一方的单方变更权相去甚远，此处应当是基于公共利益之考量而设置，与契约之性质并无关系。

3. 混合契约说

这部分学者认为政府采购合同不是单纯的民事合同或行政合同，而是所谓的"政府＋商事、行政＋经济的经济合同"或政府商事合同；经济合同或者政府商事合同本质上是国家或政府在经济活动或者经济管理中，将其意志直接体现到原本由私人自治的契约关系中去；经济合同或政府商事合同既非当事人自治的单纯的民事合同，也非可以不顾及经济和市场的单纯的行政合同；在市场经济条件下应对政府采购实行"纵横统一"的管理和调整。③ 显然，持这种观点的学者混淆了"混合契约"的概念和特定意义。混合契约指由数个典型（或非典型）契约的部分而构成的契约，混合

---

① 参见吴庚：《行政契约之基本问题》，载《台大法学论丛》，1978 年第 6 期第 111 页。
② 参见《中华人民共和国政府采购法》第五十条。
③ 史际春，邓峰：《经济（政府商事）合同研究——以政府采购合同为中心》，载《河南大学学报（社科版）》，2000 年第 4 期第 12－19 页。

契约在性质上系属一个契约,与契约联立有别,应予注意。① 这部分学者因为政府采购契约含有"行政""经济"等非纯民事契约之性质而认定其为"非典型契约"的做法值得商榷。我们通常所说的"混合契约"应如王泽鉴先生所言,是为契约之间的混合,而非性质的混合,因不同契约的混合而无法统一适用《合同法》所规定的有名合同项下的规则时,方可称之为"非典型契约"。

4."双阶理论"说

此理论是公法和私法交错的理论,带给我们的不仅是现存的理论学说,更是一种思考模式,思考法律性质重叠行为的归属及效果,适用在政府采购契约,尤其是政府工程采购契约之上,是否妥当,各国立法及学理观点不一。

首先,德国私经济行政的兴起产生了私经济行政是否受公法拘束的问题。在德国,产生了"双阶理论",将私经济行政分为两个阶段,认为前一阶段"是否"进行私经济行政属于公法问题,受公法调整;后一阶段"如何"进行私经济行政属于私法问题,受私法调整。"双阶理论"提出后虽然遭受了种种批评,但仍然占据主流地位。同时,对政府采购行为的性质如何认定,也产生了种种学说。其中,德国学者易普森(Hans Peter Ipsen)认为在处理国宅申购案性质归属时,也应将一个申购国宅行为依其不同阶段分别定性为公法行为与私法行为,即申请承购之批驳是公法性质,而准予承购之后续之买卖或承租属于私法契约。

其次,我国台湾学者多数认为政府采购契约无论是在立法上还是在实务操作层面,均有双阶理论适用之余地。② 但是在理论方面,有学者对此持批评态度。主要有台湾大学程明修教授的《双阶理论之虚拟与实际》一文,其认为我国台湾地区的"政府采购法"施行后,其中第74条、85-1条、

---

① 王泽鉴:《债法原理(第一册)》,中国政法大学出版社2001年版。
② 我国台湾地区现行"政府采购法"之立法在理论与实务上均承认其采"双阶理论"。

83条分别规定:"厂商与机关间关于招标、审标、决标之争议,得依本章规定提出异议及申诉。""机关与厂商因履约争议未能达成协议者,得以下列方式之一处理:一是向采购申诉审议委员会申请调解。二是向仲裁机构提出仲裁。前项调解属厂商申请者,机关不得拒绝。采购申诉审议委员会办理调解之程序及其效力,除本法有特别规定者外,准用民事诉讼法有关调解之规定。履约争议调解规则,由主管机关拟订,报请'行政院'核定后发布之。""审议判断,视同诉愿决定。"他在文中提到:一般均认采购法施行后已由法律明定采取所谓双阶理论,亦即以采购契约是否成立为基准,契约成立前认为系公法关系,契约成立后认为系私法关系,因此发生在契约成立前之所有争议以及停权处分之争议,悉依异议、申诉及行政诉讼程序来处理。而采购契约成立后之履约争议,则依"采购法"第85-1条向采购申诉审议委员会申请调解或依传统之民事诉讼仲裁解决争议。显然,这是典型"双阶理论"适用下的工程采购争议处理方法。

然而,有学说对此等法律关系阶段化之虚拟做法,并非毫无批评。[①] 有谓"将一个统一的生活事实关系在法律上分割成两个法律关系,而有不同的救济方式,将导致法律关系复杂化"。因此"双阶理论"仍会遭遇到以下的批评:其一,许多双阶段关系的区分仅是一种法学上的虚拟。其二,双阶段区分的困难。其三,前阶段决定与后阶段法律关系间如何相互影响。其四,前阶段决定未必就是行政处分。为解决这些问题,台湾大学林明锵教授提出所谓的"修正的双阶理论",基于公私协力模式发展而出,采取"修正式双阶理论"——"即第一阶段仍将甄审行为定性为行政处分,但第二阶段的契约则定性为行政契约,不仅可以避免单一法律关系,分受不同法律规范管制之弊端,更可以由同一法院即行政法院进行诉讼审理,适用'行政诉讼法'之规定,避免公法私法衔接上的困难外,更可以避免民事法院与行政法院法律见解上之歧异"。

---

① 参见程明修发表于东吴大学法学院举办的"公法与私法的交错"研讨会,《双阶理论之虚拟与实际》一文。

（三）"双阶理论"适用于政府采购之辨析

以上分析了学术界关于政府采购契约及政府工程采购契约性质之讨论，我国大陆地区并未形成通说，也鲜有论著讨论这方面定性问题，而更多的是从管理学角度来看待契约以及契约之履行，并未从法学意义上对之分析，这样显然会在契约履行及索赔过程中发生诸多争议，尤其是供应商和政府部门之间的争议，在我国大陆行政诉讼并未规范化以及"行政程序法"尚未出台的情况下，对其救济分析显得尤为重要。

1. 我国台湾地区适用检讨

在上文提到的"双阶理论说"中，我国台湾地区在"立法"上已普遍承认适用此理论，且学说通说也采用之。我国台湾地区在实务操作上，尤其是司法判决以及大法官解释均有不同见解，虽然通说为政府采购契约适用"双阶理论"，但亦有不支持此种做法之裁判。

（1）"双阶理论"适用之否定见解

我国台湾地区"最高行政法院"于2002年度"裁字第343号"裁定中认为"公务员因任职关系而获准配住宿舍，其与服务机关关系属民法上之使用借贷之性质，向为实务所持之见解。故抗告人请求相对人准其继续借住宿舍，并申领辅迁补助款，乃私法上之请求"。在这个判决中，法院似乎没有将此法律关系阶段化而适用双阶理论，只是将其视为一个单一的私法关系予以处理。

类似的裁判还有我国台湾地区"最高行政法院"2002年"裁字第561号"裁定：抗告人……与相对人签订台北市居民住宅土地设定地上权契约书及台北市土地设定地上权居民住宅之房屋买卖及贷款契约书，两造约定，就台北市XX号之土地设定五十年之地上权，由抗告人以"售屋不售地"之方式，向相对人购买民宅。经查上开之房屋买卖及贷款契约书及地上权设定契约书之上虽冠有"国民住宅"字样，惟其契约内容与居民住宅相关规定之要件不符，虽谓抗告人系依居民住宅条例规定买受居民住宅，应认系相对人以私人身份出售房屋及出租土地予抗告人之民事混合契约，抗告人对该民事契约如有争执，应向普通法院循民事诉讼解决。上开契约既系民事私法契约，依私法自治原则，抗告人自应受契约约定之约束，抗告人请求相对人取消地上权设定之租赁契约，改将系争房屋基地所有权出售予抗告人，相对人不予否准，虽谓系行政处分，亦非公法上之争议。

此类裁判见解，均认为此种具有行政处分性质的"私法契约"仅可依私法自治原则处理，而无需分两阶段处理，显然这种司法裁判不持赞成适用"双阶理论"的观点。

(2)"双阶理论"适用之肯定见解

相对于上述否定"双阶理论"之法院见解，我国台湾地区大法官释字第540号解释理由书中提及：居民住宅条例系为统筹兴建及管理居民住宅而定，主管机关兴建住宅，先由有承购需求者，向主管机关提出申请，经主管机关认定其申请合于法定要件，再由主管机关与申请人订立私法上之买卖契约。此等契约系为私经济措施，并无任何之权力服从关系，性质上相当于私法上法律关系，尚难径谓政府机关直接兴建居民住宅并参与分配及管理，即为公权力之行使。至于申请承购者，经主管机关行使裁量权之结果，不符合要件，而未能进入订约程序之情形，即未成立任何私法关系，此等申请人如有不服，须依法提起行政争讼，系另一问题。由此可见，大法官在处理此类申购住宅案件时，将申购过程及订约、履约分为两个不同阶段，分别定性为公法行为与私法行为，即决定是否申购住宅为公法性质，而在准许申购后续发生的买卖或租赁等契约关系为私法关系。该大法官解释是我国台湾地区首次以大法官做成的正式文件将行政机关的行为依不同性质而划分为不同阶段，分别定性为前阶段的公法性质和后阶段的私法性质，显然承认"双阶理论"在台湾地区的实践适用。

2. 我国大陆适用检讨

(1) 司法判决之见解

我国大陆《政府采购法》自2003年1月1日正式实施以来，并未有典型的在采购人和供应商之间的诉讼案例，而更多的、更富代表性的是供应商和财政部门之间的行政诉讼案件,这也为我国大陆《政府采购法》第五十八条所明定。① 当然,这首先得须经过供应商的"投诉"环节,直至财政监管部门有行政不作为之情形时,方可依法寻求行政救济(行政复议或者行政诉讼)。这条立法在实践中的操作,从我国大陆"政府采购第一案"②可见一斑,在该案中,原告也是政府采购招标中落选的投标人之一——北京现代沃尔公司,因其以最低标投标而落选,对财政部提起投诉,而财政部并未作出明确的回复,旋即其以财政部未履行对政府采购行为的监管职责和未对其投诉事项予以处理和答复为由,向北京市第一中级人民法院提起行政诉讼,请求判令财政部在一定期限内履行其法定职责,对招标机关国信招标有限责任公司和中国远东国际贸易总公司作出具体行政行为,最后二审以维持一审、判决财政部败诉告终。③ 虽然这个判决大大增强了投标人的信息,维护了阳光采购的法治化进程,但并未完全确立招标人和投标人、供应商和采购人之间的行政法律关系,并未赋予供应商对采购人的直接诉权(暂且不论诉权性质为何)。由此可见,我国大陆实践操作中似乎尚未完全确立政府采购前一阶段的行政行为法律关系(我国台湾地区称之为"公权力关系"),但由于立法和实践的双重缺失,恰恰不因此妨碍"双阶理论"适用在我国大陆政府采购及政府采购契约之中。

(2)政府部门之见解

我国财政部在2004年颁布的《政府采购货物和服务招标投标管理办法》第六十三条规定,投标供应商对中标公告有异议的,应当在中标公告

---

① 《中华人民共和国政府采购法》第五十八条规定:投诉人对政府采购监督管理部门的投诉处理决定不服或者政府采购监督管理部门逾期未作处理的,可以依法申请行政复议或者向人民法院提起行政诉讼。

② 2005年3月23日,北京现代沃尔公司以财政部未履行对政府采购行为的监管职责和未对其投诉事项予以处理和答复为由,向北京市第一中级人民法院提起行政诉讼,请求判令财政部在一定期限内履行其法定职责,作出具体行政行为。由于该诉讼是《政府采购法》2003年1月1日起正式实施后的第一例状告财政部的政府采购案件,故有"政府采购第一案"之称。

③ 具体案情参见新华网 http://news.xinhuanet.com/legal/2012-11/22/c_123985099.htm

发布之日起七个工作日内，以书面形式向招标采购单位提出质疑。招标采购单位应当在收到投标供应商书面质疑后七个工作日内，对质疑内容作出答复。质疑供应商对招标采购单位的答复不满意或者招标采购单位未在规定时间内答复的，可以在答复期满后十五个工作日内按有关规定，向同级人民政府财政部门投诉。财政部门应当在收到投诉后三十个工作日内，对投诉事项作出处理决定。① 其并未在此部门规章中规定供应商得以提起行政诉讼的情形，倒是在我国大陆《政府采购法》中予以规定，如上文所述，但其也只是对财政监督部门不作为得以提起行政诉讼，并非直接对采购人提起诉讼，似乎有"画蛇添足"的味道，政府部门之规定尤甚。但这样的规定并不能否定政府采购契约（起码在前一阶段）之性质的本质，尤其是在保证落标甚至其他利害关系人的利益时，更应将其纳入行政诉讼可诉范围之内。

（四）小结

就我国大陆《政府采购法》立法来看，与我国台湾地区如出一辙，这似乎给本书的立论补强了论据，《政府采购法》第五十八条规定，投诉人对政府采购监督管理部门的投诉处理决定不服或者政府采购监督管理部门逾期未作处理的，可以依法申请行政复议或者向人民法院提起行政诉讼。而我国台湾地区"政府采购法"第七十六条规定，厂商对于公告金额以上采购异议之处理结果不服，或招标机关逾前条第二项所定期限不为处理者，得于收受异议处理结果或期限届满之次日起十五日内，依其属"中央"机关或地方机关办理之采购，以书面分别向主管机关、直辖市或县（市）政府所设之采购申诉审议委员会申诉。地方政府未设采购申诉审议委员会者，得委请"中央"主管机关处理。同法第八十三条又规定，审议判断，视同诉愿决定。从学理上而言，我国台湾地区的"诉愿"程序与我国大陆的"行政复议"救济途径相当，在处理程序的构思和设计上相同之处多于不同

---

① 参见《政府采购货物和服务招标投标管理办法》第六十三条。

之处。因此可见,我国台湾地区将采购申诉委员会的审议判断视为类同于我国大陆的一个"行政复议",那么,根据行政法基本原理以及事实之实际情况,前置程序,即招标人对投标人的投诉作出的行为即为具体行政行为(我国台湾地区称为"行政处分"),从而印证了我国台湾地区"政府采购法"采用"双阶理论"的做法。而对比之下,我国大陆趋于保守,并未从立法上根本肯定"双阶理论"之适用,而是采取模糊的做法,即"投诉人对政府采购监督管理部门的投诉处理决定不服或者政府采购监督管理部门逾期未作处理的,可以依法申请行政复议或者向人民法院提起行政诉讼"。因而,只认定了"政府采购监督管理部门的投诉处理决定或者政府采购监督管理部门逾期未作处理的行政不作为"具有可诉性(可复议),而对前面采购部门(即招标人)的行为没有从立法上给予确认。若完全沿袭大陆法系下的立法模式,我国大陆的立法应当参照我国台湾地区的做法,将其认定为一个行政行为,或甚至仿效德国的做法,可以直接对其进行行政诉讼之救济。

第三节　公私合作与行政行为形式理论的展开与变革

　　公私合作应当和民营化予以区分并且其内涵与形式应符合宪法和行政法基本原则,已如上述,公私合作无疑是在行政公权主导下所展开的私人参与行政任务的活动,集合了最为广义的行政法学集合概念,在公部门与私主体合作进程中,凡是有公私合作的关系,不论是否有无合作契约,还是有无其他合作意向性协议,只要是在公部门的主导下均可纳入公私合作的范畴。但是根据公私合作历史进程来看,其经历了从非型式化向型式化再向多元化方向的发展轨迹,是故在当下背景下仅仅研究类型化的公私合作模式已无法满足时代需要,行政行为形式的多样化也决定了公私合作势必朝着多元化方向发展。但为了确保行政行为形式多样化下的多元化公私合作仍旧在宪法和法律原则轨道内运行,需要对行政形式理论在公私合作模式的涵摄下重新进行解读,依托于型式化的公私合作模式,发现公私合作进程中行政行为的固有形式,进一步在行政法基本原理基础下探讨公私合作行政行为形式的多样性并作出合法性与合理性的选择。

一、行政行为形式理论的展开

行政行为形式理论,又有学者称之为"行政手段的法律形式理论"①"行政行为型式化理论",② 其作为普遍存在的标准形式有法规命令、行政命令、行政规则等,均为行政主体单方或合致地对外作出意思表示,这些意思表示均是指向程序法或诉讼法途径,或者作为瑕疵理论与存续理论的关键性概念而存在。③ 这些标准性的行为形式乃是作为行政行为基准的法形式,借由行政法学之创造,可产生法适用平等、预测可能性及统制可能性。④ 由此可见,Hesemann教授所指出的行政行为形式之理论据点在于如前文所提及的维持宪法所要求的平等原则、依法行政原则以及法治国基本要求,这种要求与行政行为主导下的公私合作模式之要求不谋而合。划分不同行政行为的形式,并在立法中予以确立标准,目的是对于该行政行为所赋予之法规范总体作共通性之研究,从而进一步针对公私合作予以法规范标准衡量,避免行政行为形式选择的扩大化。所谓法规范总体,系指"权限"(何种机关具有进行该行为之权限)、"程序"(为进行该行为,应以何种程序进行)、"法效果"(因进行该行为,于实体法上产生何种效果、该效果之范围及于何人)、"争讼形态"(对该行为有所争执时应以何种法手段进行)等。⑤ 简而言之,行政行为形式的功能除了落实宪法基本原则之外,体现在具体法律设置上的意义在于明确行政主体、维持行政程序、规制法

---

① 参见程明修:《行政行为形式选择自由》,载《月旦法学》,2005年第5期。
② 参见李傲:《未型式化行政行为初探》,载《法学评论》,1999年第3期。
③ 参见 Fritz Ossenbühl. Die Handlungsformen der Verwaltung, JuS 1979, 681 ff.
④ 参见 W. Meyer-Hesemann. Methodenwandel in der verwaltungsrechtswissenschaft, 1981, S. 139.
⑤ 张惠东:《行政行为形式选择》,中兴大学硕士论文,1999年第23-24页。

第一章 公私合作与行政行为形式理论问题界定

律效果、保障救济方式。

　　具有型式化的行政行为形式能够明确行政行为之内容和权限，对于具体法规在某种行政行为的涵摄上，行政行为之形式起到关键性的作用，使行政主体抑或是行政相对人都能十分明了地掌握行政活动，行政行为的形式因此也起到了导向性作用，这也是当下公私合作最为主流的类型化合作模式。当然，不可否认的是，这也构成公私合作进程中最为主流的行政行为型式化主导模式。然而公私合作中行政行为形式选择并非不常见，有时往往占主导因素从而控制公私合作模式的公法化比例。在理论上对于行为形式论而言，有学者主张，将行政形式作为一种依特定目的而积极引导行政行动成立之道具，将过去未纳入考量之多种行政活动纳入开放之体系中进行统和，并讨论行为之法效果以及法外效果，以建构一个基于机能之行为形式体系。① Krause 教授的这种考虑与周佑勇教授所倡导的行政裁量"功能主义建构模式"不谋而合。② 随着公私合作浪潮推动下的行政行为理论改革和发展，行政行为形式的选择并不局限于传统标准化（或者说型式化）行政行为框架内，而是周延地对"未纳入考量之法效果"进行探讨，从而进一步涵摄到扩大化行政行为形式下的公私合作进程中。

　　就行政行为形式的类型来看，陈敏教授认为行政行为乃行政机关在行政法上，为规制具体时间，以直接对外发生法律效果为目的，所为之单方公权力措施。③ 亦有学者认为行政行为是行政主体所为，以达到行政目的的行为总称。④ 总而言之，学者们并未明确区分公法行为和私法行为在行政行为概念项下的分野。依照我国台湾地区对于公私行政行为的划分，分别可划分为行政计划、行政命令等和行政给付、行政辅助行为、行政营利行为

---

　　① 参见 P. Krause. Rechtsformen des Verwaltungshandelns，überlegungen zu eunem System der Handlungsformen der Verwaltung，mit Ausnahme der Rechtsezung，1974，SS. 235.
　　② 参见周佑勇：《行政裁量治理研究：一种功能主义的立场》，法律出版社 2008 年版，第 36 页。
　　③ 陈敏：《行政法总论》，台北新学林出版有限公司 2011 年版，第 299 页。
　　④ 陈新民：《行政法学总论》，台北三民书局 1992 年版，第 193 页。

等。因此，由于行政行为类型的广义化，行政行为形式作为行政行为之依附亦可从广义进行类型划分。有如德国 Assmann 教授的型式化和非型式化划分，① 正如字面意思所言，其认为未有法规范明确标准的行政行为形式即为非型式化行政行为，而这种非型式化行政行为在传统的行政裁量的规范主义控权理论下是难以适法存在的；亦有如 Kirchhof 教授所为的计划、决定、执行、管制四分法；② 我国台湾学者亦有将行政行为形式分为公法行为与私法行为，权力行为与非权力行为，外部行为与内部行为，精神行为与物理行为。③ 我国大陆学者对行政行为形式的分类研究上，多局限于对标准化行政行为的分类，④ 对于公私合作下的新型行政行为形式鲜有理论探讨，从而行政行为形式选择裁量的理论研究也就略显空白了。但是，行政行为形式理论在传统大陆法系框架下得以存续并发展，直至今日它仍然是行政法中最为重要的一个部分，尤其在行政法主导下的公私合作进程中，行政行为形式直接决定了公私合作的性质以及相对人权利。但是，无论从行政行为形式的功能还是类型的划分上来看，很多形式均未能在如今现代国家背景下（尤其是在民营化浪潮推动下公私合作的广泛普及下）继续担当重任，并不是这些传统行政行为形式已经过时，而是随着"资讯社会""合作国家"的出现，Assmann 教授认为在这种背景下讨论行政行为形式一体性和理论性问题时，并不适宜将行政的现代种种要求与传统上的 Mayer 教授所构建的行政法理论相提并论。⑤ 由此可见，公私合作背景下的行政行为形式已经不能仅仅局限在迈耶时代的高权行政以及公私二元绝对论的界限内，

---

① 参见 Schmidt-Assmann. Die Lehre von den Rechtsformen des Verwaltungshandelns, DVBl, 1989, S. 540f, 转引自林明锵：《论型式化之行政行为与未型式化之行政行为》，载《当代公法理论》，1993 年版第 341 页。

② 参见 Paul Kirchhof. §59 Mittel Staatlicher Handlns, in: Handbuch des Staatsrechts Ⅲ, 1988, Rdnr. 102 bis 206. 转引自林明锵：《论型式化之行政行为与未型式化之行政行为》，载《当代公法理论》，1993 年版第 341 页。

③ 李震山：《行政法导论》，台北三民书局 1998 年版，第 206 页。

④ 参见柳砚涛：《论行政行为的形式》，载《行政法学研究》，2006 年第 4 期。

⑤ 参见程明修：《行政行为形式选择自由》，载《月旦法学》，2005 年第 5 期。

从型式化的归纳演绎和非型式化的日趋发展两个方面来看,行政行为形式也需要在公私合作背景下进一步作出变革。

二、公私合作进程中型式化行政行为形式的内涵与变革

德国《公私合作关系加速推动法》是德国对于公私合作关系在法律上进行确立的第一部立法,但观其具体条文并无实质性公私合作规制,关于公私合作的概念、定义、性质、构成要件以及相关类型均未明确。在这种广义的公私合作立法背景下,有部分学者根据近代实务发展情况均以型式化类型将公私合作予以归纳演绎,最为显著的即是以特定契约形式作为基础的公私合作。相对于广义范畴下的公私合作,这种型式化公私合作类型需以契约作为其特定要件,甚至有学者建议应将公私合作限定在具体的项目范畴之内,这种狭义的公私合作除了需要以合作契约为依托外,更要求契约标的需要涵盖项目的生命周期,并称之为以生命周期为导向的狭义公私合作类型。但是这种细化分类并非具有理论研究意义,只是对契约型式化公私合作模式进行一个层级划分而已。从行政法学角度来看,公私合作关系如前所述属于行政类型集合概念,应当保持其概念的开放性解释,以利于公私合作在行政法释义学角度进一步发展。其次,区分广义和狭义的公私合作模式,旨在将非型式化公私合作与型式化公私合作作出区分。就非型式化公私合作关系而言,一直以来是英美普通法系国家的传统公私合作类型,而且近年来德日大陆法系国家代表也多采取非型式化公私合作模式,不完全依托传统的契约基础,具体相关表现方式以及行政行为形式在其中发挥的作用留待下文详述。相比而言,传统的型式化公私合作关系则可以在法释义学视角下审视,从而亦可解决一系列由于在实务上发生的复杂实践问题。

关于型式化公私合作的构成要素,学者 Ziekow 提出三大要件。首先,是时间上的关联性。其次,是具有目标一致性。最后,要有以契约为基础

要件。① 对于时间关联性特征而言，部分学者认为这一点并非型式化公私合作模式必备要素，型式化公私合作模式并非只能局限于具有长期持续性契约合作关系，在一段时间内或者短时期内就某一特定项目而为契约型公私合作亦可纳入型式化公私合作范畴。② 同时，对于目标一致性特征，部分学者将其细化到公私合作双方所追求的共同经济目标之上，但是这种论断未免太过狭隘，大部分公共任务的公私合作并非完全为了盈利，而更多的是出于公共利益之最大化实现。综上而言，型式化公私合作最为基本的要素便是以契约为基础，将公私合作关系固化在特定形式之下，以此作为法释义学解释基础再分化出其他型式化公私合作模式，下文将进一步分析研究。

最具代表性的型式化公私合作模式是在欧盟《PPP 绿皮书》中所提及的公私合作模式，其指出，型式化公私合作模式是指出于筹建资金、兴建、修缮、运营或者维护基础设施的目的，公部门与私主体采取合作的形式。③ 在《PPP 绿皮书》中提及的型式化公私合作模式，从概念以及构成上来看，主要包括以下几个特定要件：首先是这种专项型式化公私合作项目涵盖公私多重主体，并具有持续性和长期性。其次，在这种专项公私合作中私主体资金会得到相应的财政补贴，以保证公私合作的常态化发展和持续。再次，公私主体分工明确，私主体在规划、建设、运营、融资过程中注重自身利益的最大化实现，而公部门则主要侧重于公共利益、公共服务的质量以及行政任务的实现等事项，并以此为目的实时监督私主体的活动。最后，公私双方会在契约里合理分配风险的承担，私主体当承接一部分公部门的主要风险，并且这种风险在很大程度上与项目实施进展相关联。《PPP 绿皮书》进一步将这种典型的型式化公私合作模式分为契约型公私合作模式和

---

① 参见 Ziekow/Windoffer. Public Private Partnership：Struktur und Erfolgsbedinggungen von Kooperationsarenen, Baden-Baden 2008, S. 27.

② 参见 Tettinger. Die rechtliche Ausgestaltung von Public Private Partnership, in：Budaeus/Eichlorn（Hrsg.）, Public Private Partnership：Neue Formen oeffentlicher Aufgabenerfuellung, Baden-Baden 1997, S. 125(126).

③ 参见 M. Koller. Kommission der Europäischen Gemeinschaften, Nr. 1.1., Rn. 1, S, 3.

组织型公私合作模式，从行政行为形式角度来看，则是以行政行为具体主导作用来划分的。针对这两种类型划分，《PPP绿皮书》并没有进行细致的划分和解读，只是提及契约型公私合作模式是指公部门和私主体基于契约关系，至于这种契约是何种性质，文件并没有进一步说明。而对于组织型公私合作关系，文书指出其是指公部门和私主体的合作进程是在一个独立权利主体内运行，而这种组织的架构亦是以公部门为主导，在具体的行政行为形式选择之下，架构一个适合双方互相平衡的组织予以运行项目。从《PPP绿皮书》这份国际性文件来看，其并未对型式化公私合作关系作出相对细致具体的概念介绍和精确定义，仅仅采取契约型和组织型两种最为典型的公私合作模式进行解读，并罗列归纳一些较为普遍的特征，而这种架构使得《PPP绿皮书》将非型式化公私合作模式排除在文件范畴之内。

虽然《PPP绿皮书》尚未进一步解构分析型式化公私合作的具体运作模式，但仍然有学者在以公共基础设施过程领域上进一步发展出型式化公私合作模式架构理论，其以前述论及的多阶层化公私合作模式为基点，把视角聚集在型式化专项公私合作模式上。第一，是对公部门与私主体的合作解读，传统合作均以双方平等身份进行，因此在型式化公私合作进程中公部门亦须以对等关系与私主体进行合作，抛开行政权的上下从属关系。但是，这种合作并非完全有如民事契约那样缔结，而终究需在行政行为的主导下进行，行政行为形式对契约的缔结具有决定性作用。第二，是对公私合作持续时间的考量。型式化公私合作模式势必进行周期性、长期性的合作，时间因素是型式化公私合作模式的决定性因素。有学者认为鉴于公私合作模式的多样性，尤其考虑到具体行政任务以及行政行为形式的多样性，明确作出对合作周期的规定或者在契约中明定均不符合实践中的发展，根据《PPP绿皮书》的内容，需从行政法基本原则角度考虑，以比例原则为出发点来对合作期限进行一个适法性判断即可。[①] 这种比例原则的适用需

---

① 参见 Nicklisch. Betreibermodelle-BOT/PPP-Vorhaben im In-und Ausland, S. 5.

以行政行为形式的适用为前提，在行政行为主导下的公私合作周期方可有此适法性的判断和衡量。第三，型式化公私合作，需以特定行政任务为前提，并应将其与行政责任相区别，行政行为在其形式的选择上，虽然行政任务的分工具有一定空间，但是在责任的划分上，却不见得留有太多余地。在当今法治国家理念下，即使公部门与私主体有划分责任之约定，但从担保国家理念来看，公私合作关系仍需以公部门承担担保责任为核心进行良性化发展和运行。第四，型式化公私合作并非应当具有共同目的性，因为公私主体之间的差异而导致价值取向的不同，这种价值取向的不同导致公私主体之间有个别目标的实现取向，但是，出于公私合作的基础，即公共任务最大化的实现，公私主体之间亦有这种共同目标的追求以保证公私合作任务的完成。第五，型式化公私合作是具备风险共担的一个共同体，针对适当且合理的风险分配问题，不仅吸引着私主体加入公私合作项目之中，也是公私合作效率最大化的必备要件。有学者指出，贯穿生命周期各个阶段的经济性风险分析，是公部门在公私合作进程中控制整体项目程序进展的核心部分，同时整个公私合作项目的风险评估、分配、预防以及管控都决定了其正常进展。① 最后，型式化公私合作最具典型的外在形式即是以契约形式将公私合作模式固化到书面形式上，显然契约型式化公私合作模式对公私双方均具有警示和证据功能，一方面促使双方完成各自任务，另一方面也时刻提醒双方违反义务导致的各自责任。在公共任务领域，契约形式的公私合作方式更具透明化和正当化，尤其对于须经招投标程序选定的私人合作方，对于公部门具有正当程序的形式合法化意义。

总而言之，这种典型的型式化公私合作模式保持了自公私合作模式肇始以来的开放性和传统性特征，让现今复杂纷繁的公私合作模式有既定模式可供参照。这种固化模式可以将狭义概念的公私合作模式导向具有经济价值与市场竞争性的公共任务领域，使得一成不变的行政行为形式在既有

---

① 参见 Ziekow/windoffer. Public private partnership：Struktur und Erfolgsbedingungen von kooperationsarener. Baden-Baden 2008，S. 18.

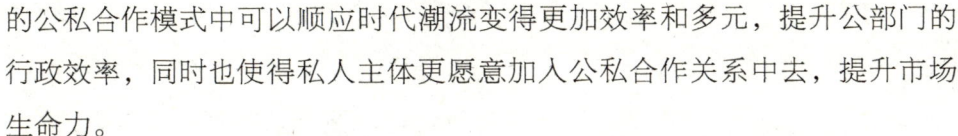

的公私合作模式中可以顺应时代潮流变得更加效率和多元，提升公部门的行政效率，同时也使得私人主体更愿意加入公私合作关系中去，提升市场生命力。

三、公私合作进程中非型式化行政行为形式的内涵与变革

型式化公私合作模式虽然是公私合作进程中最为基础和模式化的，但在当下时代潮流中复杂多样的公私合作类型亦不鲜见，在公部门主导行政任务合作化的公私合作背景下，行政行为形式的选择和多元导致了公私合作模式的变革和发展。在传统的行政法理论下的具体行政行为和行政规则体系发生非型式化的发展，亦有行政合作契约以及其他非型式化行政行为形式如雨后春笋般扩散开来，共同推动非型式化公私合作的发展。

首先，从具体行政行为形式方面来看，具体行政行为仍然占据了重要的理论意义和传统地位，但其制度在非型式化行政行为形式引导下的变化却值得进一步观察研究。在公私合作进程中，具体行政行为形式绝非仅仅停留在传统的单方高权形式中，行政行为的实施也并非一如既往地在法治国原则要求下进行相应的听证以及相关程序，而是经常由公私合作双方以及多方之间的协商确定，当然这种协商形式仍然需要在依法行政原则可接受的范畴之内。可能在这种行政行为形式的变化发展中，行政行为形式还是具有单方规范之性质，但是只有在公部门明确这部分行为项下的责任承担，并依据这种行政行为形式作出的决定有助于持续传统的法律关系，这种行政行为形式的变革才是非型式化公私合作所能接受的。可以这么理解，在非型式化公私合作进程中，行政行为形式虽然脱离了原先固有传统的形式模式，也隐匿于相应的法规范条文所规定的形式，但这种形式变革只是披上了形式变革的外衣，而内在行为形式所承载的法律效果和法律原则却相对保守，正如学者陈春生所说的那样，规范性与合意性行政行为当其以

操控工具形式被接受时，较少能严格区别，①这种不易显现的区别体现在了行政行为形式的变化之中。

其次，行政合作契约这种形式在非型式化公私合作进程中的普遍适用，导致行政行为形式在契约形式之下发生了很大的变革。行政合作契约不只仅限于公法领域，尤其适用在公私合作领域，在行政行为主导下发生。在传统行政法理论中，学者普遍注意缔结行政契约在公法领域的允许性，而尚未注重契约内容的形成可能性。在现今公私合作背景下，行政行为形式多样化导致不同复杂契约的普遍存在，当然，这种存在仍然需要从公法原则约束范围内去审视。一方面是法律保留原则在行政行为形式多样化下行政合作契约领域之适用问题。就行政合作契约理论而言，有学者认为契约内容的形成须受法律保留原则限制，因为契约所根据实证法上之规范，需正式经由法律保留原则加以具体化而形成的，对于须第三人同意之契约参与人，若牵涉对其基本权地位之干涉时，法律保留原则之遵守仍是其缔结的前提；亦有学者认为行政合作契约的缔结，就私人当事人而言，一般所显示者并非与法律保留相关之基本权利干涉，而是可以自由行使，若是牵涉须担保之客观法律保留成分时，则须由立法者就契约内容作法律上最基准之规定，而并非每一相关规范均须如此规定。②虽然对于法律保留原则对行政合作契约之适用存在以上两种主要见解，但是归纳而言，对于非型式化公私合作背景下的行政合作契约仍然在发生法律保留原则框架下的变革，但是这种原则的限制依然存在，这一点应当不存在争议，只是在行政行为形式发生变革以及多元化的同时，需要进一步去规制其形式选择扩散化，将这种形式选择裁量空间限定在法律保留的原则范畴之内。另一方面是法律位阶理论在非型式化公私合作行政契约中的适用。对于法律位阶理论，以法律优位原则为先，是在非型式化公私合作中最为重要的问题之一。周佑勇教授指出，法律优先（位）原则的基本含义是指法律对于行政立法即

---

① 陈春生：《行政法之学理与体系（一）》，台北三民书局1996年版，第29页。
② 陈春生：《行政法之学理与体系（一）》，台北三民书局1996年版，第30页。

行政法规和规章的优越地位。① 因此，尽管行政行为形式具有选择余地和裁量空间，但是如果上位法律优先规定强制性或禁止性之规范，行政机关亦不得径自选择非型式化行政行为以缔结行政合作契约。同理，上位法明确规定只允许特定行政行为形式完成行政任务，而排除行政合作契约之适用，或者契约形式只是用以行政任务之执行形式，在此种情况下亦不具备行政行为形式裁量的空间。但在满足法律优位原则的基础下，行政机关具有形式选择裁量空间，只要其决定结果是合法的裁量，则在这种裁量空间范围内，行政机关当然可以公私合作具体现实条件而选择缔结合作契约之形式。参照德国《行政程序法》之具体立法理念，行政机关行使形式选择裁量以应对公私合作具体契约形式时，在不同的情况下当然具有不同的选择因素和拘束条件，但其立法同时允许行政机关在行政合作契约缔结上，不论选择时间是否在契约缔结时抑或是内容形成时，均具有在法律优位原则拘束下的行政裁量空间。

最后，非型式化行政行为在公私合作中的广泛存在，无论学理还是实践，均对其承认并予以价值化评价。第一，承认非正式行政行为形式可以确保公私合作进程中法之安定性，确保公私双方的良性合作。如在德国行政法领域，社会经济法、社会补助法以及环境法等领域，常常由于实际情况以及法律适用的不易确定，因此需要以不确定法律概念去规范各种非型式化行政行为形式。② 当然，非正式化行政行为形式不得替代传统正式行政行为形式，这种规范方式常常在解释及适用时面临具体化的困境，例如有关经济法上关于事实判断，常常需要向未来进行预测，方能向后涵摄所有法律要件，法律的解释适用逐渐失去其确定性，因此公私合作之必要性越

---

① 参见周佑勇:《行政法基本原则研究》，武汉大学出版社 2005 年版，第 175 页。
② 参见 BverfGE. Constitutions IN CRISIS Political Violence and the Rule of Law pptx 31, 33 (42).

来越有必要予以加强,① 同时通过这种公私主体之间的协商,可以进一步减少因非型式化行政行为形式引发的不确定性,避免双方因此而存在潜在的意思表示不一致之隐患,从最大程度上减少将来因非型式化行政行为形式而发生的法律争议。第二,则是从最大程度上避免法律争议。前文已经提及公私双方主体间的协商可以减少将来引发的法律争议,这种争议是伴随着事实的不确定而并发的。但正因为这些领域构成要件之解释适用需要进一步对事实进行调查分析,因此在审理争议程序中,直到该争议法律状态终局确定以及对当事人发生法律效力为止,常常需要很长的时间周期以及经济投入,而经由非正式之协商接触,可把因未充分考虑事先漏洞而带来的争议风险降到最低。② 第三,非型式化公私合作模式亦可减少行政手续的繁琐提高行政效率,加强公私合作的紧密联系。在非型式化公私合作双方协商过程中,相对立之观点及接受可能性可被澄清,且此一协调协商能有效减轻固有行政手续之负担以及节省时间和成本,③ 在行政行为形式非型式化情况下,这种协商方式能有效促进公私合作的良性发展。有学者以公私合作计划设施许可为例,认为其经由非正式的双方协商,私主体可以减少其投资计划、鉴定与其他投入之风险,而公部门可以因此得到私主体的商业信息,提早对公共利益以及私主体投资回报作出权衡考量,最大化地实现公共利益,亦可减少私人投资错误,公部门因此可在程序上更为稳妥与正当,亦可减少事后双方因非行政行为形式而导致的纠纷争议等风险。最后,非型式化公私合作下的行政行为形式具有一定的弹性,正如学者 Eberle 所指出的,正因为非型式化公私合作协议不具有正式行政行为的要件,便不具有如同行政行为与行政契约般的法律效力,而实际上非正式合意、协商与协定,可使得参与人注意遵守与终止某行为,从法之实际观点,非正

---

① 参见 H. Schulze-Fielitz, Kooperatives Rec him Spannungsfeld von Rechtsstaatsprinzip und Verfahrensoekonomie, DVBl, 1994, S. 658.
② 参见 W. Hofmann-Riem, Selbstbindungen der Verwaltung, VVDStRL 40(1982), S. 204.
③ 参见陈春生:《行政法之学理与体系(一)》,台北三民书局 1996 年版,第 34 页。

式行政行为之效力，乃在拘束力与无拘束力间徘徊移动。① 根据这种见解，一方面指出了这种非正式行政行为形式的拘束力并非一直存在，而是在有与无之间徘徊，当事人在特定情况下可不按照先前所协商之约定而作出一定之行为，亦不一定具有相应的可归责事由。但从另一角度来看，这种非正式行政行为形式亦具有一定的风险性，其弹性虽然促进了行政效率的提升，但仍然具有一些非规范化的瑕疵所在，因此下文将进一步展开对其行政行为形式选择类型化分析以及社会评价，从而对其规制作出一定的法理化分析。

---

① 参见 C.-E. Eberle, Arrangements im Verwaltungsverfaheren, Die Verwaltung 17(1984), S. 441. f.

第二章

公私合作类型涵摄下的
行政行为形式态样思辨

第一节 跨学科视角下的公私合作及其实践应用

正如前述,公私合作在传统行政法理论研究中并不常见,但是公私合作这种模式却在当下行政任务的执行中被政府部门广为推崇,正如有学者所担心的那样,现代行政法核心概念下的公私合作关系,是否仅仅具有行政法外壳装饰,并无实际理论意义,对现代传统行政法并不存在真正意义上的理论革新。这种担忧似乎并无太大必要,在公私合作进程中,透过行政行为形式视角可以发现若干重要的行政法原则以及制度理念均在公私合作背景下所蕴含,进而需要进一步厘清各种公私合作在法释义学以及其他学科(例如管理学)背景下的真正内涵以及其各自法律关系,方能对公私合作进程中的行政行为形式作出评价和规制。

一、管理学中公私合作类型化界分

当今学术界对公私合作模式研究并不是法学研究占主导,而是管理学占主导研究地位。管理学科可以说是系统完善地研究公私合作模式,并将其最大化地付诸实践。在国际上,首先对公私合作模式作出分类的应属德国学者 Tettinger 教授,他将公私合作分为八种基本模式,分别是经营管理模式、经营者模式、委托经营模式、短期经营者模式、管理模式、咨询模式、发展模式和合作模式。① 同时,他还将欧盟《PPP 绿皮书》中所做的模式分类总结归纳为两种,即契约型公私合作模式以及组织型公私合作模式,实务界除这两种模式之外亦有另外一种特许模式型公私合作普遍流行,但是否亦可将特许模式纳入普通契约模式中,学说并未对此问题进行探讨,而只是在实务中各有做法不同,存在进一步研究讨论的空间。

(一)普通契约型公私合作

在普通契约型公私合作模式之下,又有四小类,按照 Tettinger 教授对其的分类并结合欧盟《PPP 绿皮书》中所做的详细化解构,分别是承购者模式、融资租赁模式、租赁模式以及委托经营模式,以下分别对其进行分析,并探讨行政行为主导下这几种模式中的行为形式类别及效能。

第一种是承购者模式,以建设公共设施为例,这种模式主要是指承担履行行政任务的私人主体以公私双方契约为主要基础,从事规划、建设、运营,并负责融资等任务,并在契约约定期限届满后转移所有权给公部门。应当指出的是,这里所谓的所有权只是广义概念,并非单指物权,在国内大部分这种类型的公私合作模式,私人主体均未取得公共设施的所有权,只是在运营期届满之后将项目公司中所占股权移转给公部门,与国际上其他国家取得所有权模式有别,但基础契约并无差异。而对于整体项目的财务组成而言,私人主体先负责融资、规划和建设等前期事务,并承担运营义务以满足公共利益之需求,在这期间其他第三方主体(包括公部门本身)则须以有偿的方式使用公共设施,使私人主体以获得前期支出相对应的回报。就法律关系而言,在合作契约届满之日起,公部门应通过授权经营以及回购股权之方式,使得私人主体获得预期利润和回报,同时私主体亦须将经营权或所有权一并转移给公部门。就风险承担而言,私主体在前期主要承担融资以及建设运营风险,市场条件对其产生一定的影响,而公部门

---

① 参见 Tettinger. Die rechtliche Ansgestaltung von Public Private Partnership,Döv 1996,S. 765f. 转引自詹镇荣:《民营化法与管制革新》,台北元照出版公司 2005 年版,第 12-13 页。

则承担相应的移转公共设施或相应股权之风险，相比较私主体而言其承担风险较轻。

第二种是融资租赁模式，这种模式在国内较为少见，而在欧美国家则较为普遍，其法律关系较前者相似，在融资租赁模式中，私主体并无到契约届满之日移交所有权或转让股权的义务，公部门却可以行使选择权以决定是否购买公共设施，这种模式下双方风险可均有所下降，公部门在其中的行政行为形式选择裁量空间亦不算大。但是，虽然契约期满风险较前者小，但在运营期间的风险结构较前者更为复杂，在这期间发生的因不可归责于双方当事人而发生的设施毁损以及其他日常性消耗等问题，在双方没有明确约定的情况下，似乎寻求一合理标准以双方共摊风险为宜。

第三种是租赁模式，是公部门向私主体已经建设完毕的公共设施以租赁方式回收，这种模式与融资租赁模式相比较为简单，主要在于费用的支付方面，公部门主导的行政行为形式亦无需作出太大的调控，契约在这种模式下所占比重较大。一方面，公部门在支付租金上并非如前述模式下由契约明定，公部门亦无主导空间，租金的定价应当符合市场准则；另一方面，在租赁期届满公部门行使承租人优先购买权时，双方交易价格因为明确定入合作契约而应依据当时市场交易价格而定。在这种公私合作模式下，双方之间市场因素所占比重较大，并未凸显行政行为形式之有效主导技能，唯有在租金调整以及政策变动上稍有些许空间，但这种形式选择裁量亦以不得逾越双方契约标准以及市场价格趋势为界限。

第四种是委托经营模式，这种模式通常在特定设施或技术方面应用较为普遍，尤其在公共部门的能源供应等行政任务完成上最为广泛，时间常常以二十年左右为主要契约期限。在我国台湾地区"促参法"中规定的OT模式即是这种模式，其具体表述为，"由政府投资新建完成后，委托民间机构营运；营运期间届满后，营运权归还政府"。① 因此，私主体在公共设施

---

① 参见我国台湾地区"促参法"第八条。

或其提供之土地上从事设施、规划以及营运等任务完毕时,公共设施之所有权一直属于公部门而从未发生移转,私主体则仅仅依据契约内容而享有维护运营相关公共设施并收取费用的权利,这种费用的支付也是由契约明定,而非依据私主体经营情况而定。在这种模式下,行政行为形式具有一定的发挥空间,行政机关可以主导私人主体参与公私合作的委托经营并相对降低支付费用,而这种资金最大效能化的风险则相对地由私人主体承担。

(二) 特许模式型公私合作

就"特许"一词内涵而言,国内学者众说纷纭,有认为其是一种"行政兼具民事"的法律关系①,亦有论者认为其仅仅是"行政许可"法律关系②,但其"特许"行为过程中的行政行为形式的外在表现均差异不大。正如欧盟《PPP绿皮书》所指的那样,公私合作模式下的特许是指涉及私人执行特性行政任务之特许,应当和一般行政法上授予私人私经济活动权利之许可或特许的概念加以区别。③ 在特许模式中,私主体主要负责规划、建设以及后期运营等任务,而并非和普通契约型公私合作那样需要拥有或者转让股权给公部门,公部门亦不以设施使用者或者承租人的身份出现,也不支付私主体相应运营费用,而是通过公部门的这种特许,由私主体直接向社会不特定第三人收取一定的费用,而这种费用使得私主体在这种公私合作模式中获得收益。从法律关系角度观察,一方面公部门与私主体签订特许经营协议,以满足公私合作型式化要求,使得私主体可以行使就特许经营范围内的相应权限,对外执行行政任务;另一方面,私主体通过特许经营契约的授权,得以与第三人签订民事契约而建立不同于公私合作特许经营契约的外部给付关系。当然,更进一步而言,若这种特许经营契约涉

---

① 参见李显冬:《市政特许经营中的双重法律关系——兼论市政特许经营权的准物权性质》,载《国家行政学院学报》,2004年第4期。
② 参见宋冰:《政府特许经营若干问题研究——关于"什刹海胡同游"政府特许经营的实例调查》,载《北京行政学院学报》,2008年第6期。
③ 参见 M. Koller. Kommission der Europäischen Gemeinschaften,Nr. 2. 1. 2. ,Rn. 28,S. 11.

及公部门特许行政公权力,则私主体亦可行使其行政权力而与第三人建立行政契约关系。

　　虽然这种特许模式肇始于欧盟的政府采购领域,但其与政府采购法律关系却有差别。在特许公私合作模式中,首先公部门具有相当的行政行为形式裁量空间,并不一定得像政府采购那样签订政府采购合同,特许模式依然可以依据行政授权的方式进行运作,公私合作形式依然存在而不受影响。其次,特许模式并不一定由公部门向私主体支付费用,而如前述所提由私主体通过特许内容的经营直接向第三人主体收取费用,只是这种费用的收取关乎公共利益,涉及公部门的根本出发点,因此这种收费的定价亦不得脱离市场轨道,从这种角度来看,私人主体承受了相当的经济风险,而公部门则以公权力的行使作为给付对价,完成相应的行政任务。最后,公部门在特许经营过程中亦可通过行政行为形式的裁量以特定方式补发私主体一定的费用予以补贴,以便私人主体在经营过程中对抗不可抗力等风险因素造成的经营亏损,公部门亦可通过这种方式实现公共利益的最大化从而获取双赢的效益。但是,私主体在特许经营公私合作模式下,仍须绝大部分地承担与经营权本质紧密关联的经济风险,否则从政府采购法的立场来看,这种模式即实质上属于政府采购模式,由政府购买私主体经营,而非特许给私主体经营。[1] 在欧盟 2000 年公布的一份关于欧盟法上特许概念和采购程序解释性函中,解释了公部门以特许经营权作为给付对价,以及由其经营权及管理衍生的经济风险,并认为这点是区分特许经营公私合作和政府采购最为关键的要素,是现代特许经营公私合作最为特色的要件,也涵盖了工程特许、服务特许等一系列特许行业。[2]

---

[1] 参见 Ruhland. Die Dienstleistungskonzession: Begriff, Standort und Rechtsrahmen der Vergabe, Baden-Baden 2006, S. 66ff.

[2] 参见 Kommission der Europäischen Gemeinschaften, Mitteilung der Kommission zu Auslegungsfragen im Bereich Konzessionen im Gemeinschaftsrecht, Amtsblatt C121/2 vom 29.04.2000, Nr. 2.1, 2.2, S. 3f.

虽然特许经营公私合作模式与前述几种模式有一定相似之处，亦有不少学者并不赞同将特许经营模式从契约型公私合作模式中单列出来，认为特许经营公私合作模式与其他仅仅是程序上的区别而非种类差异。① 但从行政法律关系以及民事法律关系视之，两者之间存在差异已在前文中加以阐述，这种差异的存在使得公部门行政行为形式裁量空间亦有不同，对于前者而言，由于公部门需要充当设施使用者或者租赁者的角色，因此其相对严格控制行为形式选择，尽量控制在双方风险可承受的范围之内；而后者公部门并不承担经营损失之经济风险，行政补贴亦与私人主体经营情况无关，因此在这种情况下，公部门有相对的空间选择行政行为形式，以变通融合私人主体参与模式，在不同特许条件模式下公部门有更大的裁量空间去选择私人主体合作以及规范双方权利义务。

（三）组织合作型公私合作

在前述欧盟《PPP绿皮书》中提及的组织型公私合作模式，乃是以前述经营者模式为上位概念发展出的新型公私合作模式。这种组织合作型公私合作模式系将公私主体互相联合为一个共同主体，常见的为组建项目公司从而完成行政任务。参照欧盟各国现今行政实务现状，尤其是地方政府，常常可以见到其运用组织型公私合作关系进行行政任务，达到实现公共利益目的，比如在供水、供电、天然气供给等大型公共事务中最为常见。② 相较于前述几种契约型公私合作模式和特许经营型公私合作模式，组织合作型公私合作模式并不在于公私主体之间双方的交易，而是两者作为一个商业共同体对行政任务进程完成，并允许私主体获得相应利益。这种模式在日本以及我国台湾地区，有学者称之为"行政法人"。《中华人民共和国民

---

① 参见 Eifert. Regulierungsstrategien, in: Hoffmann-Riem/Schmidt-Assmann/vosskuhle(Hrsg.), Grundlagen des Verwaltungsrechts, Bd. I, Muenchen 2006. § 19, Rn. 114 mit Fn. 262; Burgi, (Fn. 14), S. 37, Fn. 125.

② 参见 Kommission der Europäishen Gemeinschaften, Mitteilung der Kommission zu Auslegungsfragen im Bereich Konzessionen im Gemeinschaftsrecht, Amtsblatt Cl121/2 vom 29.04.2000, Nr. 3, Rn. 53, S. 19.

法通则》（简称《民法通则》）第三十六条规定法人是具有民事权利能力和民事行为能力，依法独立享有民事权利和承担民事义务的组织，同条第二款还规定了法人的民事权利能力和民事行为能力的存续期限。① 显然，我国大陆并未采纳"公法人"之概念，实践立法中也无"行政法人"之立法，而只是传统地将"法人"界定为私法上的概念。相比较而言，我国台湾地区在其"行政诉讼法"第十三条中规定"对于公法人之诉讼，由其公务所所在地之行政法院管辖。其以公法人之机关为被告时，由该机关所在地之行政法院管辖"；同时我国台湾地区"司法院"大法官第 467 号解释文中亦确认"公法人"在实务中的存在。② 其实，"法人"一词并非是私法独有的概念，而是对具有民事权利的主体的拟人化，虽然我国大陆立法只将"法人"规定在私法性法规中，但并不影响其为公法性组织法人，在逻辑上与公法性主体享有民事权利是一致的。③ 依此见解，公法人即基于法律由行政权以组织行为所创设的权利主体而已，是广义上"公"和"私"的结合，在学理上而言"行政法人"即行政机关"公法人"化的特定结果，在行政主体法的组织层面上来看，"行政法人"是于传统国家和地方政府之外，或新设或直接由既有"国家机关"组织改制成一新的独立的法人，再由该新的独立法人执行"国家任务"。④

传统上所有的"国家"任务都是由"国家"自己"设官分职"，也就是自设机关组织来负责履行，因"国家"任务日趋庞大，机关组织就自然逐渐朝层层金字塔形的科层组织结构发展，而为使"国家"任务能透过此特殊的金字塔形科层组织结构获得切实履行，也就不得不发展出一套因应的上下指挥监督系统，这是许宗力教授在其研究报告中指出的传统行政机关

---

① 参见《中华人民共和国民法通则》第三十六条。
② 参见我国台湾地区"司法院"大法官第 467 号解释文。
③ 参见 [日] 美浓部达吉：《公法与私法》，陈正明译，中国政法大学出版社 2003 年版，第 28 页。
④ 参见许宗力：《国家机关的法人化——行政组织再造的另一种选择途径》，载《月旦法学》，2000 年第 2 期。

的分层组织架构，这种组织架构是以传统行政任务为其考量中心的。然而许教授同时又指出，随着时代的变迁，在法治先进的日本和欧美诸国，都可观察到有部分的国家机关组织从科层体制中"独立""分家"出去的现象，相搭配的另一个现象是，国家不再坚持"集权"，不再坚持样样国家任务都非由其自设的机关组织负责履行不可，毋宁是朝着"分权"的方向发展，将部分国家任务转移由该独立、分家出去的组织体负责。[①] 因此，就行政任务的多样化之后和随之而来的"国家"角色之变迁，是一个问题的两个面向，是行政组织法范畴内行政主体法的两个维度，这便是在行政组织法体系下建构行政法人所需考量的因素之一。以上许宗力教授所言的行政任务之独立、分家，从行政法学角度而言包括两个方面，分别是组织上的独立和任务上的分离。从组织独立而言，由于行政任务多样化而创设的行政法人便是一个具有权利能力的行政法主体，而这种具有独立法律人格的主体又脱离了"国家集权""科层体制"，从而具有充分的市场自主性和管理自由性；从任务分离而言，是指政府部门将一部分可以由私主体介入的行政任务交由行政法人负责完成，鉴于行政法人在主体资格上的自主和市场化，这一部分行政任务将更能体现市场化机制和利于行政效率的提升。诚如前文所提及的，"国家"角色的变迁和行政任务的多样化是一个问题的两面，在公私合作浪潮的推动下，我国大陆行政任务公私合作进程正在加大步伐迈进，例如公共工程领域出现了新型的 BT、BOT 等公私合作模式以及几大高校推出自治章程建议去行政化等，这种原本应由政府全权投资管控并运营或由教育部统一行政管理的行政任务现在亦可由民间私主体参与，同时赋予其市场自由化空间，这标志着我国大陆政府和国家的高权角色也在经历着改革和变迁，逐渐顺应国际公私合作潮流，从行政国家模式转变为政府合作模式。

就实际具体运作过程中，我国大陆在制度层面上虽然尚无行政法人之概念，但是在公私合作的实务操作以及行政组织法学术理论中均已普遍存

---

① 参见许宗力：《国家机关的法人化——行政组织再造的另一种选择途径》，载《月旦法学》，2000 年第 2 期。

在，且日臻完善。在通常情况下，公部门与私主体先以行政行为形式（或组织）选择裁量的形式选择设立的行政法人成立组织合作型公私合作关系，随后公部门再与此新设立的主体缔结特定模式的契约关系或私法关系，由此构造在行政组织层面意义上的公私合作。

二、公共服务提供的传统属性与公私合作实践问题

（一）公共服务的分类供给和管理的理论架构现状

中共十八届三中全会所通过的《中共中央关于全面深化改革若干重大问题的决定》强调："加快转变政府职能"、"推广政府购买服务"和"加大政府购买公共服务力度"，公共服务的供给管理以及政府购买公共服务的制度设计成为现代公共行政的热门话题之一。公共服务在管理学上得以概念化定论，但如何在公私合作模式和法学角度上对其进行定义、分类以及分类供给的规制及制度化管理，值得进一步理论探索与深入研究。

1. 公共服务类型化解析理论研究

在公共服务类型化解析方面，大致可以将其分为行为服务、物品供给与混合服务，强制性服务与一般性服务，紧急性服务与常态性服务，现实临面服务与网络平台服务等几种类型。进一步深入细化，公共服务可以根据其内容和形式分为基础公共服务、经济公共服务、公共安全服务、社会公共服务。基础公共服务是指那些通过国家权力介入或公共资源投入，为公民及其组织提供从事生产、生活、发展和娱乐等活动都需要的基础性服务，如提供水、电、气，交通与通讯基础设施，邮电与气象服务等。经济公共服务是指通过国家权力介入或公共资源投入为公民及其组织即企业从事经济发展活动所提供的各种服务，如科技推广、咨询服务以及政策性信贷等。公共安全服务是指通过国家权力介入或公共资源投入为公民提供的安全服务，如军队、警察和消防等方面的服务。社会公共服务则是指通过国家权力介入或公共资源投入为满足公民的社会发展活动的直接需要所提供的服务。社会发展领域包括教育、科学普及、医疗卫生、社会保障以及

环境保护等领域。社会公共服务是为满足公民的生存、生活、发展等社会性直接需求，如公办教育、公办医疗、公办社会福利等。这是公共服务在社会学以及管理学上最为主要的分类方式，但理论上还有以其专业属性和工程专业属性来划分的，至于这种划分是否可以归为根据内容和形式分类方式的子方式，需要从其基本属性角度加之公私合作模式的发展进一步进行制度性架构分析和设计。

研究分析公共服务类型的另一重要意义在于，社会治理体制的协作主要体现在公私合作层面上，而具体到公共服务的供给，则落脚到政府购买公共服务行为上。因此，如何界定公共服务的类型及其性质属性归类，关乎政府购买行为的实体内容，并为立法上如何规制其购买行为的法律性质以及保障制度提供了研究基础和论证依据。

2. 公共服务的提供方式及其法律属性研究

现有最为常见的公共服务提供方式是公私合作方式，也是自财政部"21号文"公布以来广为推广的公共服务提供方式，有效地缓解财政压力，比如政府购买公共服务、签订特许经营协议等。政府购买公共服务的方式具有双向性，从严格意义上来说均需双方的意思表示一致方可进行。

从法学角度上来说，涉及公共利益的公共服务本身应当由政府出资提供并负责管理，此乃大陆法系传统行政法理论下政府履行行政任务的应有之义，即明显的划分开公私两个部分，不能将行政任务交由民间私主体完成，更不能将行政权下放给私主体。随着第二次世界大战以来"合作国家"理念的兴起和流行，欧洲各国一改传统行政法的传统，同时由于政府的效能提升和民间私主体市场的活跃，越来越多的行政任务开始交给私人主体来完成，并同时由政府提供财政支持，形成政府将公共任务外包给私人主体的现象，学界有将这种现象称为"政府任务外包"，当下最具代表性的便是"政府购买公共服务"。这种私法化的公私合作模式对现行根深蒂固的公私二元体系造成不小的冲击，因而有部分学者认为当下的这种公私合作在行政合法性要件上、行政正当性程序上均不足以保证行政部门担负行政责任,甚至也有部分学者直接怀疑这种公法性质任务外包的合法性,导致所谓的"民主赤字"。正如美国学者 Aman 教授所称,政府任务外包如同其他全球化现象一样,有严重的"民主赤字"疑虑,最基本的问题就是某项业务一旦交由私人完成,往往因此规避了公法规范对行政主体的制度约束,从而丧失了公法规范的价值,导致行政责任、行政透明、公众参与等价值被侵蚀。之所以 Aman 教授乃至其他众多学者都会有这种疑虑,乃在于大陆法系下的行政法构建在公私二元论体系之下,宪法的原则、行政法的程序等公法性制度都在其公法主体范围内适用,并不扩张于私主体。即使行政上会扩张这种界限,也是基于行政授权理论,在合乎法规范的前提下将行政权授予其他主体(亦并非一定是私主体),因此在这种格局下,政府将行政任务外包,购买民间公共服务的合法性便当然地遭到传统行政法学上的怀疑和指责。因此,无论是法学界还是其他学科领域均在进一步研究分析公私合作方式完成行政任务(即提供公共服务)在宪法上的合宪性以及法学理论上的可行性,并针对以上法学界的疑虑和担忧,提出并完善以公私合作方式提供公共服务之制度设计与法制完善。

同时,其他比较常见的公共服务提供方式还包括:政府供给和民间私主体供给。政府供给公共服务在法律形式上属于行政机关履行行政职能的行为,既有行政机关专供形式,亦有通过行政委托形式委托其他主体履行行政职能,还可以通过政府采购等形式购买公共服务,从而履行其行政职能。关于私主体单方供给公共服务,在我国现行体制和法制条件下尚未出现,但在西方国家均属常见的公共服务提供方式之一。例如美国政府看到了政府与市场二者的统一性、合作性,强调政府、市场、社会各尽所能、扬长避短,共同参与公共服务的供给。而在多元主体供给的过程中,强调民主合作与服务形式的灵活多样,如:根据当地政府的能力、公众的偏好以及企事业单位的发展情况等因素,通过民主协商选择灵活、实用的供给方式与途径。供给主体呈现多元化,政府则定位为"服务人"角色,除了直接供给个人或组织无法有效提供的公共服务之外,更多的是为参与公共服务的企事业单位、非营利性组织、公民等提供监督管理、制度引导、沟通协调等服务。此外，法律法规的健全完善为公私合作提供保障。以公共卫生领域的公私合作为例，涉及的联邦法律法规就有《联邦信息自由法案》《联邦顾问咨询法案》等。

3. 特殊公共服务的种类及特殊制度规范

除以上比较普遍的公共服务种类之外，还有一些特殊的公共服务。例如强制性服务的政府专供，这种专供体现在供给主体的唯一性，这种"特殊"不仅表现在政府专供性，而且具有紧急性、强制性等特点，结合这种特殊性，在特殊公共服务提供的法律规制上亦需要深入的理论分析和制度设计。再如紧急性服务的供给，如大地震后的政府公共服务供给、传染性病毒爆发后的公共服务提供等，在时间上具有紧迫性，在效果上具有重大性，在决策程序、决策行为以及事后问责等方面均应与普通的公共服务之供给予以区分。最后，在网络平台服务的政府、社会与消费者协同控制与质量监管方面，需要三方以互相协同配合为前提，但基于网络平台公共服务提供的虚拟性和间隔性，需进一步规制其决策行为以及问责机制，以求区别于传统平台的公共服务提供体系。

(二) 中国多元协作的公共服务系统与公私合作模式的衔接

1. 公共服务的政府主导性及其现存问题

公共服务的供给主体是指能够同时供给多人共同享用的，如公共设施、环境保护、文化科学教育、医药、卫生、外交、国防等产品和服务的组织或个人。主要包括以下两个方面：一方面，政府、市场主体、非营利性组织和个人四个部分。① 传统上，我国公共服务表现为政府主导型供给，供给主体是单一的。这种体制曾经极大地促进了社会的发展，但随着社会的发展，公众对公共服务的需求增加，传统供给体制也日益暴露出众多弊端，主要表现为：政府一元主体化供给明显政府是提供公共服务最为权威的机

---

① 参见刘静波:《公共服务的多主体供给分析》，西北工业大学硕士学位论文，2006年。

构,它具有社会、经济等多方面的目的。我国传统的公共产品和服务供给理念将政府看成是公共服务供给唯一的主体。政府作为全能型政府负责一切公共产品和公共服务的生产和提供,即企业由政府建、资金由政府拨、价格由政府定、盈亏由政府负。在这种体制下,由于不存在经营风险,政府公共服务缺乏对投入与产出的精确核算、监督与管理;由于其产品和服务在市场上具有垄断性,顾客的意愿和利益往往得不到有效维护;由垄断带来的冗员过多、缺乏创新、成本过高导致公共服务的低效。另一方面,公共服务供给主体的选择随意性太大。现阶段服务主体的选择中,人为因素干扰过多,缺乏科学合理的选择机制,选择主体的过程成了官员选择,在非公共价值观的指导下,其他主体参与公共服务供给的唯一目的是赢利,完全忽略了公共利益的存在,加之缺乏完善的公共服务供给的评估机制和对公共服务供给的监督,使得公共服务的改革成了政府的赢利行为,从而导致服务改革的成本全部转嫁给了公众。[1] 因此当下对该问题的研究和解决将结合以上存在的弊端以及公共服务项目的确立与分类管理、选择判定等方面,结合风险划分规则和政府与社会多元利益协调机制,对在政府主导下的公共服务供给做全方位的比较研究。

2. 公共服务的社会协同与公私合作

协同治理是当代社会公共管理职能社会化的结果。传统公共管理是以政府为中心的"统治""管理",社会和市场则处于边缘地带。政府通过对权力的独家垄断,建立起对社会的垂直控制体系。与传统的政府公共事务治理主体不同,协同治理则强调除政府外,市场、社会组织也应当成为社会治理的主体。治理主体的多元化在一定程度上优于二元对立的治理模式,能够更好地适应现代社会的发展,顺应社会的潮流和民众的需要。[2] 我国社会组织作为公共治理的参与主体,以强有力的政府为核心和主导,与政府

---

[1] 徐增辉:《论我国公共服务市场化及政府责任》,载《四川行政学院学报》,2005年第4期。

[2] 李莉,刘晓燕:《"协同治理"视角下的社会组织公共服务供给》,载《城市观察》,2012年第2期。

之间保持协同、合作,从权力供给上来看可以实现公共管理事务效益的最大化,提升公共服务的质量和效率,实现公私合作效益和效率的最大化。在协同治理理论中,政府与社会组织之间的关系是微妙的。首先,政府不是万能的,由于缺乏竞争力,缺乏对降低成本的激励机制以及缺乏对政府提供的服务的有效监督,从而会出现"政府失灵",导致服务成本增加,服务质量和服务效率低下。其次,鉴于政府和市场失灵,越来越多的人主张将社会组织作为新公共管理主体,以协同治理应对市场和国家协调的失败。社会组织作为国家(第一部门)和市场(第二部门)之外的第三部门可以有效地弥补政府失灵。再次,社会组织具有积极的产品供给优势,它可以承接部分公共服务的职能,政府通过契约外包、签订合同等方式把一部分社会服务转交给社会组织来提供,可以大大提高服务的质量与效益。①

但是,政府不是万能的,同样社会组织也不是万能的。正如政府存在着"政府失灵",社会组织也存在着"志愿失灵"。虽然社会组织在提供公共服务和促进政府职能转变方面具有相当的功能性并扮演着重要的角色,但随着公私合作模式的发展,社会组织形态逐渐被民间私主体所取代,并且充分发挥了其市场优势,以高效和便捷取代传统的政府提供公共服务模式。在传统社会组织参与性公共服务供给方面仍然存在着许多问题和制约因素。这些问题既有社会组织自身的内部因素,也有制约其发展的外部因素,特别是在协同治理的过程中,社会组织与政府之间关系的掣肘与磨合是一个长期共存的问题。其中包括以下几个方面:其一,政府职能尚未拓宽,向社会组织购买公共服务的机制不完善。其二,公共服务的评估机制不透明,降低了社会组织在社区共同体中的公信力。其三,社会组织外部依赖性强与自身建设能力弱,导致社区公共服务的"虚化"。其四,高素质的专职人才短缺,形成公共服务的人才短板。其五,社会制度的不健全,

---

① 李莉,刘晓燕:《"协同治理"视角下的社会组织公共服务供给》,载《城市观察》,2012年第2期。

限制了社会组织的社区服务能力与范围。①

3. 公共服务的公民参与

公民参与公共服务主要可以分为政府推动型、精英主导型和公众自治型三种类型。政府推动型指的是特定地方政府为公民参与公共服务进行体制、机制等方面的改革，并且在总结的基础上加以推广和运用。一般来说，地方政府推动公民参与公共服务的动力主要有：其一，顺应中央政府和时代的要求，具有改革精神的干部走上各级地方党政领导岗位，主动调整公共财政支出结构，在支出结构中加大对公共服务的投入，更加体现公共服务的重要性。其二，为解决本地一些具体困境（如医疗教育事业发展落后、财政压力不断加大等），引入不同的公共服务主体来缓解这种压力，减轻政府财政负担。其三，不同地方政府之间在促进区域社会发展方面存在着激烈的竞争压力，于是一些地方政府根据本地发展的需要，有意识、有目的地学习国内外相关经验做法，并加以调整和运用以期解决本地的实际问题。精英主导型指的是社会公众不满足于成为政府公共服务的被动接受者，要求在公共服务选择、标准、价格、水平等方面享有一定的发言权。公众自治型指的是在一些公共服务主要是社区性的公共服务事务中，由公众自己为社区或者特定人群提供相应的服务，政府通过政策、资金或者场地等多种形式予以适当的引导和扶持。②

（三）中国基本公共服务的类型和特点

在政府提供的众多公共服务中，纳入基本公共服务体系的公共服务的供给水平应该均等化，保障所有地区和所有个人都能够享受到这一水平以上的公共服务。深入理解基本公共服务均等化，必须进一步探讨基本公共服务体系的组成内容。根据政府提供服务的性质和类型来看，有四大领域可以划在基本公共服务之列：一是底线生存服务，包括就业服务、社会保

---

① 李莉,刘晓燕:《"协同治理"视角下的社会组织公共服务供给》,载《城市观察》,2012年第2期。

② 参见陈海威:《中国基本公共服务体系研究》,载《科学社会主义》,2007年第3期。

障、社会福利和社会救助，主要目标是保障公民的生存权。二是公众发展服务，包括义务教育、公共卫生和基本医疗、公共文化体育，主要目标是保障公民的发展权。三是基本环境服务，包括居住服务、公共交通、公共通信、公用设施和环境保护，主要目标是保障公民起码的日常生活和自由。四是公共安全服务，包括食品药品安全、消费安全、社会治安和国防安全等领域，主要目标是保障公民的生命财产安全。

三、行政法释义学视角下的公私合作模式

前述在欧盟《PPP绿皮书》背景下讨论分析了公私合作在管理学学科体系下的主要类型划分，其主要划分基础是根据公部门的介入方式不同，对比行政法理论层面下的公私合作模式，由于行政行为形式在合作模式中发挥的主导作用，导致若干行政行为形式蕴含了公私合作的理念，因此行政法理论层面下的公私合作模式划分亦即行政行为形式主导下的公私合作模式。虽然现今公私合作已不再属于传统的行政机关执行行政任务而是由市场私主体介入行政任务从而提供公共服务或者完成公共任务，但在实质公私合作层面下公部门所应承担之责任仍不能免除，这与公部门的行政行为主导公私合作有很大的关系。因此厘清在行政法释义学理论背景下公私合作具体类型，需在行政行为主导下进行学理界定与分析，由此亦可对私主体在公私合作中的法律地位进行具体定位。

（一）组建混合公司模式

在组织形式上，混合公司模式亦即上文所提及的组织合作型公私合作模式，但是在管理学体系下的组织合作公私合作模式并未在行政法理论体系上得以系统研究。就运作方式而言，公部门与私主体先各自以其个体为法律主体组建公司法人，这种带有行政性质的混合型公司在理论上得以"行政法人"予以法释义学定义，继而公部门将特定需要完成的行政任务交由具有法人主体的项目公司执行。就行政法宏观体系上来看，公部门借助公司法人的私人资本得以执行行政任务，而且公部门在这种混合公司模式

所占股权比例往往超过一半，占有行政主导地位，行政权仍然发挥着重要的作用。因此，公部门的行政行为形式选择权仍发挥着重要的作用，对公司法人在执行行政任务过程中仍具有相对的决定权。在公私行政法律关系中，私主体仍然愿意以这种公私合作模式参与行政任务，接受一部分行政权力的干预，无非在组建公司法人之后，公部门下放行政任务得以相当空间自由裁量，选择合作的形式，不需要强制招投标程序，约束私人主体参与各种行政任务。这一点并非法律所绝对禁止，一方面，在公部门选择私人主体组建公司法人时已有招投标程序，通过公开公平的方式选择合作伙伴，满足行政法基本原则以及宪政要求，也具有绝对完善和严格的行政行为形式；另一方面，私主体与公部门组建公司法人之后，公部门仍然在公司法人中占有相对控制权，得相对选择较为方便的行政行为形式与公司法人选择合作方式，提高行政效率，减少行政资源的浪费，也更进一步促进公私合作良性发展，最大限度地实现公共利益。

但是在20世纪90年代的欧盟国家，传统行政法理论体系下并不承认这种组建公私混合型公司法人之后即可无须招投标程序下放行政任务之情形，[①] 并有欧洲法院通过判决形式予以明令禁止，并在判决书中确认了若干标准，欧洲法院首先确立了关于在公私合作型公司法人中委托私人执行行政任务应对招投标程序明确界分的原则，而这种界分的标准则在于尊重行政部门在执行行政任务时具有行政行为形式选择裁量空间。[②] 如此进一步可认为公部门在选择私法形式完成行政任务的情况之下，执行行政任务的主体仍为公部门而无需经由招投标程序，但是欧洲法院却在判决中进一步明确这种原则的中心在于，即使在没有招投标程序的情况下，公部门也必须对参与执行公共任务的私主体有绝对的控制权，应当保证这种控制权足以

[①] 参见 VG Gelsenkirchen, in: NWVBl 1994, S. 181 ff.; OVG NW, in: NWVBl 1994, S. 428; OVG Schleswig, in: KStZ 1999, S. 135; Hess VGH, in: NVwZ 2000, S. 243(244).

[②] 参见 EuGH, Slg. I 1999, S. 8121(8154), Tz. 49f.

第二章 公私合作类型涵摄下的行政行为形式态样思辨

保证效果等同于公部门自己执行行政任务一样。① 有学者指出,私主体承担公共任务,就方式上而言并未违反强行规范,甚至在德国公法学界通说皆承认这种合作方式的合法性。② 但是在欧洲法院审判实务中持有几种见解,第一种认为应当以公部门在公司法人中的股权比重为判断标准,当公部门持股超过50%时,方可认定其拥有绝对控制权,能以其行政权主导公私合作公司的行政任务之执行;第二种认为应当以私主体持股比例为判定标准,当私主体持股比重低于10%时,方可认定公部门具有绝对控制权;第三种认为应当依据组建的公司法人具体情形而定股权比重,并不可一概而论,但是这种观点持有者并未进一步表明如何区分这种具体情形。③ 2005年,欧洲法院再一次就此问题作成判决,并指出凡是涉及私主体参与执行公共任务的情形,无论私主体以何种形式与公部门合作,皆禁止通过未经招标程序而执行公共任务,凡有私主体参与的公私合作公司法人,不管私主体在股权结构上比例为何,抑或即使公部门有绝对的控制权,也不允许私主体未经招标程序参与公共任务的执行。④ 由此可知,大陆法系行政法传统理论体系下的公私合作,在组建公司法人这种情形下,并不允许以未经招投标程序直接通过行政行为形式的裁量授予私主体以行政任务,其重在强调公共任务的公共性和其他竞争者参与执行行政任务的公平性,秉持行政法公平原则与程序正当原则。

我国在政府公共工程组建项目法人进行公私合作的项目当中,亦秉持了欧洲法院在20世纪就确定的这种原则,并将其纳入《招标投标法》和《政府采购法》中,从而进一步限缩了公部门在组建公司法人公私合作进程中行政行为形式选择裁量的空间。虽然在选择私人合作伙伴时需要经过招

---

① 参见 EuGH,Slg. I 1999,S. 8121(8154),Tz. 49f.
② 参见 Faber. Oeffentliche Auftraege an kommunalberrschte Unternehmen-in-house-Geschaefte oder Vergabe im Wettbewerb,in:DVBI 2001,S. 248(255 f.).
③ 参见 BayObLG in:NZBau 2002 S. 397(399 f.).
④ 参见 EuGH,Slg. I 2005,S. 1(48),Tz. 49-Stadt Halle.

57

投标程序，在选择其他设备供应商或者建设承建人时，亦需要进一步公开招投标，这种行政行为形式的限缩进一步简化了公私主体之间的法律关系，也强化了公部门在这种公私合作模式下的主导地位。

（二）行政辅助人模式

在行政辅助人模式下，"公行政以私法契约，取得其行政活动所必须之物品（例如以买卖、租赁、承揽契约等，取得文具、车辆、土地、办公处所），以及所须之人力（例如以私法契约雇佣雇员及工人），在此等事件中，公行政之地位与私人企业无异"。① 显然地，行政辅助人模式与行政委托模式有明显的区别。行政委托模式需要满足主体要件、职权要件、名义要件和法治要件四大要件，行政辅助人并无这些要件的束缚，乃行政机关基于行政任务达成之需要，由民间私主体提供技术性支持和协助，行政任务的履行责任仍由行政机关承担，而且在行政任务的履行过程中，行政辅助人并不享有完全的自主权和决定权，仍需要按照行政机关的指令去完成相应行为。比如德国法上的受警察委托执行拖吊业务的吊车公司，或受委托担任执行废弃物清理任务的执行人。② 这与我国行政强制中的代履行如出一辙，是公私合作行政行为形式在我国现行法中的具体体现。

对德国法而言，德国亦将公私合作模式纳入法制进程，并将其更加细分和完善，同时明确规定了行政辅助人模式的公私合作。例如在德国《建筑法》中规定，行政机关可以将建筑设计方案交由私人草拟，而具有行政任务执行权的行政机关，应当对私人草拟的建筑计划方案作出采用与否的决定。③ 当然，这种辅助人的职责亦非直接指定，根据德国《建筑法》这一条的立法意旨，私人在承接这种对公部门的任务辅助时，必须先与公部门建立基础法律关系，在这种法律关系基础之上，再履行相应辅助任务，例如德国《建筑法》第一百二十四条第一项授权行政机关与私人缔结建筑

---

① 陈敏：《行政法总论》，台北新学林出版有限公司 2011 年版，第 651－652 页。
② 参见 Kunig. Kreislaufwirtschafts-und Abfallgesetz(Krw-/AbfG)，§ 16 Abs. 1.
③ 参见 Peine. Oeffentliches Baurecht, 4. Aufl. ,2003, Rn. 531 ff.

发展契约;德国《建筑法》第一百五十七条第一项规定行政机关与私人缔结建筑物维修契约,期待私人从事特定行政任务的执行。① 就责任承担角度而言,行政辅助人介入的公私合作模式并不影响公部门的责任承担,公部门的责任范围并不因为行政辅助人的加入而相应缩小,同时,行政辅助人在行政任务执行中亦不享有行政权,虽具公私合作之名义,但并不享有公权之实,这也是行政辅助人行政法律属性的当然之义。同时,德国《建筑法》第四条亦规定"私主体虽然在建筑规划设计中作为行政辅助人,负有特定的执行任务,但其并未获得任何行政裁量权限,行政裁量权始终掌握在公部门手中,因此公私合作参与建设规划设计的私主体在学理上亦属于行政辅助人",② 进一步在立法上佐证了行政辅助的法律属性。

(三) 行政委托模式

在德国,私主体在公私合作项目中受公部门委托执行行政任务的情况并不多见,其主要集中在德国所谓的 TÜV 机构。③ 从行政法学界角度而言,学者对行政委托模式的公私合作持有不同态度,有学者认为私主体受委托执行行政任务,并享有部分公权力,就外观而言,私主体与行政主体无异,因此委托行政模式应属于上述形式公私合作模式的下属形式。④ 同时,亦有学者认为行政委托模式的公私合作属于功能性公私合作模式,因为其将行政权交由私主体行使。最后有学者认为行政委托模式的公私合作属于实质上的公私合作,因为公部门一旦将公权力交由私主体,基于对公私合作效率性角度的考虑,公部门已完全脱离行政任务而由私主体承担,仅具行使行政任务执行过程中监督的功能。⑤ 以上学界争议均不无道理,但是在行政委托模式的公私合作进程下,应当从不同角度考虑,亦会得出不同的结论。

---

① 参见德国《建筑法》第一百二十四条、第一百五十七条。
② 参见 Peine. Grenzen der Privatisierung-Verwaltungsrechtliche Aspekt, in: DOEV 1997, S. 353 (354).
③ 参见 BGHZ 49, 108(113); 122, 85(87 ff.).
④ 参见 Burgi, in: Stober/Olschok(Hrsg.), Handbuch des Sicherheitsgeweberchts, 2004, S. 586.
⑤ 参见 Freitag. Das Beleihungsrechtsverhaeltnis: Rahmen, Begruendung und Inhalt, 2005, S. 27 ff.

而且这种公私合作模式在行政行为形式的选择上具有更大的裁量空间，根据行政行为形式的不同，可以将其归为不同类型的公私合作模式。比如从职权角度，如果行政行为形式裁量空间过大，公部门将其行政权完全下放给私主体，而其本身仅仅担负监督责任，那这种公私合作模式则可认定为实质化的公私合作模式；但是公部门在形式选择过程中较为严格，完全按照法律保留原则来界定公私主体双方之关系，则可以将其认定为功能型公私合作模式，私主体仅承担其公私合作契约部分的行政任务。正如 Kaemmerer 教授所指出的，如果要全面地描述公权力委托行为的特征，则不应偏废任何视角，故公权力委托形式兼具两种或者多种类型的混合型公私合作模式。①

就法律关系而言，按照德国法通说，基于法律保留原则之要求，在行政委托公私合作模式中，公权力转移于私主体必须以法律授权为基础要件，并对授权方式与范围界定清楚。② 而行政行为形式选择过程中当然不可对法律保留原则进行裁量，但仍可对授权的方式和范围进行裁量，具有选择的空间，同时私主体在形式授予的行政权力过程中，亦有一定的裁量空间。例如私主体在运营公共设施收取费用的性质界定上，德国根据《公私合作关系加速推动法》第三条规定，受托私人可以根据裁量选择收取费用的法律性质，可以特许形式收取公法上的规费，亦可以私法契约形式收取契约的对价。③

第二节　传统行政法理论下的行政行为形式态样

行政主体行使行政权的承载方式不同，可以划分为公法行政和私法行政。传统的公法行政亦即实践中最为普遍的行政命令、行政规则、行政指

---

① 参见 Kaemmerer. Privatisierung, 2001, S. 46f.
② 参见 Maurer. Allgemeines Verwaltungsrecht, 15. Aufl., § 23 Rn. 58.
③ 参见 BHBl. I2005, S. 2676.

导以及行政处罚等,而私法行政在理论上亦颇为常见,包括私法给付之行政行为、行政辅助行为以及公私合资等行为。就行政行为形式而言,有学者将其分类为型式化行政行为和非型式化行政行为;① 也有学者根据行政行为效力方式将其划分为行政计划、行政决定、行政执行和行政管制四种类型;② 亦有日本学者根据行政行为内容形成过程的不同将其分为政策形成、行政立法过程以及法律关系形成过程三种;③ 我国台湾地区学者将其划分为公法行为与私法行为、权力行为与非权力行为、外部行为与内部行为、精神行为与物理行为。④ 以上分类众说纷纭,均有各自科学内涵,并无一种分类不符合行政行为形式的合理化释义,但因本书旨在探讨公私合作的行政行为形式及其选择裁量,又在公私合作的背景下进一步探讨公私合作的合宪性基础、行政行为形式与行政组织选择、行政行为形式与正当行政程序等方面,因此便以公法行政行为与私法行政行为作为行政行为形式态样的分类,后续继续以此分类探讨行政行为形式选择裁量及其界限。

一、公法行政行为形式

(一) 抽象行政行为形式

在公私合作进程中,学界多数只关注具体行政行为形式及其在公私合作进程中的法律性质,往往忽略了抽象行政行为在公私合作背景下设定目标、完善进程发挥的重要作用,而且多元化的抽象行政行为形式亦可直接影响行政组织的架构和运作,此外各种抽象行政行为形式具有抽象性、一

---

① 参见 Schmidt-Assmann. Die Lehre von den Rechtsformen des Verwaltungshandelns, DVBl, 1989, S. 540f. 转引自林明锵:《论型式化之行政行为与未型式化之行政行为》,载《当代公法理论》, 1993年第2期。
② 参见 Paul Kirchhof. §59 Mittel Staatlicher Handlns, in: Handbuch des Staatsrechts Ⅲ, 1988, Rdnr. 102 bis 206. 转引自林明锵:《论型式化之行政行为与未型式化之行政行为》,载《当代公法理论》,1993年第2期。
③ 佐藤英善:《经济行政法》,成文堂出版社1990年版,第295页。
④ 李震山:《行政法导论》,台北三民书局1998年版,第206页。

般性、未来性等共同点,具有统一分类研究的必要。

第一,行政计划形式。根据我国台湾地区"行政程序法"对行政计划的定义,是指行政机关为将来一定期限内达成特定之目的或实现一定之构想,事前就达成该目的或实现该构想有关之方法、步骤或措施等所为之设计与规划。① 随着现代经济社会的发展以及传统行政法理论的更新,在公私合作背景下,尤其是在经济行政领域,行政计划出现了多样化的趋势。行政主体在公私合作背景下基于对合作现状的基本认识和掌握,对未来公私合作发展进行预测并设定基准目标,从而基于这种前期认知和后期预测,为达成行政目的,执行行政任务,行政主体需针对不同复杂多样的公私合作活动制定不同形式的行政计划。这种行政计划的目标预定性和活动综合性体现在其功能复杂多样上,有学者将行政计划的功能概括为以下三项:其一是作为行政发展之指导与协调手段,例如在城市规划适用分区管制的制定或变更上,可以看出城市规划的未来发展走向或目标设定与任务执行情况;其二是行政机关的自我确定功能,人民借由行政计划的制订或审议所形成的行政机关自我确定,决定其未来的活动,从而间接形成行政计划的外部效力,尤其可以对私经济领域中的经济影响或生产力影响产生冲击;其三是提高人民预期的可能性,保障人民基本权利,另一方面也贯彻落实了行政公开原则在公私合作进程中的具体适用。同时,亦有学者认为行政计划的功能可以分为设定行政目标、统合行政手段以及诱导民间活动三大功能,其效果则具体分为对内效果和对外效果。②

第二,行政命令形式。我国台湾地区"行政程序法"亦对行政命令作出概念解读,行政命令是指行政机关基于法律授权,对多数不特定人民就一般事项所作抽象之对外发生法律效果之规定。③ 对于行政命令这种行政行为形式,德国有学者作出精辟的论断,其认为行政命令与法律一样,均是

---

① 我国台湾地区"行政程序法"第一百六十三条。
② 参见刘宗德:《现代行政与计划法制》,载《政大法学评论》,1992年第45期。
③ 参见我国台湾地区"行政程序法"第一百五十条第一项。

第二章 公私合作类型涵摄下的行政行为形式态样思辨

针对未来不特定事件所指定对一般人民有拘束效力之规范，为一种实质意义之法律，性质及拘束力与立法院所制定之国会法律并无不同，唯一之不同仅在于制定机关有别而已。① 当然，就我国大陆目前现状来看，这种论断不免未将法律优先原则纳入考虑范畴，因此行政命令最终与法律还是有实质性区别，唯就行政命令的预测性与设定性，具有与法律之制定相似之处。同时，行政命令还具有抽象性、一般性、对外性以及未来性等特征，对于地域辽阔、人数众多、时间长久的行政事项，行政机关为适用法律以及执行行政任务，常常以行政命令的形式作为达成行政目的的方式。② 亦有日本学者指出，尤其在经济、金融、财政、高科技等尖端技术方面，行政对于国内外整体环境之变化，常常需要随机应变，实时更新，行政行为形式不可能巨细无遗地对之加以规定，这样也不符合行政效率之要求，因此行政命令便成为常用的行政行为形式。③ 在现今公私合作背景下，行政命令同样被广泛运用在政府公共工程，成为佐藤教授指出的经济、金融、财政等尖端领域所常用的行政行为形式，一方面是加速公私合作进程，提高行政效率，另一方面亦是促进公私合作良性发展的必要形式，对于公私合作进程中某些特殊突发情况予以迅速有效的处理，也最终能应对公私合作多元化项目的合作和行政任务之完成。

第三，行政规则形式。我国大陆行政法理论中很少提及行政规则的学理含义，虽然在实践中有较为普遍的存在。根据我国台湾地区"行政程序法"对其的定义，可以理解为行政规则是指上级机关对下级机关，或长官对属官，依其权限或职权为规范机关内部秩序及运作，所谓非直接对外发生法规范效力之一般、抽象之规定。④ 显而易见，行政规则形式与行政立法

---

① Hartmut Maurer. Allgemeines Verwaltungsrecht, §4 Rdnr. 10. 转引自许宗力：《法与国家权力》，台北月旦出版社1993年版，第269页。
② 参见陈敏：《行政法总论》，台北新学林出版有限公司2011年版，第458页。
③ 参见佐藤英善：《经济行政法》，成文堂出版社1990年版，第380-386页。
④ 参见我国台湾地区"行政程序法"第一百五十九条。

形成了直接的对比,前者对行政机关内部发生效力,而后者对外部即行政相对人发生效力,这种行政行为形式虽然在公私合作中并不能直接对私主体发生效力,但由于内部的调控机制,亦能在行政决策中凸显其优势和功效。根据许宗力大法官的见解,行政规则具有三大特性:其一,基于行政机关为执行组织法所规定权限范围内之主管业务,基于行政固有指挥监督权所定,无需其他法律之特别授权。其二,行政规则的效力原则仅及于机关内部,对外不具直接拘束效力,从而不得直接课人民义务或为人民创设权利,故不仅无法律保留原则之适用,无需法律授权,也无需对外公布,仅需下达。其三,指行政规则的内容仅能基于机关职务经营或管理之观点规定公务员服勤务之关系,不得涉及与服勤务无关之公务员个人身份事项,因而无法律授权之必要。①

(二) 具体行政行为形式

具体行政行为在公私合作中更为普遍运用并呈现形式多样化的趋势,行政处分、行政指导,尤其是行政契约,广泛地在公私合作中予以运用。具有共同的对外性、具体性、个别性,通过这种特定的行政行为形式将行政主体对外效力之内容固化下来。

第一,行政处分形式。我国大陆虽然在立法上尚无行政处分的立法概念,但在行政诉讼法中的具体行政行为以及学理上的行政行为均是大陆法系下行政处分之概念,且我国大陆亦有多数学者试图将行政行为(处分)与其他具体行政行为并列为同一位阶概念,② 为行文方便同时不与我国大陆现有的概念相矛盾,在此以"行政处分"称谓概括称之。学理上,行政处分可以说是整个行政法体系的核心,其以行政权力为中心成为最具代表性的行政行为形式,并始终是各国行政法学者研究的重要课题。根据我国台湾地区"行政程序法"对行政处分的定义,可以将其概括为行政机关就公

---

① 许宗力:《法与国家权力》,台北月旦出版社 1993 年版,第 291 页。
② 参见周佑勇主编:《行政法专论》,中国人民大学出版社 2010 年版,第 255 页。

第二章 公私合作类型涵摄下的行政行为形式态样思辨

法上具体事件所为之决定或其他公权力措施，而对外直接发生法律上效果之单方行政行为。① 在行政行为具体"处分"过程中，虽然其发生的法律效果相同，但其"处分"的程度以及界限却未尽相同。为达到行政任务完成的目的，行政机关在作出行为的同时应当考虑一定的基准，也即裁量标准，尤其是在公私合作进程中，具体对私主体的行政权之行使，应当综合行政之目的、规制之对象以及约束之程度综合考虑。行政法理论认为行政处分（可扩大至整个具体行政行为集合概念）具有公定力、确定力、拘束力、执行力等效力，② 因此在公私合作进程中的行政处分行为不受行为瑕疵之影响，而径得对私主体发生效力，所以行政主体在作出这种行政处分时应以私主体权益为裁量基准，不应使公私合作相对人的权益受到损害。但德国学者亦认为，行政处分又因可使用附款、部分许可、多阶段程序而兼具柔软性和调和性，③ 从而在公私合作中的公部门亦可因其行政处分行为的软性，大部分情况下可以与私主体进行协商调和，从而达到双方共赢之局面。

第二，行政契约形式。行政契约亦是行政法理论上研究较为普遍的一种行政行为形式，我国台湾地区"行政程序法"认为公法上法律关系得以契约设定、变更或消灭之，但依其性质或法规规定不得缔约者，不在此限。④ 有学者认为依当事人间意思表示之合意，以契约设定、变更或消灭公法上法律关系者，统称为公法契约。⑤ 在现代公私合作进程中，使用最为广泛的行政行为形式即行政契约形式，也正是因为行政契约彰显了法律保留原则对行政的授权表征，允其对个别事务进行协商处理，从而也表现了行政契约是为行政行为形式选择裁量的本质特征。但相对而言，行政契约在公私合作中之适用并非行政权的恣意和扩大，当行政契约中有行政主体对私

---

① 参见我国台湾地区"行政程序法"第九十二条第一项。
② 参见翁岳生：《法治国家之行政法与司法》，台北月旦出版社1995年版，第18—20页。
③ 参见 U. Battis. VVDStRL. 45（1987）S. 264.；ders.，Allgemeines Verwaltungsrecht, 1985, S. 73.
④ 参见我国台湾地区"行政程序法"第一百三十五条。
⑤ 李震山：《行政法导论》，台北三民书局1998年版，第293页。

主体进行权利限制或损害之情况发生，仍然应当依据依法行政原则进行处理。

第三，行政指导形式。根据我国台湾地区"行政程序法"规定，行政指导是指行政机关在其职权或所掌事务范围内，为实现一定之行政目的，以辅导、协助、劝告、建议或其他不具法律上强制力之方法，促请特定人为一定作为或不作为之行为。① 就从我国台湾地区"行政程序法"之定义来看，行政指导的法律释义并不十分明确，但可以从此定义判断行政指导形式并无实际强制力，行政机关并不能依据行政指导而直接对私主体施以约束其权利的行为。另一方面行政指导亦需要相对人的合作行为，在公私合作中表现最为明显，这种诱导相对人为一定之作为或者不作为并不具有公权力性和裁量性。例如在日本公平交易法领域中，行政经常对于事业单位或事业个人作出行政指导；在环境法上日本行政机关对于事业单位肆意滥倒工业废弃物之情形，亦多有行政指导之运用。基于行政指导并非正式行政行为之性质，对于人民不直接发生法律上效果，其效力乃在有拘束力与无拘束力间移动，② 因此行政指导在公私合作中之运用具有弹性，容易在有强制力和无拘束力之间徘徊，如果其具有强制力，则其行政行为形式实质内涵已不具行政指导之本质，值得公私合作的双方予以注意。

二、私法行政行为形式

私法行政肇始于所谓的"国库"理论，"公行政立于'国库'之地位，以私法法律形式所为之行政行为"，③ 因此行政行为形式中可以依据私法形式实施行政行为。有论者认为行政常出于传统、私法行政组织结构较自由、扩大财政收入、有限公司之责任限制、灵活运用人事、税收、无适当可用

---

① 参见我国台湾地区"行政程序法"第一百六十五条。
② 陈春生：《行政法之学理与体系（一）》，台北三民书局1996年版，第34页。
③ 陈敏：《行政法总论》，台北新学林出版有限公司2011年版，第650页。

第二章 公私合作类型涵摄下的行政行为形式态样思辨

之公法行政行为形式等原因，选择私法行政行为形式。① 因此，私法行政行为形式之选择适用，大大促进了行政效率及其与私主体进行合作的契机，多元化的私法行政行为形式可按其行为目的分为私法形式之给付行政行为、行政辅助行为和行政盈利行为，② 这些典型的私法行政行为形式大力推进了公私合作的发展进程。

第一，私法形式之给付行政行为形式。私法形式之给付行政行为是指为改善或保障、照顾人民之生存条件而进行之直接促进分配至行政行为，如政府供给水、电、瓦斯、邮递、通信、客货运输等行为。③ 亦有学者认为：私法行政是公行政得以"国库"（亦即私法主体）之地位，在私法领域内从事活动。④ 总而言之，这种行政行为形式乃行政主体基于私人之地位进行给付行政，虽然载体是私法形式，但其行政行为仍受行政法基本原则之拘束。在公私合作中，公部门多会选择这种方式予以私主体相应的回报，或是金钱的直接给付，或是运营期的特许，这种行政给付均基于私法形式，公部门得有相当的裁量空间。

第二，行政辅助行为形式。如行政机关为添购办公用具而与私人订立私法上买卖契约等行为、从事公共工程建设与私人订立承担契约之行为、与不具公务人员任用法所规定公务人员任用资格之私人订立雇佣契约之行为，亦有学者认为行政机关将闲置财产出售、出租或出借与私人之财产利用行为亦属行政辅助行为。⑤ 前文已有提及在行政法传统理论下的公私合作类型划分，有行政辅助人公私合作模式，前述这种模式即基于行政辅助行为形式下的公私合作模式，在现代公私合作进程中亦颇为常见。

第三，行政盈利行为形式。行政盈利行为系指"国家"之私经济行为

---

① 参见刘如慧：《论行政机关选择公法及私法手段之自由》，台湾大学法律学研究所硕士学位论文1995年。
② 参见李震山：《行政法导论》，台北三民书局1998年版，第207页。
③ 参见李震山：《行政法导论》，台北三民书局1998年版，第210页。
④ 陈敏：《行政法总论》，台北新学林出版有限公司2011年版，第651页。
⑤ 参见许宗力：《法与国家权力》，台北月旦出版社1993年版，第5页。

以增加"国库"收入为主要目的,或为同时推行特定经济或社会政策,而以企业家姿态所从事的具盈利性质之行为,有直接由其内部不具独立法律主体资格之机关或单位经营者,亦有由"国家"依特别法或公司法之规定投资设立具有独立法律主体资格之公司经营者。① 简而言之,这种行政行为形式即政府公部门抛开公的因素而站在私人盈利的角度从事经营,虽然其目的是以增加"国库"收入或推行经济政策为导向,但在实际运作过程中实质上却是以私主体角度去经营,从公私合作角度来看即公部门运用公权力褪去其本身公的性质而与私主体进行盈利合作,对于这种行政行为形式的运用应当进一步约束其裁量空间,否则影响行政法基本原则对公部门的约束,导致公私合作的非良性发展。

三、行政行为形式与行政组织

上述分析的行政行为形式会对行政组织的架构和内在组成方式产生重要的影响,行政组织本身存在即是为了实现一定的行政任务目标,因此行政组织亦与行政任务之间存在一定的手段和目的的关系。当然,随着公私合作的发展,行政组织亦随着行政行为形式呈现多样化的趋势,正如学者所指出的,行政组织与行政任务间之关联程度于学理上尚不明朗,但可以确定的是因工业社会中之国家所担当之任务不再只是典型之国家任务,故典型、层级制之行政组织形态不能完全应付行政任务之需要,而必须发展出一些摆脱层级制行政体系的组织形态。② 可见行政法学者早在20世纪就已认识到随着时代的发展,传统行政法层级制组织形态势必发生变革,尤其在公私合作大趋势下,行政行为形式的多样化导致了行政组织形态的多元化发展。在功能上,行政组织形态常常在公私合作进程中扮演重要的角色,尤其是私主体介入之后,在复杂多元的行政组织之间,如何界分相应组织权力以及分配义务成为重要的课题,这也与行政行为形式的存在态样

---

① 参见许宗力:《法与国家权力》,台北月旦出版社1993年版,第5页。
② 李建良等:《行政法入门》,台北月旦出版社1998年版,第204页。

第二章 公私合作类型涵摄下的行政行为形式态样思辨

有着不可分割的联系。

在行政组织选择中，以私法组织形式为例，在公私合作行政主体以私法形式为行政给付行为中，公部门为实现与私主体合作以保证私主体获得相应对价的目的，常常采取与私主体以私法形式为组织形式进行公私合作。在理论上，以公法组织者，其利用关系上得为公法关系或私法关系，以私法组织者，其利用关系仅得为私法关系。① 因此在以私法形式为组织形式的公私合作进程中，公部门往往可以根据这种私法形式优势选择适当的行政行为形式，从而以私法形式组建合作组织，而不受行政法基本原则之拘束，这种组织形式的选择给公私合作的法治保障却留下了风险缺口和法制漏洞，因此如何厘清行政行为形式对组织选择决策的界限以及私法组织形式选择裁量的容许性即是下文要研究讨论的重点。

第三节 公私合作下的行政行为形式

综观本章前两节的公私合作学理分类以及行政行为形式，就行政法律关系角度而言，除特许公私合作模式具有明显的行政法律特征之外，其他几种公私合作模式的彼此差异均主要在于标的物所有权以及公私间各自财务架构不同。这些差异亦集中反映在各种不同公私合作模式下的行政行为形式选择，基于行政法学理项下的公私合作模式划分，不同的行政行为形式选择导致了其不同的功能性取向，亦由此直接影响公私合作组织形态的差异。

一、类型化公私合作模式下的行政法律关系

就按照公私合作执行整个行政任务的过程来看，可以将公私合作法律关系主体大致分为三方面，即公部门、私主体以及行政任务第三人的三角

---

① 李震山：《行政法导论》，台北三民书局1998年版，第211页。

关系。前述管理学体系中的承购者公私合作模式、融资租赁公私合作模式以及所有人公私合作模式中，公部门不仅与私主体就公私合作关系签订内部合作契约，且与对外第三人建立公法或私法法律关系。因此，在这些公私合作模式下，实践中无论基于此基础法律关系由于行政行为形式的多样化发展出其他新模式，其本身内涵并未脱离上述基础法律关系，均由公部门与第三人建立法律关系，公私合作一方的私主体只充当了行政辅助人的角色。而在公私合作内部的公部门与私主体之间的法律关系，学理上称之为"合作契约"，唯此等契约终究属私法契约或公法契约，学说上尚未得出统一结论。① 就公私合作本身而言，双方之间的法律关系因行政行为形式的选择不同而发生变化，因此学说上试图将其合作关系固化在某一种法律关系上似乎显得没那么容易也未尽可能。

目前学界与实务界常常把特许模式作为公私合作模式的典型案例进行研究，因其代表了公私合作最为成熟以及应用最为广泛的合作模式。特许模式与上述提及的几大公私合作类型显著不同点在于，执行行政任务的私主体以其自身名义直接对第三人签订契约发生法律关系，而公部门却在这种公私合作模式下未与第三人直接发生法律关系。在特许公私合作模式下，因公部门并不直接对第三人行使行政权，其行政行为形式的选择仅仅针对私主体而发生，这种选择裁量也仅存在于公私合作内部，缩小了选择裁量的范围，但也凸显了公私合作中行政行为形式选择裁量的本质和真实意义，具有代表性的功效。

综上而言，就公私合作法律关系乃至行政法律关系而言，公部门始终与一方主体发生法律关系从而得以通过行政行为形式行使其行政权。在这种广义视角下，公私合作的法律关系内涵可以从主客体两个方面来概括。在公私合作主体方面，必须有公部门与私主体两者同时存在，且这种私主体的地位应当与公部门发生具体的行政法律关系，且参与行政任务的执行。

---

① 参见 Schmitz. "Die Vertraege sollen sicherer warden"; Zur Novellierung der Vorschriften ueber den oeffentlich-rechtlichen Vertrag, DVBl. 2005, S. 17ff.

这种公私主体的地位划分，以公私合作基础法律关系形成前而予以衡量，一旦形成行政法律关系或者有私主体通过行政委托或授权而获得其他法律地位，应当不予纳入考量范围。就这点而言，可参考我国台湾地区"行政程序法"关于行政组织法上拟制行政机关之规定，"行政程序法"第二条第三项意义下立于组织法上"拟制行政机关"地位之个人或团体，在此处所理解的公私合作概念下，并非归属于公部门，而系属于私部门范畴，盖此等立于行政受托人地位之个人或团体，系属公私合作之结果呈现，而非基础参与主体。[①] 在公私合作法律关系的主体认定问题上，詹镇荣教授认为行政组织法上所理解之行政主体与行政机关，诸如"中央"与地方政府机关，以及由"中央"与地方自治团体共同或分别所设立之各类型公法人，即归属于公部门；而私部门所指称者则为自然人、团体、公司法上之公司，以及其他私法上权利主体等之"实质意义的私人"。[②]公、私主体的判断，对界定公私合作法律关系十分重要，不仅涉及行政行为形式的选择，更容易导致公部门与公部门合作而造成假公私合作的现象，导致行政行为形式选择裁量的扩大化而出现"公法遁入私法"之漏洞。这种问题，往往会出现在私法形式的行政主体上，由于行政主体的行政行为形式选择导致其组织架构的选择裁量性，常有公部门以私法组织形式出现的情形。这种以私法形式建构的行政组织，亦即单纯组织私法化之行政，或是"国家"具有支配性影响力之公私合资公司，应当仍归属于公部门，而非属私部门领域。[③]

就公私合作客体方面，概念本身虽未设限，几乎所有"国家"公权力作用领域理论上皆可包含在内，然后一般学说与实务之探讨往往将重点置于公行政领域，在立法权与司法权范围内之公私合作，虽非根本上排除，但仍属个案式讨论的少数情形。[④]因此，就公私合作客体方面而言，无论德国、日本还是我国台湾地区，学界均将视角聚焦在公共行政领域，我国大

---

①②④ 参见詹镇荣：《民营化法与管制革新》，台北元照出版公司2005年版，第6页。

③ 参见 Wolff/Bacho/Stober, Verwaltungsrecht, Bd. 1, 11. Aufl., 1999. §23, Rn. 18. 转引自詹镇荣：《民营化法与管制革新》，台北元照出版公司2005年版，第6页。

陆的学界与实务界亦将研究重点着眼于公共工程等行政任务领域。

二、公私合作行政行为形式功能性取向

公私合作行政行为形式的多样化直接反映在公私合作模式的复杂变化上，而行政行为形式也具有导向性的功能取向和平衡性的价值功能，各种不同典型的行政行为形式均体现了各自不同的功能，从而多方面地对公私合作进程产生不同的影响和功效。

在公法行政行为形式中，前文进行了抽象行政行为和具体行政行为的类型化划分，在抽象行政行为形式中，行政计划形式引领整个公私合作进程的发展，起到了提纲挈领的作用，对整个公私合作进程具有导向性的指导作用，同时对公部门而言，行政计划行为形式指导行政发展、设定行政目标与协调统合行政手段，固化行政自有的行为形式，并对今后公私合作进程中的走向进行行政自我明确，对私主体而言则可以提高其对于公私合作的前景预期并诱导其开展更为广泛的公私合作活动。行政命令则具有行政恣意性，虽然其是行政主体为适应公私合作中出现突发情况之需要，具有法律补充和统一执行个案的功能，但仍应对该行政行为形式的裁量空间予以限缩，避免偏私。行政规则相比于行政命令具有程序法约束制度，能够有效地实现公私合作内部程序化管理，且能具体化法律补充功能，有效地弥补法律漏洞。在具体行政行为形式中，行政契约具有公私合作典型行政行为形式的代表性功能，保障公私主体双方权益，补充取代其他形式所带来的不足和漏洞，完善双方基础法律关系，是公私合作进程的基本保障。行政指导相比于行政处分行为形式具有弹性和柔性，解决问题的关键并不在于行政强制力，而是通过一种行政诱导性功效达到公私双方权益最大化的效果。至于行政处分行为形式，是公私合作行政行为形式中最为重要也是最为关键的一种行政行为形式，其决定了整个公私合作进程的走向，也主导了整个公私合作进程的发展和行政任务的最终执行。至于对行政处分行为形式的功能导向思考，应从行政处分形式的实行能力入手予以整体综

第二章 公私合作类型涵摄下的行政行为形式态样思辨

合的考量。首先，讨论行政处分行为形式功能性导向，乃是以行政任务为切入点，行政任务牵涉行政法体系的各个领域，尤其是行政法各论中的各种具体行政行为，均有行政处分行为形式适用之空间，若没有行政任务为依托的行政处分行为形式，将只是一种实现行政任务的手段而已，并不具备特有的功能性价值。其次，绝大多数之法律内容及构造，并不允许法律之执行只按照单纯涵摄模式，法律指引行政之形成规范规定，使行政在具体案件中，法具体化过程有适用之可能，特别是经由行政处分。① 这一观点阐释了行政处分行为形式是法律规范后续的具体化涵摄过程，体现了法制落实到行政具体之处的真正功效，也促使在公私合作法模糊情境下双方进一步深入的合作和发展。最后，行政处分形式并非只是单纯就现有法律予以吸纳接受，而是针对现有法规范的后续再造，将法律规范在公私合作进程中予以具体化，以追求公私合作在现有法规范下的价值实现。以许可法为例，不只是重大设施计划，有些单纯之建筑物及运营，通常情形下对其规范之基础，不只是行政处分，而须考虑时间因素，程序之角度，针对者为法上级组织上法律具体化及法获得之过程。② 因此，行政处分形式不仅具有程序法上之权利保障、实体法上之个别化差异实现功能，也同时保证公部门的自我参与与私主体的权益实现以及公私合作整体进程的稳定功效。

有学者将私法行政行为的活动范畴限定在以下范围：行政之一时交易行为、需求行政内之"行政之辅助行为"、行政之营利行为、行政之私法上财产管理行为、以私法形式履行高权任务。③ 在私法行政行为形式中，所有私法行政行为形式的整体功能价值导向并不如公法行政行为形式那样固化，因为私法行政行为形式复杂多变且灵活运用在公私合作进程的各个环节，

---

① 陈春生：《行政法之学理与体系（一）》，台北三民书局1996年版，第59页。
② 参见 F. Schoch. Der Verwaltungsakt zwischen Stabilitaet und Flexibilitaet, in: Hoffmann-Riem/Schmidt-Assmann(Hrsg.), Innovation und Flexibilitaet des Verwaltungshandelns, 1994, S. 211. 转引自陈春生：《行政法之学理与体系（一）》，台北三民书局1996年版，第59页。
③ 陈敏：《行政法总论》，台北新学林出版有限公司2011年版，第651页。

能有效运用公私合作组织的人事、财政制度，填补公法行政行为形式所带来的不足和漏洞。

三、公私合作行政行为形式与组织形态

公私合作进程中的行政行为形式会对公私合作的组织形态产生重大的影响，甚至会直接决定公私合作具体的组织形态。因为不管对行政组织形态而言，抑或是对公私合作的组织形态而言，均不是因其本身存在而存在，是为了达成一定的行政目的、执行一定的行政任务而存在，因此正如前述，行政组织形态与行政任务之间具有一定的手段与目的的互补逻辑关系。依据不同的内部组织学原理以及行政行为形式的选择形态，将进一步影响行政组织法上采用的行政组织形式以及公私合作具体形态。对于公私合作采取复杂多样的多元化组织形态而言，如何交涉错杂地划分各自行政组织权限变得至关重要，在不同的组织形态中，公部门或经授权的私主体采取何种行政行为形式与其对应的行政组织形态有密不可分的关系。

以上论断在日本成田新干线诉讼案中体现得淋漓尽致。在此案中，铁路沿线居民请求撤销交通部长认可"日本铁路建设公团"进行成田新干线工程实施计划之行政处分，在二审中东京高登法院却认为，此种"行政认可行为"并非行政处分，而驳回铁路沿线居民的请求，法院依据《日本铁路建设公团法》以及《全国新干线铁路线道整备法》之规定，对"日本铁路建设公团"之性质表示以下见解：如此一来该公团与日本国有铁路相同，形式上为独立于国家之外之法人，虽说必须与国家行政机关相区分，但实质上应认为其与国家实属同一性质主体，可称为一种政府相关机关。于技能上构成交通部之下位组织，在广泛的意义下而言，可认为相当于国家行政组织之一环。关于案件中建设公团"认可"之性质，法院认为，日本国有铁路与日本铁路建设公团在进行工程时，交通部长作为监督机关，审查《工程实施计划》之前阶段整备计划之整合性以及该路线建设方针之适合性所为之"承认"并非行政处分，而是上级行政机关对于下级行政机关之监

督手段，并非"认可"或者"许可"，仅为行政机关相互之内部行为，而不具有对外效力，故该"认可"并未直接形成国民之权利义务，亦未发生确定其范围之效果，故不可成为被告诉讼之对象。该判决进一步认为，认可之性质已如前述，关于认可之拒绝，申请认可之日本国有铁路或日本铁路建设公团亦不许请求撤销，可说并不具有利益。① 日本新干线司法判决案例更为直观地凸显了公私合作组织为达成一定行政任务，行政行为形式的采取与行政组织之间有密不可分的关系这一显见逻辑关系。

同时，行政行为形式选择与行政组织形式相互作用的前提要件是在法律保留原则的约束下，行政组织形态之选择裁量实现为法律所明确，公部门在公私合作进程中当然亦可在此范围内具有裁量之空间。虽然在立法上难以衡量行政行为形式来决定行政组织形式之具体裁量空间，但在公私合作实践案例中，应视行政任务之具体性质而定。

---

① 参见［日］盐野宏编:《新版行政法判例》，有斐阁出版社1990年版，第254页。

第三章

公私合作行政行为形式选择裁量

第一节 公私合作行政行为形式选择裁量空间

行政行为的形式是行政行为的载体,是行政主体对行政相对人权利义务实施影响的媒介,①公私合作中的公部门透过以行政行为形式为载体对公私双方主体实施权利义务之影响,"如果手段的形式可以在法律的观点下被明确界分,同时也会引发特定的法律效果,这种行为形式就可以成为法律形式",②程明修教授将其称为行政行为形式选择的自由,一般学理上就公法行政行为形式和私法行政行为形式予以讨论。对于"自由裁量"而言,就我国大陆情况来看,宪法规定一切国家权力都来自人民,一切行政权力都是行政机关对国家和公民所承担的必须履行的行政职责,在公私合作进程中即便是行政机关可以根据实际情况享有一定的裁量空间,也必须受到宪法原则和法律规定的约束。③ 而且,行政行为形式选择本身既已是对依法行政基本原则的突破,在公私合作背景下,本书均以行政行为形式选择裁量称之,亦符合程明修教授所称的行政行为形式选择"自由"之本质。对于行政行为形式及其组织的裁量,公部门不但可以决定给付主体采私法组

---

① 柳砚涛:《论行政行为的形式》,载《行政法学研究》,2006年第4期。
② 程明修:《行政行为形式选择自由》,载《月旦法学》,2005年第5期。
③ 参见周佑勇:《行政法基本原则研究》,武汉大学出版社2005年版,第201页。

织形式抑或是采公法上组织形式,亦可决定以公法方式或者私法方式规定给付或利用关系,① 但是这种裁量空间并非毫无限制,唯行政主体应尽可能采用国库行政之方式达成行政目的,唯有不易以私法途径达成目的之情形时,始可运用高权行政。② 论者往往在公法行政行为形式和私法行政行为形式之间的抉择作学理论述,并未对其正当化理论基础及裁量界限作相应的讨论。德国学者一般认为,行政具有行政行为形式选择裁量空间是因为传统,或公法中缺乏提供给付之适当的法律形式,但彻底规范化的私法形式则不具有合适的法律样态。③ 由此可见,学说上对行政行为形式理论本身即存在裁量空间之争议,而在现代公私合作背景下的行政行为形式选择更应加以学理研究并界分法治化界限。

一、扩张理论

有学者认为公法行政与私法行政两种形式是一种冲突理论,但有其共存的内在逻辑,并不是非此即彼的关系,而是得以共生且可由公部门予以裁量选择。如何具备裁量标准以及界限,在公私合作法治化进程中是需要考虑的问题。但有论者指出立法者所订立之法律难以寻得这种裁量标准及界限,应由宪法理论以及行政法基本原则推导出裁量标准与界限,相比较言之,公法行政行为形式相比私法行政行为形式更能约束公部门。但若公部门欲借由私法行政行为形式进行较合理而有效的经营管理时,只要具有胜于"法律化要求"(Verrechtlichungsgebot)的实质理由,且在职权规则被维护、人民之法律保护不被侵害、所有其他特别公法保障不因行政行为形式扩张裁量而被片面牺牲等条件下,例外容许行政进入私法领域而享有扩

---

① 参见许宗力:《法与国家权力》,台北月旦出版社 1993 年版,第 9 页。
② 参见陈新民:《行政法学总论》,台北三民书局 1992 年版,第 32 页。
③ 参见 H. Maurer. Allgemeines Verwaltungsrecht, 8. Aufl. 1992, § 3 Rn. 9.

张的自由裁量空间。① 随着公私合作日趋紧密,现行法规无法完全规制行政主体与行政相对人之间的交错互动,典型的如特许经营:政府在财力不足或者其他原因而需要私营资本进行协力的时候,便通过签订特许经营协议的方式,出让行政主体所独有的经营权以一定的期限换取民间资本的投资和兴办。例如《南京市城市排水管理条例》在第十八条中规定了"排水户"(即私营主体)应当先申请获得南京市政府的许可,② 这种许可行为的作出,行政主体当然地受制于《中华人民共和国行政许可法》的相关规定,无法自由选择行为形式,例如不经过申请之申请而直接在特许经营协议中赋予申请人以特许经营权,此时即使理论上赋予行政主体有行为选择裁量的空间,也面临着"行政裁量缩减为零"的情况。③ 但紧接着在申请人获得许可后,同法第二十四条规定,城市污水处理实行特许经营制度,④ 特许经营制度在我国大陆并没有一部完整明确的法律法规予以规制,此时行政主体便可对接下来的行政行为形式作出选择裁量,正如同法规定的那样,"污水处理特许经营的具体工作由市、县城市排水行政主管部门按照国家有关规定组织实施"。⑤ 如何组织?怎么实施?我国目前流行的做法便是和私主体签订契约,而在没有行政契约正式法源的我国大陆,显然便赋予了行政主体在后续运营阶段以行政行为形式选择裁量的空间。在迈耶时代,这种政府出让行政独有的公权力的情形是难以想象的,但时过境迁,时代的发展使得行政部门不得不作出改革和让步。当然,这是无可厚非的,但问题的关键是现行法规范并未规制这种出让"独占性经营权"行为的形式载体,而依法行政原则是否造成了行政行为形式选择的困扰?德国帝国法院时期一则裁判指出,每一个目的在于实现高权任务的公法社团,在实现该任务或者

---

① 参见 M. Zuleeg. Die Anwendungsbereiche des oeffentlichen Rechts und privatrechts,VerwArch. 73(1982),S. 393ff.
② 参见《南京市城市排水管理条例》第十八条。
③ 参见张一雄:《论行政行为形式选择裁量及其界限——以公私合作为视角》,载《行政法学研究》,2014年第1期。
④⑤ 参见《南京市城市排水管理条例》第二十四条。

以实现该任务作为目的时，可以采取私法交易的模式为之，同时若无其他相反规范存在，该行为即受制于有关私法交易的规则。① 德国后期联邦法院在给付行政领域中的判决亦明确承认行政在公法与私法形式中，原则上具有所谓的"行为选择之自由"，即行政行为形式选择裁量。德国法院的这种观点印证了上述《南京市城市排水管理条例》的立法意旨，也同时支撑了行政行为形式选择裁量具有合法性的理论论点。我国台湾地区学者吴庚教授在其"324号大法官解释文协同意见书"中也提到行政行为形式选择裁量，"行政机关对于行政作用之方式，固有选择之自由，如法律并无强制规定时，行政机关为达成公共行政上之目的，自可从公法行为、私法行为、单方行为或双方行为等不同方式中，选择运用"。② 同样的，在我国台湾地区"司法院"释字第540号解释文中开篇首句便写明："为达成行政上之任务，得选择以公法上行为或私法上行为作为实施之手段。"③ 学者陈敏教授亦指出，在公法内如无适当之行为形式可据以从事行政给付时，除法律有反对规定，或与事件性质相抵触外，公行政亦得采取私法之组织或行为形式。④ 我国大陆学者则认为，依法行政的另一个内涵即在于合理控制行政自由裁量行为，使其在法治精神的轨道范围内运行，⑤ 行政裁量是行政权行使的必需，是行政机关行使行政职能、协调法治与政治的关系、保障实质正义实现的一种手段和工具。⑥

持这部分观点的学者显然支持行政行为形式选择裁量的扩张化，尤其在公私合作进程中，公部门占据行政主导地位，伴随着福利社会与行政国家的日益凸显，行政裁量作为行政法的"精髓"，已成为现代法治行政的

---

① 参见 RGZ 158,83 FF.(89)，转引自程明修：《行政行为形式选择自由》，载《月旦法学》，2005年第5期。
② 参见我国台湾地区"司法院""释字第324号"解释文。
③ 参见我国台湾地区"司法院""释字第540号"解释文。
④ 陈敏：《行政法总论》，台北新学林出版有限公司2011年版，第656页。
⑤ 梁卫军：《"依法行政"探略》，载《广西社会科学》，2004年第6期。
⑥ 姜明安：《行政裁量的软法规制》，载《法学论坛》，2009年第4期。

"核心问题"。① 行政行为形式裁量,即是"于法律所意欲之多义性之下,对于行政采取何种行为、何种法律效果作决定"。② 行政主体对于行政行为的作出与否、选择何种形式承载应当具有一定的自由决定空间。正如周佑勇教授所指出的那样,现代法治并不当然地排斥行政裁量,相反,行政裁量的存在是现代法治的必要补充和必然要求。③ 总的来说,学界普遍趋向于赞同行政行为形式选择裁量的扩张化趋势,这也是公私合作背景下必然的走向,既凸显与私主体合作的高效与灵活,也表明公部门在公私合作过程中更愿意以私法行政行为形式与私主体达成合意,共同完成行政任务。

二、限缩理论

对于行政行为形式选择裁量扩张理论,有学者认为其本身即由行政法历史所决定,行政的目的主要在于完成行政任务,达成保障民生之根本目标,选择具体的行政行为形式并不直接影响任务目的之实现,不论是过去国库行政理论所倡导的私法行政,还是现代公私合作背景下的给付行政,均赞同认为公部门可有行政行为形式选择裁量之空间,何况行政行为形式只是实现行政任务之手段,公私合作进程中的具体任务还需私主体在合作的背景下去执行,与公部门选择的行政行为形式并无多大关系,学者这种见解虽然肯定了行政行为形式选择裁量扩张理论的基本要求,但却始终无法摆脱来自宪法和行政法基本原则的合法性约束。

持限缩理论观点的学者认为,公部门并不能随意主张其具有私主体性质,私法乃私人平等主体间适用的私法,与公部门所适用的公法相对立,公法与私法领域之区分在于彼此之间所形成的法律秩序不同,法域亦不相

---

① H. W. R. Wade & C. F. Frosyth. Administrative Law, Oxford University Press, 9th ed, 2004, P. 35; Paul Craig. Administrative Law, 3nd edition, Sweet & Marwell, 1994, p. 35. 转引自周佑勇:《裁量基准的正当性问题研究》,载《中国法学》,2007 年第 6 期。

② 翁岳生:《行政法与现代法治国家》,台北三民书局 1990 年版,第 51 页。

③ 周佑勇:《行政裁量的治理》,载《法学研究》,2007 年第 2 期。

第三章 公私合作行政行为形式选择裁量

同,因此期间的法规范主体不能随意转换,也即行政行为形式选择裁量不得恣意而将公部门自身置身于私法规范背景下。如果从公法与私法区分的层面入手,公法主体属于高权主体,行使行政权,因此其受制于公法规范对其施以的义务与责任,并约束其行使权力的空间;相较而言,私法规范则普遍适用于每一个平等主体之间,至于公私合作进程中的行政行为形式选择裁量,也是在仅有缺乏公法规范、法律明示或其他允许以私法行政行为形式为行政活动的时候,方才允许公部门以裁量选择以私法行政行为。因此学者通过以上分析认为国家不能自由地具备私法主体性,公、私法之适用应取决于客观之冲突规范,与行政机关之主管意愿无关,除非法律有特别规定,否则行政不具有以私法或公法组织或活动之自由。[1] 亦有一部分学者认为公部门是否具有私法行政行为形式裁量与其是否具有私法权利能力相关,行政行为形式的选择与公部门的意思表示并无关系,而是应由法律规则予以衡量是否可选择私法行政行为形式。正如学者所指出的,国家缺乏普遍成为所有私法权利义务主体之能力,仅有部分之私法权利能力,故行政之选择裁量空间并不存在,而在国库行政中,仅仅行政辅助行为根据事务关联性,在实现法定公任务范围内所不可或缺之给付的筹措之限制下,具有不成文之部分私法权利能力,故既然国家没有完全的私法权利能力,便缺乏如私人般使用私法之自由,也就等于行政行为形式选择裁量之终结。[2]

以上两种理论均有各自立场和理论基础,但是在公私合作背景下的行政行为形式选择裁量并不能单纯从传统行政法角度出发予以规制,正如前述的各种公私合作进程中行政行为及组织形式,均是对现有传统理论的突破和再造。行政行为形式选择裁量不应当恣意,但亦不应囿于传统局限思维和固有理论,无论扩张理论还是限缩理论,均是相对于公私合作下的行政行为形式选择裁量基准而言的,而这种基准和界限的判断,不能也无法

---

[1] 参见 Pestalozza. Formenmissbrauch des Staat, Muenchen 1973, S. 166ff.

[2] 参见 B. Kempen. Die Formenwahlfreiheit der Verwaltung, 1989.

寄托于立法规制，也不能放任公部门自由选择裁量，科学地来看，应当结合大陆法系下的公私合作典型操作模式以及我国本土的公私合作背景的实践对行政行为形式选择裁量设定一定的合理界限。

三、公私合作行政行为形式选择裁量之实践

自迈耶构建传统行政法体系以来，行政行为一直被当作政府高权行为，其行为主体亦为高权主体，行为所要求的权限、程序、形式均得在法规范中予以规制，不容任意创设。正如 Wolff 教授所言，公法是一种为高权主体所创设的特别法，公法的归属主体仅能是高权主体，公法的权利、义务、请求或者法律关系均来源于仅能由国家或其他高权主体承担的特殊法规。① 如果允许行政主体对行政行为形式进行选择裁量，无异于绕开为高权主体所制定的"特殊法"，导致行政主体可以自由地规避法规为他们设定的框架和限制。进一步则会使得行政可以对诉讼途径加以支配，排除或者选择自己喜好的救济途径。② 然而这种担心在功能主义建构模式的行为形式选择裁量下却没有必要，无论选择何种行政行为的形式，都是对行政任务达成的一种路径性选择，公私合作的同时也导致公私主体之间权利义务和责任划分的领域交错，公私主体之间的距离不断拉近甚至消失，此时，行政行为形式选择裁量只是一种路径的裁量，这种裁量是在现有法规规制无法满足现代行政下必然的产物。例如在重庆市人民政府出台的《关于加强和规范政府投资项目 BT 融资建设管理的通知》（渝府发〔2007〕73 号）文件中规定，"我市投融资体制改革不断深化，以融资—建设—移交为基本特征的 BT（Build-Transfer）投融资模式（简称"BT 模式"）越来越受到重视和采用"，"实行 BT 模式的政府投资项目，市、区县（自治县）人民政府要通过授权确定项目业主。由项目业主通过招标方式选择投融资人（简称"融资

---

① 参见 Hans Julius Wolff. Der Unterschied zwischen öffentlichem und private Recht, AöR 76 (1950), 205ff。

② 参见许宗力：《法与国家权力》，台北月旦出版社 1993 年版，第 14 页。

人"),由融资人组建 BT 模式项目公司(简称"项目公司")对项目进行建设",① 这种 BT 型政府融资模式不仅仅在重庆,在我国其他诸多地市均有普遍的应用。② 诚如上述文件所规定,人民政府可通过"授权确定项目业主",并经由业主招标确定融资人,再由融资人"组建 BT 公司"进行项目建设。政府在授权确定项目业主之时,便已经对行政行为形式作出了选择裁量,选择了行政授权的方式而不是订立行政契约或者行政许可,这种方式的确立在我国诸多法律法规层级中并未有明文规定,而恰恰是地方政府在公私合作进程中的应景之作。这些普遍存在的政府规章、一般规范性文件具有其合理合法性,虽然政府通过授权确定项目业主的方式,抽身于行政任务的完成过程,但是若因此就认为在公私合作过程中行政主体可以因为形式选择裁量而逃避行政责任则是一种概念法学者的臆想。正如程明修教授所说的那样,"国家"虽然可以从自己的给付或履行责任中解放,但是代之而承担的通常是行政的监督责任,同时也有可能是行政的担保责任或组织化责任。③ 上述《关于加强和规范政府投资项目 BT 融资建设管理的通知》亦有诸如"BT 融资建设方案由市、区县(自治县)人民政府按项目审批权限审批""项目业主要严格按审批的 BT 融资建设方案组织实施,不得随意变更,确需变更的,须报经原审批部门同意""BT 模式合同双方要严格遵守国家和市政府的规定,政府职能部门要认真履行职责,严格审查把关"④此类的规定,政府部门即使选择裁量后运用新型 BT 模式,仍须负担监管、审批、审查等一系列行政义务并承担相应的责任。由此可见,行政行为形式选择裁量并不是行政主体逃避责任、逃脱依法行政原则的漏洞和手段,反而是随着现代公私合作行政而发展出来弥补行政行为形式规制不

---

①④ 参见重庆市人民政府《关于加强和规范政府投资项目 BT 融资建设管理的通知》(渝府发〔2007〕73 号)文。

② 更多类似规定,参见《郑州市政府投资项目 BT 融资建设管理办法》《云南省昆明市人民政府办公厅关于在基础设施 BT 模式建设项目中推行工程总承包建设模式的通知》《广东省中山市人民政府印发〈中山市政府投资项目 bt 融资管理暂行办法〉的通知》等文件。

③ 程明修:《行政行为形式选择自由》,载《月旦法学》,2005 年第 5 期。

足的革新方式。①

行政行为形式在公私合作未有裁量基准的情形下通常都以私法契约或者公私契约混合的形式出现，正如前述限缩理论中所提及的公部门私法不适格性所指出的，行政主体不为基本权主体，如何签订私法契约成为私法主体。我国《宪法》第三十三条第三款亦规定，任何公民享有宪法和法律规定的权利。② 可见，我国亦沿袭传统大陆法系公法学关于基本权理论，即行政主体不得为宪法基本权之主体。当然，本书亦认同之，更为确切的应该是行政主体非宪法基本权主体，而是基本权之相对人，受基本权和宪法基本原则所约束。然而，正如前述扩张理论中所阐述的，这并不影响公部门作为私法契约的缔约主体，无论出于宪法原理还是私法精神，公部门在特定条件下当然享有或者部分享有私法权利，从而也不因此就影响行政主体对行为形式选择的裁量而与私主体缔结契约。在我国顺应国际潮流的同时，各种领域均引入公私合作模式以缓解政府压力。例如前面所提及的政府特许经营 BOT、BT 模式，这些模式所要求政府均得单方面与私主体签署合作契约或者由政府独资或控股一家形式私主体后再签约，当然这些实质上都是政府在与私主体合作过程中的行为。这种行为形式选择的裁量，法律并未规制，只有少数地方出台的行政法规或者政府规章予以宏观性规范，例如深圳市政府印发的《深圳市污水处理厂BOT项目管理办法》第二条规定，"本办法所称深圳市污水处理厂BOT（建设—运营—移交）项目（简称"污水处理厂BOT项目"），是指中标人或中标人组建的项目公司（统称为"经营者"）与政府签订特许经营协议，经营者在协议期内对污水处理项目进行融资建设，拥有运营和维护该设施的权益及合法经营权，取得合理的投资回报和利润；协议期满，经营者将运营良好的项目及由经营者投资建设的项目附着物、建（构）筑物、设施及设备等资产完整无偿地移交给政

---

① 参见张一雄：《论行政行为形式选择裁量及其界限——以公私合作为视角》，载《行政法学研究》，2014年第1期。

② 参见《中华人民共和国宪法》第三十三条。

府或政府指定的接收机构"。① 从政府与经营者签订特许经营协议的行为上来看，政府显然已经把自己当成一个意思表示自由的私法主体。实际上，行政主体具有完全或者部分私法权利能力是完全有必要也是完全合宪的，基本权只是约束行政，但并不剥夺行政主体的权利能力，包括私法权利能力。而这种私法权利能力，恰恰是行政主体在行为形式选择裁量中所必需的，正如程明修教授所说，对于行政而言，所谓"缔约自由"的概念应该是指行政在法律所赋予之裁量余地内，根据他自己合目的性的思考，进一步决定是否采取措施（决定裁量）以及以何种形式实现（形式选择裁量）的内涵。②

第二节 公私合作行政行为形式与组织形态之选择裁量

在扩张理论和限缩理论的双重交织和争议下，学界尚未对公私合作中的行政行为形式选择裁量做一明确界分。公私合作行政行为形式选择裁量可以理解为公部门因法律尚未对公私合作进程以及公部门自有之行为作终局详尽之规定，而公部门需依据公私合作具体情况以及行政自身之本旨，加之合目的性解释，有对其行为以及组织形式作出选择的权力。或许这种方式理解公私合作的行政行为形式选择裁量并不全面，而更为详尽周全地理解公私合作行政行为形式选择裁量并对其作出规制，应当在具体公私合作类型及具体情况中去分析归纳，并结合行政行为形式的裁量而推导出行政组织形式选择的附随性和互动性。

---

① 参见《广东省深圳市人民政府关于印发〈深圳市污水处理厂 BOT 项目管理办法〉的通知》。
② 程明修:《行政行为形式选择自由》,载《月旦法学》,2005 年第 5 期。

一、行政行为形式选择裁量本质及趋势

行政的生命在于裁量。① 行政裁量即是在法律所意欲之多意性下，对于行政采取何种行为、何种法律效果所作出的决定。② 盐野宏教授对于行政行使裁量权有一段经典描述：立法者对行政权力之发动与否，奚委由行政机关由公益之角度自由判断，即使业已该当行政权限发动之要件，行政机关依其自由裁量，有发动之权限，亦具有不发动权限之自由。③ 在公私合作进程中，公部门对行政行为形式及其组织形式进行选择即为裁量，行政行为形式选择裁量是公私合作进程中公部门权力与行政功能的交集平衡点，这种行为形式的裁量同样涉及宪法与行政法基本原理之约束，比如法治国原则、依法行政原则以及法律保留等。同时，一旦行政行为形式选择裁量地作出，则牵涉在社会法治国原则下宪法上的功能责任具体分配之问题。④ 正如翁岳生大法官所指出的行政裁量内外部双重考虑因素一样，公私合作中行政行为形式选择裁量亦因充分考虑公部门内部以及与私主体合作关系的外部因素。在外部上尤其应考虑是否有违公平原则、是否违反宪法所要求的基本原则、是否不附理由、是否误认裁量权范围、是否将原属于非常行政状态始能适用之原则用于通常之裁量行为，而在内部客观上则应考量行政行为形式之选择是否依行政人员个人之意欲而来之随意、是否依据无动机之情绪、是否因不能理解地对事物之谬误而引起之恣意、是否具有加以损害之意图、是否具有恶意妨害之意图、是否具有政治上之偏见而引起之权力滥用、是否具有对个人不利之先天反感或嫌恶、是否具有对个人有利之同情、是否具有个人之动机或利益、是否具有对事件之无关联性或违背

---

① 周佑勇：《行政裁量的治理》，载《法学研究》，2007年第2期。
② 参见翁岳生：《论不确定法律概念与行政裁量之关系》，载《台湾大学法学丛书（二）》，1990年版第51页。
③ 参见盐野宏：《行政过程总说》，载《行政法研究第三卷》，1989年版第25页。
④ 参见 R. Scholz. Verwaltungsverantwortung und Verwaltungsgerichtsbarkeit, VVDStRL 34 (1976), S. 145, 148.

目的性。① 翁岳生大法官根据限缩理论对行政裁量的限缩因素加以归纳内部和外部的双重考量标准，这种标准对于公私合作行政行为形式选择裁量同样适用，而且应当优先考量针对私主体合作方的外部考虑标准，以保证公私合作进程中作为合作方的私主体不被行政的恣意所压制。

从学界观点来看，公私合作行政行为形式选择裁量亦跟裁量理论一致逐步向限缩理论方向发展，如作为大陆法系代表性国家的德国，其所常见的司法判例及学理通说均认为行政行为形式选择的存在来自法律明示之复数行为样态选择裁量空间。故行政行为形式选择裁量空间应受有法律上之限制，尤其不许行政利用私法行为形式亦逃避公法上之责任，尤其是意图免受适法性之拘束。② 这部分学者虽然从传统行政裁量理论出发，限制了行政裁量的空间，在现代公私合作背景下来看，亦值得参考借鉴。在公私合作行政行为形式选择裁量实务上，形式选择裁量不限于裁量的角度，并且从公私合作项目公部门操控的角度来看，在不囿于法律基准的条件下，首先应当使得行政行为形式选择裁量透明公开化，这不仅是公部门内部依法行政原则之要求，亦是对公私合作公部门合作精神的要求，同时这种形式选择裁量除应满足行政法基本原则外，亦应当满足对私主体合作方的最大权益满足以及对外第三人的公共利益满足，方能保证行政裁量的合法化和合理性，以及对外保证公共利益的基本法治要求。

当然，在公私合作背景下研究行政行为形式选择裁量，不应仅仅局限于传统裁量限缩理论之下，正如陈春生教授所指出的，现代行政法学讨论行政裁量，已经不是仅仅针对法律构成要件与法律效果进行法规解释与适用而已，更应该关注的焦点在于基于法或法制现实的形成机能，手续选择与时间选择亦应加以重视。③ 从最近德、日两国的行政裁量基本理论和实践观察其个案具体的政策和技术性裁量，多数行政机关以其政策性判断及专

---

① 参见翁岳生：《行政法与现代法治国家》，台北三民书局1990年版，第187—188页。
② 参见远藤博也：《行政权限的竞合与融合》，载《北大法学论集》，1979年第十九卷。
③ 参见陈春生：《行政法之学理与体系（一）》，台北三民书局1996年版，第163—168页。

门个案中的技术性要求为前提,对非型式化行政行为及不确定法律概念进行解释并运用,顺应现代行政法新趋势,我们亦可以将其视为行政行为形式选择裁量的范例。现代司法对行政裁量之控制,明显可看出裁量基准多样化以及裁量控制密度不足,现代于政治政策以及专门技术领域中,随着行政裁量空间之增大,对于行为形式选择之控制亦显趋缓,① 如何应对这种有条件的扩大化行使行政行为形式选择裁量权限,有待借由行为形式选择之公开透明化,发展成新的信赖形式,以取代对形式特定之严格要求,② 而这种新的形式形成,有赖于通过对公私合作行政行为形式选择以及组织形态裁量动态态样分析,分析研究各国法治环境下行政行为形式选择裁量的限度,结合我国公私合作背景下的现有行政裁量实践,以综合对比分析,归纳总结公私合作行政行为形式选择裁量之制度化界限。

二、公私合作行政行为形式之选择裁量

现代公私合作浪潮的特征之一是行政给付形式的典型化和兴起,现代公私合作行政给付形式与传统的高权行政在手段与目的上有着显著的区别,公私合作双方并非是传统的公法关系,更多情况下则是私法关系,面对这种公私合作行政行为形式复杂多样化的趋势,行政行为形式及组织如何应对是当下迫切之课题。结合德国行政法学理之通说及司法判例,均认为在履行公共任务之时,法律未规定一定公法形式时,应赋予行政以选择公法形式与私法形式之裁量空间,且该选择裁量之空间包括给付主体组织方式既已给付或利用关系法律方式二者。③

就公私合作行政行为形式选择裁量而言,依据前述行政行为形式样态之分类,可以从广义上分为公法与私法间行政行为形式选择裁量以及公法行政行为内部形式选择裁量两种。依前述学者的观点以及司法判例之精神

---

① 参见宫田三郎:《行政裁量》,载《公法研究》,1993年第55卷。
② 参见陈春生:《行政法之学理与体系(一)》,台北三民书局1996年版,第22—23页。
③ 参见许宗力:《法与国家权力》,台北月旦出版社1993年版,第7—8页。

来看，行政行为形式之选择应依据法律之规定，而非依据公部门主观意思，然而换个角度来看，我国台湾地区"行政法院"却在一则判例中指出，"行政法院"认为就追缴所欠教育基金本息事件，是"对于人民私经济上权义关系，与人们处于对等地位，而非公法上之权力服从关系可比"，因此，"政府机关"与人们若处于私经济之关系，则不许以高权行政如行政处分之方式处理。① 这则判例对于公部门不具有公法行政行为形式选择裁量之权限的定论，基于公私双方地位平等的前提之下作出，这种私法平等关系并不是行政主体自主选择的，而是基于基础法律关系本身存在的，因此我国台湾地区"行政法院"的观点并不直接适用于公私合作进程中公部门对公私法行政行为形式之选择裁量。本身公私合作关系无法简单地以公法抑或私法关系予以涵盖，而且在公私合作进程中即使双方是以私法关系进行的基础合作关系，仍然不影响公部门在适当的时候进行公法行政行为形式裁量以保障公私合作顺利进行完成行政任务。原则上，行政选择应以公法行政行为形式，但在公法行政行为形式无法达成行政任务，私法行政行为形式之选择将造成较佳之成效，以及采取私法行为形式不致产生重大不利之后果时，应当允许行政选择私法行政行为形式。②

在公法行政行为形式内部裁量问题上，首先根据依法行政原则应当确认何以进行公法行政行为形式裁量的问题。在公法行政行为形式种类之间，依据其功能、效力以及不同行政任务之需要，结合行政效率和公平正义之考量，应选择在公私合作中较能双方共赢亦能较好达成行政任务之行为形式。在理论层面，立法上对于行政行为形式选择裁量较为宽泛，符合宪法所要求的基本原则，处于合乎行政效率以及公平正义即可满足行政行为形式选择裁量合法性要件。但在立法者进行制度设计的时候应不仅仅局限于单纯原则形式要件之满足，更应配套相关制度要件和规则设计，例如对公部门自身宪法基本权之限制、行政程序之适用、私主体及第三人的救济制

---

① 参见我国台湾地区"行政法院"公元1936年判字第三十三号判例。
② 参见刘如慧：《论行政机关选择公法及私法手段之自由》，台湾大学硕士学位论文，1995年。

度之完善、行政责任自身之承担以及在公私合作项目中双方责任之分配等。在公私合作实践层面，经常会有行政处分行为形式与行政契约行为形式交错融合并且互为转换的情况发生。比如在公私合作建设公共工程项目中，私主体常常被要求按法定形式缴纳税款，故而虽然是公私合作，根据税收法定原则，行政行为形式也常常被要求按照法定形式作出，裁量空间被压缩至最小，从而行政行为形式选择裁量即使在公私合作项目中，对于税收行为来说也几乎没有裁量空间。但是在某些特殊情况下，在行政契约行为形式可以合法适当地介入公私合作项目并在税收方面发挥作用，从而取代行政处分行为形式的时候，针对公私合作项目的特殊性，行政可以选择较为合理的形式处理此种税收行为，并对当事人双方以及公共第三人而言不但符合公平正义基本原则，更可以达到行政效率以及经济最大化的目的。

当然，这种具体到行政处分以及行政契约两种行为形式间的交融和转换并非时常发生，因为其虽然均为行政行为，是行政机关为解决具体事件所采用的行为形式，但毕竟行政契约在理论上属于法律行为，尤其特有的构成要件，法律效果之发生取决于当事人之意思表示而非客观事实或者一方之主观意思。在大陆法系背景下而言，行政契约是双方法律行为，需要公私主体双方意思表示一致，而这种意思表示的一致性并非仅仅取决于公私合作的外在化表现形式，事关公私双方价值观的一致以及对公私合作项目的一致行动性，而非公部门对私主体的权力行使之结果。对于行政处分形式与行政契约形式互为转换之可能的法源，在我国台湾地区"行政程序法"中亦有规定，该法第一百三十五条规定，公法上法律关系得以契约设定、变更或消灭之。但依其性质或法规规定不得缔约者，不在此限。第一百三十六条规定，行政机关对于行政处分所依据之事实或法律关系，经依职权调查仍不能确定者，为有效达成行政目的，并解决争执，得与人民和解，缔结行政契约，以代替行政处分。第一百三十七条规定，行政机关与人民缔结行政契约，互负给付义务者，应符合下列各款之规定：① 契约中应约定人民给付之特定用途。② 人民之给付有助于行政机关执行其职务。

③人民之给付与行政机关之给付应相当,并具有正当合理之关联;行政处分之做成,行政机关无裁量权时,代替该行政处分之行政契约所约定之人民给付,以依第九十三条第一项规定得为附款者为限。第一项契约应载明人民给付之特定用途及仅供该特定用途使用之意旨。① 上述条文中,将行政契约按功能导向和具体情事分为"为有效达成行政目并解决争执"的和解行政契约和"互负给付义务"而缔结的双务契约。在前者,形式选择裁量在契约类型转换过程中有所限制,根据同法第一百四十二条之规定,倘行政处分之内容为无效,则行政机关不得选择与原行政处分内容相同之行政契约形式,若内容为得撤销之行政处分,但行政机关与人们皆知晓此种情况,行政机关亦不得选择相同内容之行政契约形式,再者行政机关不得选择与"行政程序法"关于和解契约规定不符之和解契约。② 从这个角度来看,公私合作项目中的公部门在选择行政和解契约形式来对其他行政行为形式(主要为行政处分形式)进行转换时,应充分考虑行政行为的效力以及合乎正当行政程序之要求。另外,同法对于公私主体间双务契约形式转换之规定,行政机关对于某特定行政处分并无裁量权时,则代替该行政处分之行政契约中所约定之人民给付,即以法律有明文规定或为确保法定要件之履行而以该法定要件为内容者为限。③ 此条文之限制旨在约束行政机关不合理要求对待给付,在公私合作进程中的公部门往往占有巨大财政资源以及先天公共资源之优势,而在行政契约替代行政处分转换的过程中,法律似乎不能完善解决这种量化的转化程序以及保障适法可能性,正如吴庚大法官所指出的,禁止行政借由行政契约形式之选择请求不正之对待给付。④

---

① 参见我国台湾地区"行政程序法"第一百三十五至一百三十七条。
② 参见我国台湾地区"行政程序法"第一百四十二条。
③ 参见我国台湾地区"行政程序法"第一百三十七、第一百四十二条。
④ 参见吴庚:《行政契约之基本问题》,载《台大法学论丛》,1978年第2期。

三、公私合作行政组织形态之选择裁量

在行政任务执行过程中，行政组织亦起到手段性和目的性的作用，在进行行政组织选择裁量时亦应充分考虑行政组织形式对行政任务完成的适应性和民主法治原则之保证。其法治目标在于确保各种形式的行政组织具备民主正当性，积极保障各该行政组织具有适法性并且能高效地完成行政任务，而对于组织形态的形式选择将影响具体组织对行政任务的控制手段及进程，同样的，取决于行政任务之性质，方才可以决定应借助何种手段及方式适法合理地完成行政任务。①

一方面，从行政组织形式独立性角度来看，其实主要就是涉及公私合作组织形式的法人化问题，理论上将其称为"行政法人化"组织形式。在国外以及我国台湾地区，行政法人制度已普遍存在，其中主要以日本独立行政法人、欧洲各国"行政任务分殊化"以及我国台湾地区的行政法人建制为典型。境外各种行政法人制度的设计均有其特色和法治环境，但其基本理念却不外以行政任务为主导的行政组织多元化发展，正如林明锵教授所言，盖组织只有单一化，势必无法因应各种不同类型行政的实际需求，也无法有效解决问题，完成行政任务，只有放宽行政组织的多元条件，容许其他非阶层性组织的成立或组织转变，才有办法处理多元复杂的公法任务。因此，讨论并研究域外典型行政法人制度建构的理论与其具体实践功效，将对我国大陆地区构建行政法人制度提供经验与先例。② 行政法人化即行政组织独立性的体现，在讨论行政组织应设计为独立性或从属性之组织时，若选择使行政组织成为具有某种程度之独立性之形态，应考量之因素有：第一，假设行政组织之目的在于从事技术性的，有限的监督检查任务时。第二，假设行政组织之任务需要有技术性以及学术性的创造能力。第

---

① 参见李建良等：《行政法入门》，台北月旦出版社1998年版，第212页。
② 林明锵：《欧盟行政法——德国行政法总论之变革》，新学林出版股份有限公司2009年版，第185页。

三,假设行政组织之任务在于提供生活必需物资。第四,假设行政组织之目标在于从事人的照顾。第五,假设行政组织所从事之工作具有"不受指示拘束"之必要性,则有可能赋予其某种组织上之独立性。①

另一方面,在行政组织从公法组织向私法组织形式转换的过程中,学者提出以下情形应纳入考量范围。其一,人员晋升、调动过程以及薪酬预算的较大弹性空间。其二,透过私法组织形式,可以将行政任务排除于直接的"国家"行政层级体系之外,可达成"除政治化"之效果,尤其在推广对外文化交流之政策方面有其意义。其三,以私法组织形式执行行政任务,经常可以造成分权之效果,使其行政任务由该组织自主负责,如各公营事业单位。其四,私法组织较适合协调不同行政主体之间或公权利主体与人民之间利益关系,尤其是公私合作项目公私主体之间的关系,因为私法之前提是当事人间平等独立的法律关系,并非如公法之内具有下上权力服从关系。② 无论是传统行政组织形式选择方式抑或是公私合作进程中的公私法组织形式之选择,学者提出应当将以下原则性要件纳入裁量限制空间。其一是法律保留原则之适用,如果宪法及法律对组织形态已经作出明确规定,应当遵循宪法和法律之规定,并不得恣意裁量选择组织形式。其二是"国家"主导任务不得私法化,主导"国家"政治以及重大方针政策的行政任务不得转移于私法组织形式主体。其三是不得完全公私对立化,不得因为公私法主体形式的选择消除"国家"与社会之关系。其四是确保民主原则之要求,无论选择何种组织形式,不应将民主原则以及正当程序原则排除在外。③ 总结来看,在承认公私合作行政行为形式选择抑或是组织形式选择(组织选择亦为行为形式选择的结果)时均有选择裁量的空间,但这种裁量在尚无裁量基准的具体规范背景下,应当恪守公法的基本原则,以保证这种行为形式的选择裁量在法规范范畴内运行。

---

① 参见李建良等:《行政法入门》,台北月旦出版社1998年版,第204页。
② 参见李建良等:《行政法入门》,台北月旦出版社1998年版,第207-208页。
③ 参见李建良等:《行政法入门》,台北月旦出版社1998年版,第210-211页。

第三节 公私合作行政行为形式选择裁量应以公法基本原则为约束

即使承认行政具有行为形式的选择空间,但学说过去也相对地提出若干限缩此一"自由"的理论,基本上并未全面放任此一范围的无限扩大。① 对于公私合作进程中行政行为形式选择裁量的理论及界限,我国大陆学界尚未展开体系性研究,我国台湾地区学者多以德国公法学者提出的理论作为蓝本进行研究,主要包括限权理论、规范拟制理论、高权理论、任务理论等,诸如此类类型化理论均集中在宪法与行政法基本原则以及行政行为形式选择裁量合理性方面上。虽然行政行为形式选择之裁量在于避免公法强制力与拘束力造成公私合作进程之障碍或是低效。但是学者在行政裁量限缩理论的背景下逐步对公私合作进程中的行政行为形式选择裁量产生脱法性之担忧,如陈春生教授指出,在协议之情况,不像契约之具有拘束力,而只是道德上或绅士协定而已;同样的,警告、建议及其他单方面之声明亦同,它们只是事实上之行为,行政机关采取这些行为以避免行政处分,以免除受现存法规范效果,诸如手续规范、形式规范、撤销废止、诉讼之提起等之拘束。② 因此,学理上应当进一步针对公私合作行政行为形式选择裁量的界限作出明确界分,并在公私合作背景下归纳总结相应的控制要件,避免依法行政原则在法治背景下被空洞化,讨论公私合作之合法性以及行政行为形式选择裁量之被允许性,首要任务便是界分行政行为形式选择裁量之合法界限,而这种公私合作中的裁量"合法",在尚无具体裁量基准或者以期在将来制定法规范约束行政行为形式选择裁量的背景下,应当受到公法基本原则的约束。

---

① 程明修:《行政行为形式选择自由》,载《月旦法学》,2005 年第 5 期。
② 陈春生:《行政法之学理与体系(一)》,台北三民书局 1996 年版,第 256 页。

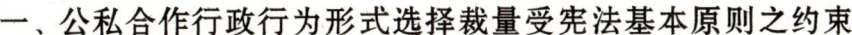

一、公私合作行政行为形式选择裁量受宪法基本原则之约束

通过必要的裁量可以保持行政的能动性，最大限度地实现个案正义，但是当裁量太宽或过度时，公正也可能被专断和不平等所侵害。① 正如 Pestalozza 教授所言，只有当公法或者私法均容许，或者规范特定事物的公法法规完全欠缺时，才会有发生另外一种法律效果的可能，否则公法的规制还是唯一的取向。② 这一点，在我国金华市率先出台的裁量基准制度上也得到印证。其裁量基准贯彻了三大特征，其中之一便是"形式上的规则性"，③ 只有当"严格规则之下无裁量"的情形存在时，行政行为形式选择才有真正意义上的裁量空间。简而言之，行政行为形式选择裁量只有在穷尽法规范的前提下，才得以存续空间，否则即为理论所说的"裁量缩减为零"，即应在法规范的规制下选取标准化形式而对外为行政行为，总而言之，公私合作行政行为形式选择裁量在行政裁量基本理论影响下应当受约束于宪法基本原则。

（一）公私合作行政行为形式选择裁量受法治国家原则之约束

《中华人民共和国宪法》第五条规定，中华人民共和国实行依法治国，建设社会主义法治国家。④ 宪政法治国家中所有行政公权力应当以宪法和法律为依据的形式，包括宪法法律明确之规范以及立法过程确立的宪法基本原则，而宪法原则贯穿宪政始终，尤其行政应当以宪法原则为基础。假设宪法已然对行政组织形态抑或行政行为形式有所规定，则立法者当然不

---

① 周佑勇：《行政裁量的治理》，载《法学研究》，2007 年第 2 期。
② 参见 Kollisionsrechtliche Aspekte der Unterscheidung von öffentlichem Recht und Privatrecht, DöV 1947, 189. 转引自程明修：《行政行为形式选择自由》，载《月旦法学》，2005 年第 5 期。
③ 参见周佑勇，钱卿：《裁量基准在中国的本土实践——浙江金华行政处罚裁量基准调查研究》，载《东南大学学报（哲学社会科学版）》，2010 年第 4 期；余凌云：《游走在规范与僵化之间——对金华行政裁量基准实践的思考》，载《清华法学》，2008 年第 3 期。
④ 参见《中华人民共和国宪法》第五条。

可抵触该规定,更遑论行政自主裁量权之行使。① 公私合作执行行政任务,涉及政府公部门借助私主体完成行政任务,而关于这种任务履行和责任分配的主体转换,法治国家原则并不予以禁止,其所要求者仅限于当国家公部门将部分行政任务执行责任分配给私主体而有可能造成自身责任丧失或影响公共利益时,应以法治国家原则所要求的"形式"为之,并遵守一定的界限。② 因此,法治国家原则对于公私合作行政行为形式选择所提出最主要的法治要求便是其应当遵循法律保留原则,宪法上的法律保留原则亦是法治国家原则最为核心的一个原则。鉴于此,有论者指出,并非所有的行政主体为了达成行政目的均可以直接按照自身意愿进行选择裁量,所谓的形式选择裁量只有在法律法规尚未规范此类行政行为的时候方可以有限度地进行选择。③ 我国大陆学者尚未就公私合作中的行政行为形式选择裁量是否应当完全受法治国家原则之拘束有所研究与探讨,而在我国台湾地区,理论界众说纷纭,对于不同种类的公私合作形式,其行政行为形式选择裁量是否应当完全受法治国家原则之拘束,有不同见解。有学者将公私合作界分为形式上的公私合作和实质上的公私合作,相对应的行政行为形式便是公部门委托私主体行使公权力与公部门转移私主体行使公权力。

前者学者称之为"形式上公私合作",行政机关选择以行政委托的形式促进公私合作发展,毫无疑问,这无论在德国法制下、我国大陆法制下还是我国台湾地区法制下,均应当受到法律保留原则之约束。但是,我国台湾学者对该行政行为形式选择在形式公私合作下受法律保留原则约束的基

---

① 参见李建良等:《行政法入门》,台北月旦出版社1998年版,第210页。

② 参见 F. Ossenbuehl. Die Erfuellung von Verwaltungsaufgaben durch Private, VVDStRL 29 (1971), S. 165;转引自转引自詹镇荣:《民营化法与管制革新》,台北元照出版公司2005年版,第27页。

③ 参见张一雄:《论行政行为形式选择裁量及其界限——以公私合作为视角》,载《行政法学研究》,2014年第1期。

础理论却有所争论。有学者从宪法基本权利保障的角度出发,[1] 认为公私合作行政行为形式的选择应当受到法律保留原则的约束,一方面是为了充分保障合作私主体一方,防止其受到合作方公部门的权力侵害。另一方面是为了保障不特定的第三方利益,在法治原则下保障公共利益得到最大化的实现;有学者从法治原则的组织形式控权主义出发,[2] 基于法律保留的最直观制度性理论,认为公私合作进程中无论是行为形式选择还是组织形式选择,都应当从根本意义上的法律制度保留主义出发,落实在法律形式的根本框架内。可以看出,这两种理论基础的出发点不同,法治原则所保障的权益范畴不同,可以互相吸收,相辅相成,共同作为公私合作下行政行为形式选择裁量应受法治原则约束的理论基石。而且,基于这种多位一体理论基础的支撑,我国大陆后续在公私合作法律制度细化发展的进程中,可以更为全面地约束行政行为形式选择裁量,多方面地保护公私合作当事人权益。

后者所谓的"实质上的公私合作",即公部门进一步释放行政权力,具有更为宽裕的行政行为形式选择裁量空间。同时,这种公私合作进程中私主体进一步的"权力独占化",使得公有公共资源与财产提供给私主体使用,恐有造成私主体公器私用或利益输送之情形。[3] 也有学者从经济垄断的角度出发,认为若无法律保留原则对行政行为形式选择的约束,将会导致公私合作形式选择的"肆意化"或者"排他化",特定的私主体合作方在一定程度上占有很大优势,恐将影响或限制其他私主体的合法权益。[4] 当然,也有学者持相反意见,认为在实质公私合作中,公部门对于合作项目的委托行使无关公权力的行使,并且实质公私合作通常涉及给付行政领域,更

---

[1] 参见吴庚:《行政法之理论与实用》,台北三民书局2001年版,第175页。
[2] 参见陈敏:《行政法总论》,台北新学林出版有限公司2011年版,第949页。
[3] 参见许宗力:《论行政任务的民营化》,载《当代公法新论——翁岳生教授七秩诞辰祝寿论文集》,2002年第597页。
[4] 参见黄茂荣、张志铭:《政府业务委托民间办理相关法制之研究》,载《植根杂志》,1999年第8期。

为注重私主体的专业、经验和效率,因此没有必须遵循法律保留原则的必要。① 当然,这种观点出于对私主体合作方更为效率的选任之考量,应当说并无不妥,但在实质公私合作关系形成时,私主体虽然不直接行使公权力,但在公私合作私主体资格的设定上、合作方的选任和审核上、公私合作契约的履行上以及后续履约的监管和保障上,行政机关一系列的行政行为形式选择裁量均应受到一定程度的控制,而这种控制无论在我国大陆立法上还是在我国台湾地区,均有具体的规定,体现了法治原则下的法律保留原则在关于公私合作行政行为形式选择立法层面上的约束。若认为于立法层面已经有行政行为形式选择之界限,则该界限乃是依据宪法之规定所产生以及依行政任务之具体性质所产生之界限,亦即使在立法层面赋予了行政行为形式选择裁量之空间,亦应当充分考虑法治原则对具体形式选择的约束,在立法上进行这种界限的划分亦应当受其制约。该精神之体现可以参见我国台湾地区"司法院"大法官第 405 号解释文。② 该解释文最后一句即鲜明地指出要旨,即使在具体案件中对行政行为形式选择裁量进行立法规范时,亦不得逾越所谓"宪法"规定及其解释。我国大陆虽然暂无违宪审查制度,因此亦无大法官解释文之具有宪法效力之形式组织,但是全国人大及其常委会以及最高人民法院和最高人民检察院依然可以依照宪法基本原则对相关立法条款进行解释。无论是何种形式的公私合作,其中涉及行政行为形式选择之立法,均需要在其约束下进行。同时,在立法层面尚不足以尽法治原则之约束,或者法律保留原则密度尚不足以约束时,则其同样受到行政法基本原则的约束,正如学者盐野宏教授所指出的,从行政层面来看,无法从立法层面这样作出严格"合宪"性之界限,与行政过程中法律若已规定应采取何种行为形式之样态,则行政即应依据该规定选择该种行为形式,此乃依据依法行政原理当然之理。③

---

① 参见吴庚:《行政法之理论与实用》,台北三民书局 2001 年版,第 175 页。
② 参见我国台湾地区"司法院"大法官第 405 号解释文。
③ 参见盐野宏:《行政過程とその統制》,载《行政法研究》,1989 年第 3 卷。

(二) 公私合作行政行为形式选择裁量受民主原则之约束

我国台湾地区学理认为公私合作是政府与私人共同合作执行行政任务，根据我国台湾地区所谓"宪法"第二条所规定的所谓人民"主权"原则，应当符合民主原则之要求，我国大陆《宪法》第二条规定，中华人民共和国的一切权力属于人民，① 亦是民主原则的体现。所谓民主，在一般的意义上可以定义为按照平等和少数服从多数原则来共同决定和执行公共事务的制度。② 而民主原则的具体践行，则意味着人民当家做主，进而人民通过各种途径和形式管理国家和社会等各方面事务，④ 所有"国家"权力之行使，无论是具备行政干预性质的单方高权行为或是给付行政的行政行为，亦无论是透过公法或私法组织与行为形式，最终皆应溯及自人民的意志。⑤ 虽然我国大陆现阶段公私合作尚未涉及监狱私法化、军队私法化等领域，但大部分均以行政任务的执行为目的，因此依学界通说，亦需遵循民主原则之约束。具体而言，可以从公私合作行为主体和行政任务执行内容两个方面分述之。

一方面，从行政任务行为主体而言，公私合作后的新设立主体，往往以公司形式存在，此时行政行为形式选择裁量空间尚无裁量基准可言，因为私法上类如《公司法》等部门法并未涉及有关公私合作项目中行政机关之行为规范，此时"宪法"上的法治原则对其约束失灵。不过在公私合作成立的公司主体情形下，对公司决策具支配性影响之股东或董事为决议时，若具个人民主正当性基础之公股代表或政府所遴选之董事占决议机关人员之多数，且决议人数中公股代表或政府所遴选之董事又占多数者，则纵有

---

① 参见《中华人民共和国宪法》第二条。
②④ 韩大元：《"五四宪法"的历史地位与时代精神》，载《中国法学》，2014年第4期。
⑤ 参见 E.-W. Boeckenfoerde, Demokratie als Verfassungsprinzip, in: Isensee/Kirchhof (Hrsg.), HStR I, 1995, § 22, Rn. 12 f. 转引自詹镇荣：《民营化法与管制革新》，台北元照出版公司2005年版，第23页。

私人参与投票，亦无碍于决议之民主正当性。① 该观点从实证主义角度在公私合作任务执行的过程中保障了民主原则的体现，依照这种逻辑，在公私合作履约进程中，在涉及行政行为形式选择裁量的问题上，亦应当具备一定的民主正当性。我国大陆虽然尚无关于公私合作在法律层面上的单独立法，目前也没有在相关部门立法中体现公私合作执行行政任务过程中行政行为形式选择裁量需遵循民主原则，但在事后制度保障上，仍有立法规定了民主原则对行政行为的约束。类如《招标投标法》第六十五条规定，投标人和其他利害关系人认为招标投标活动不符合本法有关规定的，有权向招标人提出异议或者依法向有关行政监督部门投诉。② 招投标程序是公私合作项目中行政机关遴选适格私主体的必须程序，该法的相关规定保障了"利害关系人"在公私合作项目的招投标程序中的合法权益，得以保证民主原则的体现，但就其保障程度和救济措施来看，并不显得完善与周全，当然这涉及民主原则在公私合作部门法制度设计上的密度问题，此处不赘述。

另一方面，从行政任务执行内容而言，行政任务执行之内容上民主正当性主要体现在行政行为受法律拘束以及受上级机关之指挥监督两方面。前者在于尊重民意之直接体现，即"法律"，而后者则在于确保对"国会"负责之行政主体的最后决定权。③ 公私合作执行行政任务涉及公共利益风险管控与私人均等参与机会的双方博弈，所涉公共利益的人民群体对于公私合作所执行行政任务的内容是否享有充分的知情权和监督权，事关民主原则的充分体现，也是公部门选择以公私合作形式执行行政任务的合法性和正当性所在，与此同时，出于民主原则对公共利益保障的要求，行政部门在公私合作情形下不得放弃行政任务的担保责任，至于具体责任内容及承担方式留待后文详述。故公私合作行政行为形式无论在行政权委托、单纯

---

① 参见 BverfGE 31,33(42).转引自詹镇荣：《民营化法与管制革新》，台北元照出版公司 2005 年版，第 24 页。

② 参见《中华人民共和国招标投标法》第六十五条。

③ 詹镇荣：《民营化法与管制革新》，台北元照出版公司 2005 年版，第 24 页。

的行政任务委托还是公私合作新设立主体执行行政任务方面,不论形式如何,只要不违背现行法秩序,且行政部门仍然保留有监督权限与程序支配,且承担最终的担保责任,便符合民主原则对公私合作行政行为形式选择的要求。①

(三) 公私合作行政行为形式选择裁量受宪法基本权之约束

德国等大陆法系代表国家的传统公法理论认为,宪法的基本权之规定,无异是在保障人民免于遭受国家权力滥用之侵害。② 行政法学对于行政行为形式、组织形态多样化之研究,多是以行政法之基本原理为基础,讨论各种活动形式的法技术特性,并探究应遵循之法原则。③ 尤其行政组织之私法行政行为是否应受公法诸原则之约束,特别是是否仍受基本权之拘束,颇值研究。④ 在公私合作行政行为形式选择裁量过程是否受宪法基本权之约束的问题上,直接关乎并影响私主体与公部门在公私合作进程中以及对第三人所形成的法律关系,在行政机关以私法行为形式进行执行行政任务的情形下,宪法基本权是否应对其产生约束以及范围如何,应当从学理上针对具体实践情况进行分析讨论。以公私合作选择合作私主体前置招标程序为例,行政机关在选择私主体合作项目或者进行特许经营项目招标时,过程中排斥其他投标人而给予特定投标人优先缔约合作的机会,行政机关对其行为形式采取私法行为之行政辅助人行为形式,从而得以主张因其行为私法行为形式而无宪法基本权的适用余地,并不影响其优先选取特定投标人的权利。在这种情形下,其他被处于弱势地位且被行政机关所排斥的投标人将不受到权利之保障,造成民主法治国原则保障人民权利的精神得不到实践,这种情形的出现,势必是因为在行政行为形式选择裁量内部出现了

---

① 参见 F. Ossenbuehl. Die Erfuellung von Verwaltungsaufgaben durch Private, VVDStRL 18, S. 159. 转引自詹镇荣:《民营化法与管制革新》,台北元照出版公司 2005 年版,第 24 页。
② 参见陈新民:《德国公法学基础理论》,法律出版社 2010 年版,第 331 页。
③ 参见盐野宏:《行政组织法的诸问题》,有斐阁出版社 1991 年版,第 20 页。
④ 参见李建良等:《行政法入门》,台北月旦出版社 1998 年版,第 209 页。

法治缺漏。理论上宪法基本权之适用必须具备两项要件：其一，应当是国家政府行为。其二，国家政府基于公法上统治关系而行使的行政高权行为。因此，就此适用条件来看，以上行政行为形式之选择并不当然适用宪法基本权之约束，但结合行为效果以及实际人民利益来看，这种私法行为形式的选择仍有可能对其他投标人造成根本利益上的损害。在宪法基本权是否对私法行政行为形式之选择有拘束力的问题上，德国公法学界有三种代表性理论。

其一，肯定说。该学说认为不论为公法形式之行为或私法行政行为，无论是强制性行为抑或柔性行为，只要行为主体是公权力部门，所有行为均应一律受宪法基本权之限制，因为宪法基本权目的在于限制一切国家公权力。且公权力部门即使从事私法行为而适用私法规范，亦不改变其结构为以私法方式行使之国家公权力及照顾公益、执行公共事务之本质，国家公权力部门不享有"国库之自由"，亦没有与私人同等之"得自由发展之人格"。其二，否定说。此说认为宪法基本权利对私法行政行为形式并无拘束力，Ernst 教授主张德国《基本法》第一条第三项所规定之执行"权利"一词，即已指明是一种上下服从关系，公部门采取私法行政行为形式，则宪法亦将保障其私有财产权利，国库不可能一方面受基本权之保障，另一方面又受基本权之约束，否则就自相矛盾。并且透过私法规定，即可达到宪法基本权所要求之权利保障规制。Volker 教授则以行政盈利行为为例，认为若此行为形式受宪法基本权之约束，则所有交易相对人将对公部门主张相同待遇之请求权，使国有企业负有强制缔约之义务，那么一切市场自由竞争机制将化为乌有。相反地，以德国限制营业竞争防止法之规定，即可代替这种宪法基本权所保障之机能。其三，折中说。此种学说又细化地分为行政私法理论和个案区分理论。行政私法理论认为公共行政目的之追求在于辨认行政私法之标准，公部门的私法行政行为形式应有基本权之约束空间，行政辅助行为形式以及行政盈利行为形式则不应受宪法基本权之约束。个案区分理论认为只要行政机关表现其公权力之行使，即应当受到宪法基本权之约束,并且应当根据个案来判断公部门是否运用其实际上优势力量或垄断地位,从而决定私法行政行为形式应否受基本权之约束,不同于否定说理论的是,在这种依个案判断的情形下,行政辅助行为形式与行政盈利行为形式亦应当纳入宪法基本权限制的个案讨论空间。

通过比较以上学说,无论在传统行政行为形式理论下还是公私合作进程中的行政行为形式选择裁量,宪法基本权之拘束力与限度对于私法行政行为并非一成不变,应当按照行为性质以及结合公私合作具体个案而定。如果公私合作项目中给付行政行为因为其目的在于履行国家对公共第三人的生存照顾任务,具有重大公益色彩,应受宪法基本权较为严格之限制;如果公私合作个案仅在于完成公共设施供公部门或者私人盈利,而公部门选取了行政辅助行为形式抑或行政盈利行为形式,其并不如给付行政行为形式来得公益化,也并没有重大公共利益之特别照顾,因此应当从私法平等及意思表示自由角度出发,免除或者缩小宪法基本权对其行政行为形式之拘束,以保障公私合作进程中双方基于合作契约公平化发展的良性态势。

二、公私合作行政行为形式选择裁量受行政法基本原则之约束

行政裁量即法律赋予行政主体可以选择的权力,但这种选择不是任意的,而应当受到一定原则的限制。[1] 公私合作下的行政行为形式选择裁量亦如此,并非所有的行政主体为了达成行政目的均可以直接按照自身意愿进行选择裁量,所谓的形式选择裁量只有在法律法规尚未规范此类行政行为的时候方可以有限度地进行选择。比如某行政机关要对企业作出行政许可的决定,就不能因为两者距离较近或者为求方便而直接电话告知,因为《中华人民共和国行政许可法》第三十八条明确规定,申请人的申请符合法定条件、标准的,行政机关应当依法作出准予行政许可的书面决定。[2] 同样的,某进行政府采购招标的行政机关进行签署合同的时候就不能以单方行

---

[1] 周佑勇:《行政法基本原则研究》,武汉大学出版社2005年版,第200页。
[2] 参见《中华人民共和国行政许可法》第三十八条。

政命令的形式作出同意中标人进行合同内容的履行，因为《中华人民共和国政府采购法》第四十三条规定，采购人和供应商之间的权利和义务，应当按照平等、自愿的原则以合同方式约定。① 以上条文所体现的立法宗旨和理论依据均表明无论是行政行为形式选择的立法层面还是行政层面都受到行政法基本原则的约束，如前所述，公私合作下的行政行为形式选择裁量虽没有一定的基准，也尚无公私合作立法，但是毫无疑问，公私合作进程下的行政行为形式选择裁量亦应受行政法基本原则的约束。

（一）公私合作行政行为形式选择裁量受行政法定原则之约束

在公私合作具体目标的设定、具体行政任务的执行以及各阶段性程序，在期间公部门与私主体间形成、变更与消灭各种法律关系，在这过程中应尤其重视私主体以及公私主体之外的第三人之利益，尤其以行政法基本原则为考虑要件，作为公私合作进程中行政行为形式选择裁量之界限标准。首先需予以考量的是行政法定原则项下的法律保留原则，即凡属宪法、法律规定只能由法律规定的事项，则只能由法律规定，或者必须在法律有明确授权的情况下，才能由行政机关作出规定。② 因此，讨论行政行为形式选择裁量最为核心的部分即是法律保留原则，哪些行政行为形式选择之空间可以留给行政部分进行裁量。在尽量完整周全的考量之下，找出某些特定领域之选择裁量之空间交于行政主体，在这种情况下亦不影响行政合法性以及公共利益之保护，这即是法律保留原则对行政行为形式选择裁量的最大意义。举例而言，从侵害保留学说到税法、刑法之领域发展租税法律主义以及罪行法定主义，到全面保留学说认为全体给付行政领域内亦应有法律根据，再到本质性理论肯定议会所具有之政治性指导功能以及基本性、根本性之社会决定机能，要求资金交付行政、教育行政、原子能行政、媒体行政等领域中扩大保留领域，以及德国联邦宪法法院分别规范领域、规

---

① 参见《中华人民共和国政府采购法》第四十三条。
② 参见周佑勇：《行政法基本原则研究》，武汉大学出版社 2005 年版，第 187 – 188 页。

范对象而就授权明确性要件之缓和性解释，并于解释论上承认各要件相互之代偿关系，以及本质性理论将"禁止委任之事项"保留与国会等等，以上都是法律保留原则在划分行政行为形式选择裁量之界限。① 因此在公私合作行政行为形式选择裁量过程中，在明确得在法律保留原则框架内活动时，以上具体行政行为形式选择之类型可供参照。另一方面，除法律保留原则外，还有许多由习惯法以及法理、公法规范而生之公法原则，在理论上亦值得重视。在行政法规中以成文法化或行政法院已经引用作为裁判之依据而言，尚有诚实信用原则、比例原则、信赖保护原则以及公益原则等其他公法原则，② 公私合作行政行为形式选择裁量亦应当受这些原则的约束并在选择裁量作出时予以充分的考量，以下详述之。

（二）公私合作行政行为形式选择裁量受行政均衡原则之约束

行政均衡原则具体包括平等对待原则、禁止过度原则和信赖保护原则。③ 在传统行政裁量的材料基准制定上，学者认为应当引入比例原则，以保障其实体内容上的客观、公平、公正。④ 而比例原则，亦称均衡原则或平衡原则，⑤ 这一原则被德国行政法学鼻祖奥托·迈耶誉为行政法中的"皇冠原则"，亦被我国台湾地区学者陈新民教授称为"帝王条款"。⑥ 在我国台湾地区公私合作法制中，有具体关于比例原则在具体法律条文的体现。例如"促参法"第五十条规定，本法营运之公共建设，政府非依法律不得要求提供减价之优惠；其依法优惠部分，除投资契约另有约定者外，应由各该法律之主管机关编列预算补贴之。⑦ "促参法"是我国台湾地区关于公私合作

---

① 参见廖义男：《企业与经济法》，台湾三民书局1987年版，第226-228页。
② 参见吴庚：《行政法之理论与实用》，台湾三民书局2001年版，第54-62页。
③ 参见周佑勇：《行政法基本原则研究》，武汉大学出版社2005年版，第213页。
④ 参见周佑勇：《裁量基准的正当性问题研究》，载《中国法学》，2007年第6期。
⑤ 参见于安：《德国行政法》，清华大学出版社1999年版，第29页。
⑥ 陈新民：《行政法总论》，台北三民书局1992年版，第3页。转引自周佑勇：《行政法基本原则研究》，武汉大学出版社2005年版，第220页。
⑦ 参见我国台湾地区"促参法"第五十条。

的首部规定,该法涉及众多公私合作进程中的行政行为形式选择,此条"本法营运之公共建设,政府非依法律不得要求提供减价之优惠"之规定首先明确了依法行政原则,同时,行政机关亦可以根据法律之规定要求私主体提供减价优惠,虽然减价优惠给民众带来了极大便利,确保了一定程度下公私合作项目的公共利益,但这样便导致了私主体利益受损,公共利益的满足与行政相对人利益的受损不成比例。但该条文后续规定"其依法优惠部分,除投资契约另有约定者外,应由各该法律之主管机关编列预算补贴之",在公共利益得到满足的同时,行政机关亦对利益遭受损害的一方进行补贴。但有不足在于该法虽然体现了行政法上的比例原则,规定了公私合作项目中行政机关需对私主体减价优惠之后进行补贴,但这种补贴比例并没有进一步量化,也没有在具体细则性规范中具体规定,未免又给行政机关留下裁量的空间。至于平等对待原则和信赖保护原则,可以说在部门行政法上,无论是我国大陆还是我国台湾地区,法律规定均有所适用。无论从"宪法"角度还是行政法角度,平等对待原则可以说是最为基本的一项法律原则。该原则最基本的内涵便是禁止行政恣意,但行政裁量决定只有在严重违反该原则时才构成被撤销的理由,因此"仅依靠禁止恣意还不能充分保护私人的平等权,为了填补这种权利保护的欠缺,行政自我拘束的原则便成为必要"。① 信赖保护原则即民法中诚信原则在行政法中的运用,可以说任何法规范的制定均应遵循诚实信用原则,尤其在公私合作进程下的行政行为形式选择裁量,涉及公、私法两者法律关系交替,亦涉及作为合法方的私主体和关乎公共利益的不特定第三方间的权利义务调整,必须受到诚信原则的约束,正如"促参法"第十二条第二项所规定,"投资契约之订定,应以维护公共利益及公平合理为原则;其履行,应依诚实及信用之方法"。②

---

① 杨建顺:《论行政裁量与司法审查》,载《法商研究》,2003 年第 1 期;转引自周佑勇:《行政法基本原则研究》,武汉大学出版社 2005 年版,第 218 页。

② 参见我国台湾地区"促参法"第十二条。

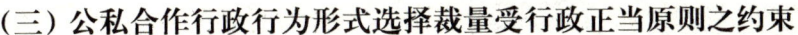

（三）公私合作行政行为形式选择裁量受行政正当原则之约束

美国宪法之《权利法案》指出法律程序之于人民权利的重要性，未经正当法律程序，任何人的自由、生命和财产不得被剥夺。① 在现代国家法治环境背景下，无论行政还是司法与立法，都应受正当法律程序之约束，作为公私合作推进与发展的载体，行政行为形式选择裁量亦应遵循行政正当原则，而这种恪守的实质便是行政行为形式选择裁量应当符合行政正当程序。因为行政正当原则正是从各国行政法所普遍奉行的"正当程序原则"及相关原则中概括提炼而成的又一项行政法基本原则，它要求行政裁量在行政程序方面必须符合现代法治国家所要求的"程序正义"观念。② 虽然我国大陆目前没有正式"行政程序法"出台，但具体的法律程序以及行政行为在具体运行过程中，都可以通过具体法律规则结合行政法基本原则以推导得出。在我国台湾地区，有学者对于台湾地区所谓"宪法"上诉愿权保障之规定作目的性解释，使"宪法"上诉愿权保障之规定，不限于事后救济，且更进一步发挥事前参与之功能，成为"行政权行使应依正当法律程序为之"的规范基础。③ 就公私合作行政行为形式选择过程中的程序规则适用而言，"行政合作契约"作为选择裁量的结果，可以比较借鉴德国关于公私合作行政行为形式之一的合作契约相关法制经验。

根据德国现行法制架构，公私合作项目在程序上皆按照政府采购和招投标模式进行招标、审标与评标。德国通说认为，公、私部门基于公私合作项目所签订之合作契约系属私法契约。但在理论界，亦有为数不少的公法学者观察到公私合作契约之特性，认为其不同于政府采购契约的短暂性与单一性，公私合作项目往往具有长期性和周期性，而且公私合作契约内容涵盖多元且相对复杂。尤其在公私合作契约中，如何确保行政任务由私主体顺利执行并确保公共利益，更是公私合作契约条款的主要和核心内容。

---

① 参见美国《权利法案》第五条。
② 周佑勇《行政法基本原则研究》，武汉大学出版社 2005 年版，第 238 页。
③ 参见叶俊荣：《环境行政的正当法律程序》，载《台大法学丛书》1993 年版，第 56 页。

因此，在德国建制"行政合作契约"以作为一种新形态独立契约类型之趋势日渐崛起。例如德国联邦政府于1999年12月1日内阁会议中提出"现代国家—现代行政：联邦政府之指标与方针"，其揭示德国联邦政府应致力于行政合作契约法规范之建构，尤其应于行政程序法中规范适宜公私合作发展之契约类型与条款。① 此外，德国 Schuppert 和 Ziekow 两位教授于2001年6月提出有关行政合作法相关议题之鉴定意见书，两位教授皆建议德国联邦政府在现行联邦行政程序法中增列"合作契约"条款，以规制公部门与私主体在公私合作项目中所缔结的契约形态，并作为公私合作契约类型的法律规范。因此从以上德国学界和实务界的发展情况来看，均旨在主导以公私合作为背景进行行政合作契约的立法重构，并将其纳入到行政程序法中，这种趋势给予我们两大方面的思考，其一是行政合作契约是在公私合作背景下因应的产物，是针对公私合作所产生的新型契约类型，也是公部门选择的与私主体进行公私合作项目的行政行为形式；其二，德国学界主张将行政合作契约纳入到行政程序法中，将其列为公法性质的契约意味明显，并且行政合作契约这种形式也是由公私合作主体之一公部门所主导选择的合作形式，理应对公部门课以更为严格的程序约束。这种约束主要体现在德国《行政程序法》对行政合作契约修法的草案范本中，具体条文包括第五十四条第三项，为使私人参与公共任务的执行，行政机关亦得缔结公法契约；唯如涉及高权措施的转移，仅得于法规有明文规定时，始得为之。第五十六条第一项，行政机关缔结第五十四条第三项所定之公法契约前应确保，其享有足以确保公共任务适当履行的影响力，行政机关应选择有专业素养、具给付能力，且人格上可信赖之契约当事人。第五十九条第二项之一和第四项，行政机关缔结第五十四条第三项所定公法契约时，如不能确保其具备足以确保公共任务适当履行之影响力时，该契约无效；公法契约有第二项之一所定无效情形时，若无效之原因得以适当有效之规

---

① 参见 Moderner Staat-Moderne Verwaltung. Leitbild und Programm der Bundesregierung II. 2b.

定加以替代时，任何一方契约当事人得请求以契约调整方式取代回复原状。① 以上条文草案分别针对行政合作契约的适法性、行政合作契约的缔结、行政合作契约的效力以及无效之处理在行政程序法制上进行了设定，说明形成行政合作契约应遵守的必要合作架构与内容、私人与行政机关合作契约缔结的合法程序以及形成行政合作契约的内容与基础，基于这种程序法下的框架与约束，行政机关方得依行政行为形式选择进行与私人合作契约的缔结。从法理上来看，这种行政行为形式选择限定在了依照宪法民主原则以及基本权保障上，确保了国家最终担保责任，并且以行政机关与私人间的合作责任分配为原则，设立了行政机关得依行为形式选择而形成的单独契约类型。

三、公法基本原则约束下公私合作执行行政任务之行政责任

公私合作完成行政任务的主要特征在于行政责任的重新分配，德国公法学者多有提出法学上的责任理论，依据不同基准将行政责任予以类型化的划分。其中德国学者 Schuppert 所提出的"责任阶段论"与公私合作后的行政责任变迁最具紧密关系，他从国家执行行政任务密度的观点出发，由强至弱依序将行政责任区分为履行责任、保障责任和网罗责任三种基本类型。履行责任指国家或其他公法人自行从事特定任务之责任，特定任务之执行置于国家自己支配力之下；保障责任是指特定任务虽有国家或其他公法人以外之私人与社会执行之，但国家或其他公法人必须负起担保私人与社会执行任务之合法性，尤其是积极促其符合一定公益与实现公共福祉之责任；网罗责任则重在备位功能，仅于具公益性之管制目的无法由私人与

---

① 参见陈爱娥：《公私合作对行政契约法制的影响——以德国法的引介为中心》，载《政治与法律之对话——合作国家与新治理研讨会》，2007年6月。

社会达成或管制失灵时,此项潜在的国家履行责任才被予以显现化。① 按照其意,三种责任类型的划分是直译德文的结果,更能反映其性质的翻译似乎应为执行责任、担保责任和承接责任,而这种阶段责任的划分与公私合作进程中的行政行为形式选择关系甚密,可以说是一种负相关的关系,在行政行为形式选择满足前列条件的前提下,亦即默认行政行为形式选择裁量合法的前提下,应当允许行政主体以适当的行为形式来承接属于自身适当的行政责任,而相对于公私合作的私主体一方,在合作关系中通过正当程序了解到这种行为形式所对于行政主体的责任后,应当明确在特定行政行为形式条件下自身参与公私合作项目所应承担的义务与责任。

就执行责任而言,是公部门为达成行政任务所必须承担的责任类型之一。正如詹镇荣教授所言,执行责任乃课予"国家"对于公共任务之实现,负有自我执行之义务,在此情形下,"国家"原则上系透过自己设置之公、私法形式行政组织、人事与预算履行公共任务。② 在公私合作过程中,公主体已将自身本该履行的建造(Build)和运营(Operate)任务私人化,通过签订契约或合作等其他方式交由私主体去履行,这也是公私合作进程中迈出的第一步,但正是因为公主体将这些公共设施建设的任务予以私人化之后,行政责任才产生了变迁。从表现上来看,行政执行责任已从公部门移转到私主体身上,由于其是公共设施建设和运营的直接"经手人",但是从民主法治国原则出发,政府不能当然地从保障民生责任中抽身出来而造成前述所谓的"民主赤字",因此在整个公私合作过程中,行政担保责任是保证公私合作合法化以及可操作化的重要因素。

所谓担保责任,是指"国家"或地方自治团体确保公任务得由私部门

---

① G. F. Schuppert, Die öffentliche Verwaltung im Kooerationsspektrum staatlicher und privater Aufgabenerfüllung: Zum Denken in Verantwortungsstufen, Die Verwaltung 31(1998), S. 415 ff. (423). 转引自詹镇荣:《民营化法与管制革新》,台北元照出版公司 2005 年版,第 125 页。

② 詹镇荣:《民间参与公共建设之国家赔偿责任》,载《"宪政"时代》,2009 年第 4 期。

顺遂执行，或是特定公共福祉得以由私部门实现之公法上义务。① 不论是德国学者还是我国台湾地区学者均从社会国理念角度论证行政任务私人化后公部门所应承担之担保责任是"宪法"上"社会国"原则的基本要求。虽然"社会国"原则还没有被我国大陆宪法学者从宪法文本中提炼出来而作为宪法基本原则，② 但从体系上纵观我国大陆《宪法》，宪法的序言、第六条、第七条、第八条以及第十九条、第二十条、第二十一条均肯定我国大陆《宪法》对民生福利的保障，促进民生福祉是我国大陆《宪法》的基本原则。鉴于此，在公私合作建设公共设施进程中，公主体即有本于宪法之要求和社会国原则有义务监督私主体行政任务的完成，并对行政任务的私化负担保责任。

《中华人民共和国公路法》（简称《公路法》）第六十六条规定依照本法第五十九条规定受让收费权或者由国内外经济组织投资建成经营的公路的养护工作，由各该公路经营企业负责。③ 说明在公私合作下的公路运营过程中，可以由公路公司进行养护工作，其乃对公共设施运营的应有之义。同条文第三款规定第一款规定的公路的路政管理，适用本法第五章的规定。该公路路政管理的职责由县级以上地方人民政府交通主管部门或者公路管理机构的派出机构、人员行使。④《公路法》第五章正是行政性极强的"路政管理"，同时规定县级以上地方人民政府交通主管部门应当认真履行职责，依法做好公路保护工作，并努力采用科学的管理方法和先进的技术手段，提高公路管理水平，逐步完善公路服务设施，保障公路的完好、安全和畅通。⑤ 正是这样的规定，说明了即使我国《公路法》明确了"国内外经

---

① 参见 J. Ziekow. Verankerung verwaltungsrechtlicher Kooperationsverhältnise（Public Private Partnership）im Verwaltungsverfahrensgesetz, 2001, S. 179 ff. 转引自詹镇荣：《民间参与公共建设之国家赔偿责任》，载《宪政时代》，2009 年第 4 期。
② 葛先园：《社会国原则的基础理论》，载《苏州大学学报（哲学社会科学版）》，2010 年第 3 期。
③④ 参见《中华人民共和国公路法》第六十六条。
⑤ 参见《中华人民共和国公路法》第四十三条。

济组织对公路建设进行投资"、公主体得以"向企业和个人集资建设公路",①公部门也在社会国原则的框架下,虽不承担直接履行的义务,但公部门担负有担保和监督的责任,担保公共利益的实现,保障公民的基本权利不受侵害,从而避免公共利益和公民权利受到以私法形式实现公共任务的私主体的侵害。②面对公权力的强势与私权利的软弱,应在国家担保责任下进行卓有成效的规则细化与制度架构。③

至于承接责任,从广义上来说亦是行政责任中的担保责任。当参与公共设施建设的私主体发生给付障碍而危及公益时,公部门则必须担负起承接责任,保证公共设施的继续建设或者运营,不致发生中断。④承接责任是在公私合作过程中由于种种原因而私主体无法胜任时的补救措施,因此,从狭义上来说,承接责任亦可能是公部门执行责任的继续化,在尚未完成的公共设施建设中断的情况下予以承接。

因此按照这种阶段责任的逻辑顺序,在公私合作执行行政任务过程中的行政行为形式选择并不能当然免除公部门自身的责任承担,在行为形式满足法原则之限制以及行政正当程序要求的前提下,行政部门可以在阶段责任逻辑体系下适当地选择行政行为形式以作为自身对公私合作进程以及整个责任承担情况的响应,这一点无疑是近代公私合作发展热潮下,对公部门较为有利的情形,也是私主体参与公私合作项目与公部门谈判协商的重要因素之一。

---

① 参见《中华人民共和国公路法》第二十一条。
② 陈军:《冲击与回应——公私合作背景下行政法体系重构》,载《广西师范大学学报(哲学社会科学版)》,2013年第1期。
③ 周佑勇:《特许经营权利的生成逻辑与法治边界——经由现代城市交通民营化典型案例的钩沉》,载《法学评论》,2015年第6期。
④ 参见詹镇荣:《民间参与公共建设之国家赔偿责任》,载《宪政时代》,2009年第4期。

第四章
比较法下的公私合作法制及行政行为形式评价

第一节 德国公私合作法制架构基础与行政行为形式

欧洲各国在国家现代化、行政现代化之目标以及国家与社会关系与责任重新分配下，陆续推动公私合作，并且在行政法方面进行法制完善和制度建构。迄今为止，欧洲代表性国家不仅经过详细政策评估，且在各国评估报告的基础上采取积极态度，并在政策和立法上渐进推动。除设立政府专责机构和组织外，尤其在法制上也朝向制定符合公私合作特性与需求的框架性立法推进。此外，积极推动以行政行为形式为主导的契约式公私合作，同时也研究思索合作契约之行政法制化，以供民间机构和行政机关有更适当之法制框架与依循之准据。[1]

德国在传统大陆法系理论体系下，率先对公私合作进行法学学科理论化体系研究，并首先以公法视角对公私合作内部关系进行梳理，同时在公私合作法制发展进程中率先立法，成为其他国家与地区借鉴的对象。在进行公私合作行政行为形式理论化研究的时候，借鉴德国公私合作公法的标志性立法框架以及其完善的公私合作进程及公私关系内部的纠纷解决机制，从而对行政行为形式乃至行政部分在公私合作体系中的评价与规制，佐以

---

[1] 参见 Proll/Drey (Hrsg.). Die 20 Besten: PPP-Beispiele aus Deutschland, Bundesanzeiger Verlag 2006, S. 8.

理论铺垫。

一、德国公私合作框架性立法背景与进程

(一) 德国公私合作综合性立法

在德国公私合作的立法取向上,虽然通过公私合作模式来执行公共任务,但正如前述,由于公部门依法原则之限制应负有确保公益之约束,即使在阶段责任论下,公部门对公共任务之责任并不改变。因此,公部门在公私合作进程中,重点在于如何能够依法确保公私合作项目在保证公共利益的基础上维持让私人合作方满意的私法给付。简言之,公部门为监督和管制主体的同时,应对公私合作之有序稳固地进行持有控制和影响可能性。但与此同时,公私合作形式之运用必须提供私部门经济上动机与动力,使得私部门可以控制衡量自己的收益,只要私主体在完成行政任务时,能够适当且合理地依照约定提供给付即可。① 是故,为顺利推动公私合作进程,德国建立公私合作法制体系的切入点主要在于,提供适当的公私合作法制框架同时排除不利于公私合作之法律上的障碍或制度条件。②

在此理念背景下,德国在 2005 年 9 月立法通过《公私合作制促进法》(又有译作"《公私合作加速推动法》"),主要对施行公私合作时涉及原有相关法律制度进行调整和修改。目前,主要针对德国政府采购法和其他例如反对限制竞争法(GWB)相关法律等,如有不适合公私合作之法制条件或不利实施公私合作之法律阻碍均予以排除。《公私合作制促进法》对德国现行法作了一些重要修正。比如,依该法第一条规定,修正了德国《反对限制竞争法》第 97 条以下之规定,尤其是竞争性对话机制之引入,作为所谓的第四类招商程序。此可谓对德国政府采购暨许可民间参与法之修正,虽

---

① 参见 Leinemann/Kirck. PPP-Projekte—Konzipieren, ausschreiben, vergaben, Bundesanzeiger verlag 2006, S. 26.

② 参见 Proll/Drey (Hrsg.). Die 20 Besten: PPP-Beispiele aus Deutschland, Bundesanzeiger Verlag 2006, S. 8.

是一个小小的招商程序之改革,却在公私合作选择私主体过程中很重要,也对行政对这种招商程序的行为形式作出了法律要求。其他重大修正还有类如第二条"公共采购条例",系统地检讨、修改了2003年实施的《公共采购条例》,普遍推行竞争性谈判机制。第三条"远程公路建设私人融资法的修改",调整了2003年实施的《远程公路建设私人融资法》的相关内容。第四条"联邦预算法的修改",增加了公私合作项目风险分配规定,废除了该法第四款的规定。第五条"土地购置税法的修改",增加了公私合作项目用地免税的内容。第六条"土地税法修改",增加了公私合作模式土地所有权转让的规定。第七条"投资法修改",增加了资本投资公司在公私合作项目中的土地用益权内容。第八条"向统一的法规序列回归",对本法第二条"公共采购条例"的部分内容可因《反限制竞争法》的授权,通过法律规定被改变,以因应可能出现的新的法律冲突。① 就行政立法方面而言,德国联邦《行政程序法》自1997年施行以后,历经数次修正,但是第四章第五十四条以下至第六十二条之条文却少有修正,在公私合作完成公共任务的背景下,德国联邦政府于1999年12月1日内阁决议中提出一份《现代化国家——现代化行政》的计划书,表明今后修正联邦《行政程序法》规制公法契约时,应将重心放在重新创设以公共任务之共同进行作为目的而缔结契约之条文上,即针对公私合作进行立法,有必要在行政程序立法中针对合作关系的形成纳入适当的契约类型与契约条款。受该计划书的影响,德国联邦内部成立的"行政程序法咨询委员会"于1999年起,组织大批专家学者对公私合作立法进行讨论。该委员会根据2001年7月公布的两份鉴定意见书,进一步讨论后,于2001年向内政部提出最终建议,指出接下来应该进行条文修正的具体方向讨论。2004年该委员会提出两份具体修正草案,对公私合作立法进行立法研究。

---

① 参见陈婉玲:《公私合作制的源流、价值与政府责任》,载《上海财经大学学报(哲学社会科学版)》,2014年第5期。

(二)德国关于公私合作的行政程序立法修订

在德国行政程序立法修正建议稿中,最具代表性草案之一即为舒佩特鉴定意见书。在舒佩特教授的鉴定意见书中指出,若在《行政程序法》中新增公私合作契约之规定,则其适用领域应扩大范围,不以公法上的合作契约为限,也应该全面扩大到纯粹私法性质的合作契约上(学理上认为PPP契约不完全是公法契约)。其认为,若是在既有的《行政程序法》框架下,第五十四条以下的条文是在"公法契约"的章节下所设计的规范,因此真要受限在这个框架下修改条文时,也仅能作一些细枝末节的调整,即使作了修正,《行政程序法》的规范也仅能提供实务上多样性的公私合作类型中某一小部分之规制使用,而现有PPP契约多是以公司形态或是民事契约形态呈现。

因此,舒佩特教授提议起草一部"行政合作法",可以涵盖所有重要的PPP形式,而不限缩在极少被运用的公法契约上。同时,他也强调当下实际上需要的是一部明确责任分摊原则、担保国家理念与合作原则作为重要核心的操控原则法,并且原则上可以涵盖所有PPP契约形式的合作法。当然,舒佩特教授并不极端主张另外单独立法,可以先在现有德国联邦《行政程序法》框架下,单独设一章来规范公私合作行为。这种理念基于在公行政于履行其任务时借助私人之力,并与其建立合作关系的所有案例中,解构公法上的担保义务恰恰完全符合其倡导的"行政合作法"中的"行政合作"意涵。德国联邦《行政程序法》增设草案在公私合作以及行政合作契约内容方面,进行了一定幅度的修订,其中第五十四条关于与"私人合作之容许性"的规定,在不抵触重大公益或违反法律规定的前提下,行政机关在执行公共任务时,得经第三人合作完成,特别是可以借助私人力量形成公私合作关系;为达成前项目的行政机关可以与第三人缔结合作契约,并适用以下各条之规定。第五十五条关于"选任合作对象"规定,若根据适当之方法可以证明合作对象的专门知识与可信赖性时,方可根据第五十四条第二款之规定与合作对象缔结契约,但《政府采购法》与本法第五十七条第二款之相关规定仍得适用。第五十六条确保公部门影响力之规定，行政机关缔结第五十四条第二款之契约时，在契约中应以适当之方法确保行政机关在履行任务的方式上有充分的影响力；若合作关系为公司形式，应透过公私合作契约、公司章程或其他方法确保行政机关在公司之监事会或其他类似于监事会的监督机关中拥有适当的影响力。对于其个别监督机关提出的公司业务执行报告不仅应包括业务执行的经济性，同时也应包括公共任务履行的方式与方法；若私法上或公法上之合作关系不具有公司性质，在契约中应规定行政机关拥有充分的信息享有权；若以第三款契约缔结方式委托非政府主体或私主体履行公共任务时，该非政府主体或私主体应对任务的执行自我负责。若私主体被委托的任务经第五十八条第三款之争议调解委员会认定无法符合规定履行时，行政机关得要求恢复该任务之委托。第五十七条关于"给付契约的质量保证"规定，若根据第五十六条第三款之规定，以契约方式委托第三人自我负责地履行公共任务时（广义的给付契约），必须在契约中合意评价该第三人所提供给付的质量，以及计算由第三人请求对价报酬的标准。为确定该标准，得设立由契约双方依相同比例组成的合作委员会；若与非政府主体或私主体合意由该非政府主体或私主体为行政机关而对第三人提供给付时（狭义的给付契约），契约上之合意应包括以下条款：提供给付之内容、范围与质量（给付之合意）；提供给付之对价报酬（对价报酬之合意）；提供给付质量之评价基本原则与基准（质量合意）；第一款与第二款之合意契约，必须考量给付能力及经济性原则，与最适合之合作对象进行缔结契约。第五十八条关于"合作契约之无效与终止"规定，若第五十四条第二款之契约于契约形成之际，对于影响力之保证（第五十六条第二款、第三款）与质量之保证（第五十七条第一款、第二款）所应具备之最低要求无法被遵守时，无效；若对于合作契约内容发生本质性之改变导致无法期待契约一方当事人受原始契约规范之拘束时，该契约当事人得要求调整契约内容；或于调整不可能或对契约当事人而言，调整系不可期待时，要求终止契约。行政机关为防止或排除对公益之重大危害，亦得终止契约。除非法规另有其他形式之要求，终止契约应以书面为之且应附相应理由；对于适用契约上合意之给付或对价报酬之基准（第五十七条第一款、第二款）上发生意见分歧时，各邦对此应设争议与冲突调解委员会。该委员会必须由客观中立之主席与代表契约双方当事人相同数量之成员组成。针对争议与冲突调解委员会之决定，得向行政法院提起诉讼。诉讼分别以契约双方当事人为原告或被告，而非以该委员会为被告。提起诉讼前无需于先行程序中对该决定进行审查；争议与冲突调解委员会并得依行政机关之申请，决定非政府主体或私主体是否无法符合第五十八条第三款意义下之约定而履行其于契约中被委托之任务。第三款第三句至第五句之规定准用之。

换言之，这些在立法建议草案里所展现条文的重要意义，不仅在于立法中明文规定其法源，也是公部门在公私合作个案中出于对私主体利益之保障须处理与关心之处，且由于一部分风险结构也可能由公部门负担，公部门更应依该规定仔细评估，尤其应考虑公共利益风险。① 当然，随着这一部分法律条文的修正，比如在公私合作项目的预算方案、租税方案以及投资回报契约等方面，均需行政行为的介入，在此立法背景下，相应的形式选择裁量空间也随之变动。

随着行政程序立法的修订，德国联邦内政部行政法咨询委员会向内政部提出最终建议书，指出今后应进行条文修正的具体方向。相较于学者鉴定意见书修正草案采取大规模调整现有条文结构的"大解决方案"，最终建议书仅采用局部调整的"小解决方案"。行政程序法咨询委员会认为大解决方案试图在行政程序法中订定详细之规范以适用于所有有关行政之契约，而不论该契约为私法性质、公法性质还是公司组织形态。例如舒佩特教授的鉴定意见书即主张在目前双务契约与和解契约外，在立法上明确地承认一种新的合作契约形式之基本规范。咨询委员会认为这种立法构造将使得

---

① 参见 Hetzel. Das Zusammenwirken von öffentlicher Hand und Privatwirtschaft in Öffentlich Privaten Partnerschaft，BayVBl 2006，S. 649ff.

第四章 比较法下的公私合作法制及行政行为形式评价

本法与采购法之间的关系发生问题。特别是在采购法领域以私法或公司组织形态所缔结的契约中，不清楚国家以公法的单方手段介入契约的可能性究竟如何，同时根据草案的详细规范形式，显然有将行政程序法适用的领域蔓延扩大至行政机关的私法活动之上。同时，这样也可能会将私法或公司组织形态之行政上契约的司法审判权由民事法院全面移至行政法院，造成行政法院审判权扩及私法契约的风险。因此咨询委员会最终放弃大解决方案而在维持现行章节结构的前提下，采取比较保守的小解决方案，其中包括：① 针对《行政程序法》第五十四条加入第五十四条 a 有关"合作契约"之规定。意在规定一种新的合作契约类型作为行政程序法法定的第一种一般性契约类型，强化行政机关于履行行政任务时可资利用之行为形式。② 针对《行政程序法》第五十六条第一款与第五十九条第二款第四项之规定。第五十六条第一款规定，如果契约中约定的对待给付有一定的目的且有助于行政机关完成公共任务时，契约一方当事人负有双务契约中对待给付义务的，可以订立第五十四条第二款意义上的公法契约。对待给付在总体上必须是适当的，并且与行政机关在契约上的义务存在实质关系。同时结合第五十九条第二款第四句之规定，行政机关许诺依据第五十六条不允许的对待给付的公法契约，无效。换言之，即使双务契约仅有轻微违反第五十六条第一款第二句有关给付与对待给付之相当性原则以及禁止不当联结原则时，该契约即归于无效，咨询委员会认为应予调整和避免。③ 针对《行政程序法》第五十七条之规定。该法第五十七条严格规定公法契约应以书面形式为之，咨询委员会认为这是一种严格的要式要求，应当予以调整。咨询委员会建议公法契约书面要式性的要求应灵活运用，例如容许契约当事人明确约定放弃书面文件之要求，简化公法契约之成立。④ 针对《行政程序法》第五十八条之规定。该法第五十八条规定了涉及第三人的公法契约只有得到第三人的书面同意才能生效，行政行为的做成如果必须得到行政机关许可同意的，订立替代行政行为的契约也必须在得到行政机关按规定形式的参与后才能生效。对此，咨询委员会建议改变另一种规范模式，例如当第三人已知悉公法契约的缔结,但却未在一定期间内针对其所遭受的权利侵害提出异议时,仍应维持该公法契约的效力,以保证公私合作的稳定持续性。

(三)德国其他关于公私合作的立法修订

1.《德国联邦预算法》之修订

在德国联邦和各联邦州中,有关预算法和经济宪法的条款最早出现在《基本法》第一百零九条至第一百一十五条以及各个联邦州宪法中。此外,德国联邦和各个联邦州还应遵守《联邦和联邦州预算规制之原则法》。另外,在联邦层面上有《联邦预算法》,在联邦州层面上有各联邦州预算法。在地方乡镇政府层面上,预算法的相关规定主要体现在各个乡镇或县的法规当中,这些乡镇或县的法规也被称为地方宪法,另外,属于联邦州法律性质的乡镇或县的法规应以其上级法律为准。一般来说,公法上的公共企业也应当遵守大部分预算法律法规。此外,预算法律中还应包括相应的管理法规,这些管理法规对于预算法的实际运用具有重要意义。

在大多数公共采购人重视的预算法和经济宪法框架内,一个 PPP 项目是时常变化的。预算法除了具有经济政策的功能外,还担负着保障财政经济秩序的责任。与之相应的是,被《预算法》调整者有义务制订长期的财政计划。在财政计划的框架内,与公私合作制项目有关的重要项目要给予特别考虑:项目是否需要贷款;与之相关的支出有多少是投资,有多少是消费。一般来说,通过贷款获得的收入不得超过财政计划中估算的投资支出总额。所谓贷款指的是直接向国家借款或在例外情况下向第三方借款。后者只有在国家以平衡预算为目的而向第三方借款作为资金来源时才会出现。可被列为投资支出的项目在《联邦预算法》的第十三条第三款第二项中有着详细的说明。与贷款相联系的财政负债仅是被有限度地允许。因此,若要进行贷款,通常需要《预算法》或其他法律的授权。

与财政计划不同,预算计划的制订是为了财政需求的具体确定和满足,这里所谓的财政需求是指为了完成各个地方政府的公共任务而在批准期限内预先确定的必要的财政开支。作为经济计划的预算计划同时也意味着是由国家主导的以法律为表现形式的主权行为。由此，预算计划成为有关部门进行预算和经济管理的基础。该计划还授权行政管理机关，承担支出并且履行相关义务。所以，在预算计划中必须反映出一个公私合作制项目对财政的具体影响。在整个项目的生命周期中，必须遵守由政府部门依据宪法和普通法律确定的预算原则。

这些对公私合作制项目具有决定性影响的预算法规定和原则，在预算生命周期意义上可以被划分为如下三个阶段：预算计划制订、预算计划实施、预算计划监督。在整个预算生命周期中，需要注意经济性原则和节约性原则。这两个原则在公共部门的预算中一直具有很重要的意义，且在相关的各个预算法律法规中对其都有规定。节约性原则一般在要求尽量减小支出额度时适用，而经济性原则重点关注的则是支出和收入的关系。故而符合节约性原则的措施是能以最小的支出完成既定目标的措施，即最小化原则；符合经济性原则的措施则是在目标和手段的关系中能以既定的支出得到最好结果的措施，亦即最大化原则。

联邦层面上的预算法的改动主要包括两个方面：一方面，通过对《联邦预算法》第七条的修订。《联邦预算法》第七条第一款规定，在编制和执行预算案时，应重视经济性和节约性原则。此类基本原则使人们有义务对以下情况进行审查，即可以在多大程度上通过将任务分配出去和非国有化或者私有化来完成国家任务或者服务于公共目的的经济行为。对公私合作制项目的核心要点，也即在经济可行性分析框架下的风险转移的重要意义作出了强调说明。随着德国《公私合作制促进法》的诞生而出现的对经济可行性分析中的风险转移的重视是值得肯定的。另一方面，在资产法框架下的《联邦预算法》的修改也同样具有积极意义。该法规第六十三条第二款对资产出售禁令的例外条款作出了规定，该款规定，只有在可预见的时间里为完成联邦的任务而必需时，才允许出售财产。公共部门被允许采用具有创见性的融资方式，即通过出售资产进行融资。总体来说，《公私合作制促进法》在许多关键问题上为公私合作制项目的实施作出了有益的规定。但是,仍然存在许多不尽如人意的地方,例如贷款和类似贷款业务的批准要求等。从促进公私合作制和法律保障的角度考虑,这些都需要进一步改革。同时,各联邦州和诸多地方乡镇政府能尽快接受并承认《公私合作制促进法》中与《预算法》有关的内容,进而在本层级的立法中将之体现也是非常紧迫的问题。

2. 德国公私合作相关税法之修订

2005年9月,德国《公私合作促进法》颁布实施,开始逐步消除公私合作在德国发展遇到的障碍,并为相关争议问题的解决提供了相对完整的法律框架基础,那些在公共采购方式选择中,歧视公私合作而优待传统项目建设方式的各种规定应当被废除。在税法方面,主要涉及土地购置税和土地税的相关内容修正。

(1)《土地购置税法》的修订

为了呼应公私合作立法,《土地购置税法》补充插入了第四条第九款。该款规定:自2005年9月《公私合作制促进法》生效起,从公法法人处购置土地以及公法法人回购土地都可免交土地购置税,只要该被购置的土地是用于《土地税法》第三条第二款规定的公共事业或满足公共需求,且土地购置者和公法法人对合同期结束后土地的回收问题达成一致协议。同时进行了免税优惠的反向取消,例如该法规定,如果上述服务于公共事业的业务终结,或者公共部门的回购无法或不再进行,则免税优惠会被反向取消,即应追缴土地购置税进入国库。

(2)《土地税法》的修订

德国《税法通则》规定,土地税属于财产税,其征税对象主要是地产,包括农林业、私人以及企业地产,公法法人与公共宗教团体所属地产无须缴纳土地税。根据《土地税法》第三条第一款第一项的规定,若被用于公共事业建设的土地,其产权不属于政府部门或其他享受税收优惠的主体,则不得免除土地税。从实质上看,这项规定是对私营法人机构的一种歧视,而颁布的《公私合作制促进法》也并没有完全排除这种歧视。修改后的《土地税法》规定,私人地产只有在下列情况下可被免除土地税,即该土地被用于公共事业建设,且在公私合作制项目的框架下被转让给公共部门使用,在合同期结束后被归还。与土地购置税免税不同,对于土地税免税来说,私营被委托机构是从公共部门获得公私合作项目的土地,还是在自由土地市场上购置得到的公私合作项目使用的土地,都不会产生不同的影响。

二、德国公私合作程序的进行阶段

就德国法制背景下,整个公私合作项目进程阶段,从项目规划、执行、评估到终结,可以划分为五个阶段:需求确定与措施评估阶段(即可行性评估阶段)、效益预估阶段(即公部门比较值)、公告和评选(含效益验证)阶段、合作项目执行阶段以及项目绩效控管与再利用阶段。① 第一阶段为决策阶段,初步决定是否采用公私合作(应就公私合作的需求与条件及可行性来作考虑)。如果初步决定认为不适合公私合作模式,相关的公私合作准备工作至此便得停止,有必要时,可执行传统采购程序。公私合作可行性评估之目的在于检视一个项目工程是否适合运用公私合作模式,并且准备所需资料,以供提早决定是否适用公私合作招标程序或执行一般的招标程序。第二阶段包括提出传统可比较价值(即所谓公部门比较值,简称"PSC")。PSC 代表所有一般传统招标程序的支出以及预估观察期相关利润。此阶段进行暂时效益评估,包括将 PSC 与可能的公私合作不同价值作比较。第三阶段,在完成第一和第二阶段的初步工作与结论后,准备与执行招标和民间参与投标程序。目标在于选定一个对公部门承办单位而言最具经济效益的私主体,以组建公私合作项目单位。第四阶段始于行政任务执行与项目控管的运作,截止到公私合作项目终止时。在该阶段包括第五阶段,即工程目标之继续利用,也加以考虑。由于目前为止,德国大部分公私合作模式均是所有人模式,因此项

---

① 参见 Weber/Schäfer. Praxishandbuch PPP, 2006, S. 10ff.

目不动产及其再利用风险,保留在公部门,这同时在法律关系上意味着,有关约定移转交付之状态影响公私主体双方的权益和风险分配。

三、德国公私合作程序中的争议解决机制及案例评析

针对上述德国公私合作进程中的五大阶段,有关公私合作项目运作过程中所生争议,以德国学理通说以及现行立法现状,大致可分为两部分:私主体中标前的招投标阶段之争议以及中标后的合作项目契约履行之争议。在德国,基本上由于办理公私合作项目之招投标评审至合作契约之签订,均依据政府采购法程序办理,且合作项目金额的限制超过欧盟对招投标的公告数额,有关评选阶段之争议,除向申诉审议委员会提出申诉外,不服申诉者可向高等法院以民事诉讼方式提出救济;至于契约履行的争议,德国法上因承认"双阶理论"认为此公私合作契约在法律属性上属于民事契约,因此在救济程序上,除有约定先行协调或仲裁程序外,一般按照德国普通法院救济程序进行。

德国曾有两则关于是否应适用招投标的公私合作案例,而判决却给出了相反的结论,从其裁判要旨中也可以进一步读出德国司法实践中对行政行为形式在公私合作项目中选择裁量之控制。

一则案例是关于位于意大利北部 Emilia-Romagna 大区 Viano 市之市议会于 1997 年 5 月间作出决议,将该市特定公共建筑物暖气设备之维修保养业务委托 Azienda Gas-Acqua Consorziale(简称"AGAC")Reggio Emilia 执行,且市议会决议之前并未进行公开招标程序。AGAC 系由数个城市(包括 Viano 市)为提供能源及环保服务所组成之联盟(Konsortium,consortium),具有法人性质。其受托的行政任务,在于确保 Viano 市相关建筑物暖气设备之运转正常、维护保养与必要之设备改良措施,同时又包括燃料之供应。本案原告"Teckal Srl",为意大利一家能源工程公司,从事暖气设备相关服务并供应燃料。其针对上述 Viano 市议会作出的决议,向 Emilia-Romagna 区行政法院提起诉讼,主张该市原应遵守欧洲共同体关于政府采购之程序规

第四章 比较法下的公私合作法制及行政行为形式评价

定,进行公开招投标,继于1999年11月18日,欧洲法院对此作出裁判。①欧洲法院首先指出,对照欧体之政府采购指令,本案因财物采购之金额超乎服务采购之金额,故应适用《财物采购指令》,而非《服务采购指令》,后项指令第六条之例外条款即非先行裁决之解释目标。质言之,本案地方自治团体向其所参与之联盟委托有偿性之任务执行,是否应进行公开招标程序,须依《财物采购指令》之规范架构,然而该指令并不具备如上述另一指令之例外条款,欧洲法院进而概括揭示得排除招投标适用之例外情况。② 参照"Teckal"判决意旨,欧洲法院对无须适用政府采购法及公开招标程序之公共任务委托,亦即现今通称所谓之"自家业务"或"自家采购",提出下列三项判断准则:① 参与准则:公委托人(政府采购主体)须与其所"参与"之独立权利主体从事法律行为。② 控制准则:公委托人对独立之权利主体,须进行如同对"自属机构"一般之"控制"。③ 重心准则:独立之权利主体"主要"系为公委托人处理事务。③

另一则案例是位于德国东部萨克森/安哈特邦之哈勒市(StadtHalle),于1996年,透过其市营独资公用事业有限责任公司(Stadtwerke Halle GmbH)与一家私营有限责任公司合资设立公私合营有限责任公司(RPL Recyclingpark Lochau GmbH),经营废弃物循环利用与清理设施。哈勒市间接持有该公私合作公司75.1%股份,而私营公司则持有24.9%股份。于2001年年底,该市经市议会决议,在未适用采购招标程序之下,即委托上述公私合作公司关于该市废弃物循环利用与清理之规划任务,并同时就未来废弃物清理之任务执行进行订约协商。某竞争企业(TREA Leuna)亦对此等服务采购兴趣浓厚,乃向该邦主管之采购申诉审议庭申请审议,并请求哈

---

① 参见 EuGH. Urteil vom 18. 11. 1999, Rs. C-107/98 - Teckal, EuZW 2000, S. 246ff.
② 参见刘淑范:《公私伙伴关系于欧盟法制下发展初探》,载《台大法学论丛》,2011年第2期。
③ 参见 Schröder. Neue Entwicklungen im öffentlichen Wirtschaftsrecht, Dienstleistungsrichtlinie und Vergaberecht: Bericht über den 1. Dresdener Wirtschaftsrechtstag am 8. Juli 2005, DVBl. 2006, S. 33 (36); Leinemann. Die Vergabe ffentlicher Aufträge, 4. Aufl., Köln 2007, Rn. 130.

勒市进行公开招标程序。该庭以该案中公私合作组织中私主体所占股已超越德国有限责任公司法上拥有特定少数股东权利10%门槛为主要理由，否定必须经公开招投标之必要性，裁决申诉企业获胜。哈勒市不服审议决定，继而径向该邦高等法院提起抗告。该高等法院复又裁定停止抗告程序，并向欧洲法院申请先行裁决。于2005年1月11日，欧洲法院对此作出裁判。① 欧洲法院首先从法律救济程序方面论证，在程序上即使未进行形式上采购招标程序之"事实采购"（De-facto-Vergabe），亦得适用采购争议之救济程序。因此，竞争投标人因"事实采购"是否具有免除适用政府采购法之自家业务性质而有所争执时，当可采取申请审议等救济途径。其次，针对自家业务之概念是否且于何种范围内及于公私合作企业或组织型公私合作关系之实体核心争议，欧洲法院乃断然判定，任何有私人参与者，皆排除自家业务之情况。简而言之，所有公私合营事业，不论其私人持股比例之多寡，均需以公开招投标程序选取公私合作之私主体对象进行行政任务之委托。欧洲法院提出这种裁判要旨，主要基于两项论理依据。其一，该院衔接先前"Teckal"判决所提出之控制准则，并以公、私双方利益皆属歧异为出发点，进而认为，即使是很小部分的私人参与，仍亦排除公所有人及委托人对公私合营事业拥有"如同对自属机构之控制"。其二，相对于上述判决提出的控制准则，欧洲法院真正重要之考虑，着眼于欧体条约之核心价值与理念，亦即市场开放、自由竞争及平等待遇原则，而欧体政府采购相关指令之主要目标正在于贯彻此等原则。② 反观案例中公私合作整体进程及相关案例，既有私人之参与，就有市场关联与竞争情势，故其设立与受托任务，亦间接涉及向私人采购之行为，遂被自始排除在自家业务适用

---

① 参见 EuGH. Urteil vom 11. 1. 2005, Rs. C-26/03 - Stadt Halle, EuZW 2005, S. 86ff
② 参见 Zeiss. Public Private Partnerships und gemischtuirtschaftliche Gesellschaften am Ender Anmerkung zum Urteil des EuGh vom 11. Januar 2005 (c－26/03). Döv 2005, S. 821; Söbbeke. In-house quo vadis Zur Konzeption des Kontrollerfadernisses bei vergabefreien Eigengeschäften nach den EuGh-Urteilen "Stadt Halle" und "Carbotermo", Döv 2006, S. 998f.

范畴之外。① 细究之,"哈勒市"判决不仅系对"Teckal"判决之控制准则严加解释,而且又设置一道未经招投标公私合作形式的门槛。②

第二节 日本公私合作法制架构基础与行政行为形式

日本公私合作肇始于 20 世纪 90 年代初的全国泡沫经济后,由于政府财政出现的严重财政危机,导致如何在这种财政危机下担当政府的职责,完成行政任务,成为当时日本最为首要的问题之一,也成为当时学界研究最为热烈的课题。当时的日本引入英国的 PFI(Private Finance Initiative)制度,旨在学习英国引入民间私主体市场的资金参与公共建设完成行政任务。与此同时,日本亦有"第三部门"类型的公私合作模式存在,第三部门作为日本在公私合作进程中行政行为形式选择的结果,有其存在的重要意义,相比较于日本 PFI 类型的公私合作模式,亦有对比意义。探讨日本最为典型的两种公私合作模式可以对行政行为形式在日本公私合作进程中的重要意义和功能,作一个较为完整的梳理和分析。

一、日本第三部门组织型公私合作模式及其特征

在日本,第三部门概念在 1973 年出现于日本内阁的"经济社会基本计划"政府公文之后,有关第三部门的研究才开始出现。有关第三部门研究集中出现则是在 20 世纪 90 年代之后,特别是随着 1987 年国铁改革,日本一些地方线路开始采用第三部门方式,此时第三部门才开始受到广泛关注。③ 然而关于第三部门在日本仍未有明确一致的具体定义。远山嘉博是日

---

① 参见刘淑范:《公私伙伴关系于欧盟法制下发展初探》,载《台大法学论丛》,2011 年第 2 期。
② 参见 Söbbeke. In-house quo vadis Zur Konzeption des Kontrollerfadernisses bei vergabefreien Eigengeschäften nach den EuGH-Urteilen "Stadt Halle" und "Carbotermo", Döv 2006, S. 997f.
③ 参见王猛:《日本第三部门发展的合理性问题研究——以铁路与城市再开发部门为对象》,北京外国语大学博士学位论文,2013 年。

本最早将第三部门概念进行解释并公开发表论文的学者。他认为广义的第三部门虽然是指"无法归于公部门和私部门涵摄下,而为两部门的共同机构部门",但这种定义仍然过于宽泛和模糊,远山嘉博由此指出狭义的第三部门定义,应包括以下五个要素:第一,以地方政府作为官方出资的中心。在日本第三部门虽然是公私部门共同出资的股份公司,但却是以地方政府作为官方出资者,有时还可能是政府相关部门。第二,能因应区域新的社会需求。因为第三部门所从事的事务带有强烈的区域性、地域性,比如地域性开发、地区经济振兴等。第三,私主体应当参与公共活动。这也是公私合作内涵的内在表现形式,在公私合作进程中,私主体亦可以将民间资金或经营技术导入第三部门中。第四,第三部门在经营上具有相对自主性。虽然在公私合作的第三部门,公部门与私主体各自出资一半比例,但在对外经营活动层面上,日本法令严格控制公部门的控制权,私主体在经营上有相当的自主权,而公部门的干涉仅仅是从出资者的立场所产生的控制行为。第五,在形式上是公司法人的组织形态。针对上述第三部门的基本要素,有学者认为日本第三部门的基本概念应是由公部门和私主体共同出资、共同合作,采取公司法人的组织形态,以提供具有公共性和效率性服务的组织形态。①

自日本创设第三部门公私合作模式以来,虽然跟一般的私营企业相比较,第三部门这种公私合作的组织形式在日本地方自治法与特别法上受到一定程度的规定与束缚,但是相比较于公共组织或者行政机关,第三部门在经营上有很大程度的经营自主性和弹性,简而言之即行政的宽松和形式选择的多样化,这也是日本第三部门特性所在的根本原因之一。日本第三组织的特性主要体现在以下几个方面:第一,第三部门组织由民间私主体的资金进入,可以减少公部门的财政负担,这也是日本创设第三部门组织形式的根本原因。第二,公私合作创设法人组织可以强化保障公共任务的

---

① 参见林淑馨:《日本型公私协力之析探——以第三部门与PFI为例》,载《公共行政学报》,2005年第16期。

目的实现,由于第三部门是公私合作组项目组织,公部门对于项目进程的计划、实施以及过程中的调整有一定的参与权利和行为形式选择裁量空间,因此可以避免私主体一味地追求盈利最大化而忽视公共利益的实现。第三,充分实现民间市场资源,包括资金资源和人力资源,日本第三部门公私合作组织通过引入民间人才、专门知识人才和经验,提升整体组织的竞争力和创造力,避免公部门行政机关执行行政任务的低效率性。①

二、日本 PFI 公私合作的法制设计与实施

PFI 制度起源于英国,其全称为"Private Finance Initiative",所谓现代 PFI 制度是指在推行传统由公部门所提供的公共服务或建设公共设施等公共项目时,由民间机构分担项目风险,同时借由民间资金和专业技术,有效推动公共项目或提供公共服务之新形态的一种推动公共建设模式。PFI 模式相较于其他公私合作模式主要有三点特征:第一,私主体直接提供资金和技术。这也是 PFI 模式最为显著的特征,因为 PFI 制度的起源即是为了解决政府财政紧缺的问题。第二,私主体高效率化运作。在 PFI 公私合作项目中,私主体主导使用公共资源并执行行政任务,可以更高效地使用税金并提供更为高品质的公共服务。第三,公私主体之间明确分担项目风险。PFI 模式与行政辅助人或行政委托模式最大的区别即在于公私主体之间可以协商共同分担营运风险,如此亦可减轻公部门的负担,最大化实现 PFI 制度创设目的。

在日本,规制 PFI 法的主要是两部重要法规,一部有学者将其译作《活用民间资金以促进公共设施等的整备之相关法律》(《民間資金等の活用による公共施設等の整備等の促進に関する法律》,简称《PFI 法》),另一部有译作《藉由民间资金等活用以促进整备公共建设等之相关事业实施之基本方针》(《民間資金等の活用による公共施設等の整備等に関する事業の

---

① 参见林淑馨:《日本型公私协力之析探——以第三部门与 PFI 为例》,载《公共行政学报》,2005 年第 16 期。

实施に関する基本方针》,简称《PFI 基本方针》)。两部法律,分别于 1999 年 7 月和 2000 年 3 月制定,其中《PFI 法》全文共二十三条,旨在希望通过立法,带动民间资金、经营理念以及技术资源,促进财政不足的政府项目建设,同时,除有效率且有效地整备社会资本外,并以确保提供国民物美价廉之服务,希冀国民经济之健全发展为目的。① 同时,在日本《PFI 基本方针》立法文件中,明确将《PFI 法》中所秉持的立法理念分为五项原则和三大主义,分别是公共性原则(实施 PFI 的项目需要具有公共性)、民间资源灵活运用原则(活用民间资金、经营能力与技术)、效率性原则(尊重私主体的自主性与创意性,以达到经营效率)、公平性原则(需保障 PFI 项目选定或私主体选定的公平性)、透明性原则(从项目计划到项目终了,需始终保持透明公开性),以及所谓的客观主义(项目实施的各阶段评价需要维持客观)、契约主义(经由明文化明确规定责任分担等契约内容)和独立主义(保障项目的法人人格及经营上的独立性)。②

三、日本公私合作模式制度评价及政策变革

无论是日本的第三部门公私合作模式还是 PFI 公私合作模式,均是在日本政府财政资金紧缺的背景下产生的,因此政府角色的转变是其中最为显著的政策意涵。因此日本的第三部门与 PFI 公私合作制度均可被视为日本政府在推动行政改革时的一种方式,其改变过去公共服务或者公共建设均由政府财政负担并执行的历史,转而促使政府精简机构,重视私人市场主体,并透过立法进行必要的体制改革。③ 这种公权力管制的放松直接带动公私主体之间的协商与合作,从而使得行政行为形式选择在空间上亦显得十分宽裕,尤其在以公私合作契约为基础的项目合作商,行政部门出于政策

---

① 参见日本《PFI 法》第一条。
② 参见日本《PFI 基本方针》内容。
③ 参见林淑馨:《日本型公私协力之析探——以第三部门与 PFI 为例》,载《公共行政学报》,2005 年第 16 期。

的层面尤其可以施行一些优待政策，以便公私合作进程能更有效地促进政府绩效改善，也促使行政任务更好地完成。在纵向上，日本政府中央与地方的关系也随着第三部门和PFI公私合作模式的施行得以改变，以PFI模式为例，以其模式从事公共建设，可以降低地方政府的财政负担及发挥私主体市场的经营效力和存在潜力，并且借由地方政府与民间共同参与突破地方政府财政的限制，将建构地方基础设施的责任关系由中央地方的关系转换成地方与私营企业的关系。① 但在第三部门和PFI制度之区别上，虽然两者均为日本典型的公私合作模式，却亦有一些组织架构上的细节差异。例如，在公私合作项目主导权问题上，第三部门由于侧重于公私主体之间的组织合作，虽两者均有出资，但公部门对于行政行为形式的选择，比如行政计划、行政盈利等方面具有较强的主导权和选择空间。第三部门因基于公司法架构经营项目，本身具有较大的私法自治性，又因第三部门项目有较强的地域性，出资的私主体以地方自治组织机构为主，所以地方政府对其行使间接的行政指导。②

第三节　我国台湾地区公私合作立法及判例评析

　　就我国台湾地区而言，其在公私合作法制化方面承继了德国的公私合作法制之体系，尤其在对公私合作公法研究方面，亦已相当程度地体系化。其标志性"立法"即"促进民间参与公共建设法"，将我国台湾地区现行主流的公私合作模式纳入其中，并与台湾地区"行政程序法"相结合，对台湾地区的公私合作模式以及行政部门在公私合作进程中的行政行为形式进行立法规制。

---

①② 参见林淑馨：《日本型公私协力之析探——以第三部门与PFI为例》，载《公共行政学报》，2005年第16期。

一、"促参法"立法理念与立法模式

我国台湾地区于2000年"立法"通过"促进民间参与公共建设法"（简称"促参法"），并且参照台湾地区"奖参条例"的相关规定，旨在扩大民间参与公共建设的适用范围与合作空间，且为求立法经济，以台湾地区所谓"通案立法"方式，并忠于"民间最大的参与"和"政府最大的审慎"两大原则，兼顾维护公共利益与落实民间推动机制。依据"促参法"第一条之规定，直观便可从条文中了解本法的立法目的，即提升公共服务水平，加速社会经济发展，促进民间参与公共建设。① 此外，"促参法"亦致力于合理规范公私合作进程中公部门与私主体投资合作契约双方间的权利义务，同时放宽台湾地区其他法规对公私合作的限制，提供融资宽松政策、减免公私合作中一部分税款等便利条件，但与此同时，"促参法"亦明确规范政府办理民间参与公共建设之甄审程序（即招投标程序），以及政府机关对公私合作进程的监督和管理机制。② 易言之，"促参法"作为我国台湾地区所谓的"通案立法"，乃是民间参与公共建设的基本法，且以此法规为基础，一方面解除对公私合作的传统行政管制，放宽目前有关法令不利于民间参与之限制；另一方面，又采取配套立法增进提供融资、减免税等措施；此外，"促参法"亦明确规范政府办理民间参与公共建设的招投标程序，以及政府机关对公私合作进程的监督和管理机制，以确实达成"促参法"之目的。③

二、我国台湾地区"ETC"案评析及司法趋势

我国台湾地区著名的"ETC"案全称"高速公路电子收费系统建置及营运契约案"，针对此案件台北市"高等行政法院"做成2005年停字第122号裁定，认为该民间企业与政府部门签订的公私合作契约实质上为行政契

---

① 参见我国台湾地区"促参法"第一条。
②③ 参见我国台湾地区"促参法立法草案总说明"。

约，事实上是公部门选择以行政契约的行为形式完成高速公路电子收费系统的行政任务，裁定理由认为，按依"促参法"成立之BOT案件，不论在招商、兴建、营运、以迄营运期间届满由民间将建设移转予政府前，政府均有高度参与与监督，系有公权力介入，"促参法"第五章特别明定政府对民间参与兴建及营运交通建设之监督管理，其中"促参法"第五十二条及第五十三条规定：民间机构于兴建营运期间，如有施工进度严重落后、工程质量重大违失、经营不善或其他重大情事发生，主办机关得命定期改善，中止其兴建营运之全部或一部，情况紧急时，"中央目的事业"主管机关亦得令民间机构停止兴建或营运之一部或全部，并采取适当措施维持该公共建设之营运，必要时，并得强制接管兴建或营运中之公共建设等等，上开制度与行政契约之契约调整之机制相当，若促参BOT案件属私法契约，殊难想象此一单方变更契约内容之机制。①

然而，"促参法"第五十二条规定虽然由公部门对私主体在合作项目中进行监督管理，但是"促参法"第五十三条的规定乃立法者针对重大情事发生时，由"中央目的事业"主管机关或主办机关停止公共建设兴建营运或接管之规定，从而，对投资契约性质之认定，是否宜将此等规定一并纳入，显有疑义。② 因此，在台北市"高等法院"上述论证中，不宜直接将公部门对公私合作契约的单方解除权作为认定此公私合作契约为行政契约的理论依据。一方面，在"促参法"上述条文中已给出有力证明，行政部门得以在公私合作项目进行中选择行政监督等行为形式从而有权停止相关项目的建设或营运；另一方面，台北市"高等法院"亦不能通过这种由单方解除权之结果反过来推导公私合作契约的性质，有悖法律论证逻辑。正如我国台湾地区"最高行政法院"2004年度裁字第1249号裁定中所指出："中央"健康保险局依"全民健保法"第七十二条、第五十五条第二项及

---

① 参见我国台湾地区"高等行政法院"2005年停字第122号裁定书。
② 陈爱娥：《促进民间参与公共建设事件中的行为形式与权力划分》，载《月旦法学》，2006年第134期。

"全民健康保险医事服务机构特约及管理办法"第三十四条第七款及第三十六条所为科处罚款及停止特约之处分,属公法上应罚之强制规定,非得以行政契约排除其适用。双方间合约对此之规定,也只在重申健保局应依前揭规定予以处罚和停约之意旨,并无有使上开应罚之公法上强制规定作为双方契约部分内容之效力。① 以及我国台湾地区"最高行政法院"2005年度裁字第01722号裁定认为,"针对全民健保之合约外,主管机关之核定停止特约行为,系属依法令所为之行政处分,此非合约具体规定之结果"。②

三、我国台湾地区公私合作实务中行政行为形式选择之实践

根据以上我国台湾地区的"立法"现状和"司法"实践来看,从"立法"过程与现有"法律"设置来看,应当说赋予行政机关对行政行为形式选择裁量还是存在一定的空间。结合"促参法"来看,共罗列了六种具体的公私合作方式,行政部门得通过自身的行政行为形式选择裁量,而得以最终确定公私合作模式,这只是第一阶段的行为形式选择裁量,是依据"促参法"作出的,当然,这种选择裁量亦有一定的空间,公部门可以根据公私合作的具体项目背景及进程选择具体的公私合作方式。第二阶段在公私合作项目运行过程中,行政机关亦得以根据前述提及"促参法"致力于合理规范公私合作进程中公部门与私主体投资合作契约双方间的权利义务,同时放宽我国台湾地区其他法规对公私合作的限制,提供融资宽松政策、减免公私合作中一部分税款等便利条件,选择合适的行政行为形式对合作私主体以及公共第三人作出一些合理的优惠政策,亦可保障公私合作进程顺利进行,亦可提升公共利益最大地实现,保证行政任务的顺利完成,这在"促参法"中亦有体现。第三阶段是公私合作项目结束后,行政部门仍以监督者和最终责任承担者的角色对公私合作项目负有责任,在项目运营过程中,行政部门亦可选择适当的行政行为形式,保障后期顺利运营和责

---

① 参见我国台湾地区"最高行政法院"2004年度裁字第1249号裁定。
② 参见我国台湾地区"最高行政法院"2005年度裁字第01722号裁定。

任的风险分配等。在具体公私合作项目中，就对于公部门的行政行为形式而言，首先得依据现有法律规定得以选择裁量，如在上述 ETC 案中，当事人间除契约关系外，公部门仍得以其他法律之规定做成终止建设和营运的行政行为之情形。其次，亦有学者认为公部门得根据双方间监督行政法律关系而选择行政行为形式，对双方间合作契约进行调整或变动，这些行政行为形式的选择所产生的法律效果，亦必须与原有契约关系加以分别、定性并处理其救济途径。

第四节　比较法下公私合作行政行为形式的评价

上文通过比较境外其他国家和地区的立法及司法裁判中存在的行政行为形式选择形态，并且通过立法及司法对比研究发现，公私合作无论在理论还是实践上都具有公法化之趋势，理论落脚点和实务裁判要点重点都在公部门上，一方面出于公私合作的产生便基于公部门主导之考量，更重要的一方面在于透过立法和司法，来管控行政行为形式在公私合作进程中的多样性和复杂性。然而，行政行为形式在公私合作进程中当然有其存在的价值和重要的机能，犹如身体的一个复杂系统，带动了整个公私合作进程的生老病死，并且在这一个循环中起到了关键作用。对公私合作行政行为形式的评价，在比较法的视野下应当首先从法政策学角度入手。无论在国外还是在我国，都面临着如何将公私合作法制化或者进一步公法化的问题，从德国、日本等发达国家立法实践来看，这已成为势不可挡的趋势，也是提升综合国力、拉动市场经济发展、走向国际市场的必备要件。

一、行政行为形式选择的法政策学评价

公私合作进程中的公部门欲选择某种行政行为形式必然会有一番政策的考量，抑或是促进公私合作发展，抑或是提升公部门掌控能力，或者是保障私主体的盈利回报等，但是归结为一点，行政行为形式的选择终究是

公部门为了实现一定的行政目的。如果在公私合作进程中公部门涉及多元化的考量而进行行政行为形式的选择裁量，则必须通过法政策学的角度进行研究评价，才能逐步将行政行为形式法制化。以公私合作建设公共设施为例，在组织形态上是否依公司法人形态还是事业单位具有公法人特征的形态，便需要由公部门进行行政行为形式选择，其他类如在保障私主体盈利方面，是否采取行政补助发放或者是免除部分税金亦是行政行为形式选择裁量的要点之一，在法政策学上不应将这种看似简单的组织或收益等事情忽略，而应当将其视为公私合作进程中主要的一环，对主导行政行为实施的公部门具有公法上的控制意义，应当从法制角度规范其内容。学者在法政策学上往往对制度评价分为两个方面，分别是正义性和效率性，从这两个角度出发评价公私合作行政行为形式，亦符合法政策学的基本内涵。

一方面是对法政策的正义性评价。在公私合作法律制度设计上亦同，行政行为形式选择此种而非彼种，首先需要出于正义性的考量。为达成行政任务，公部门作出行政行为形式选择，立法者对这种形式选择实现立法规制或事后评价，均是正义对于法律制度的一般理论标准。对于正义的基本概念解读，在哲学上有柏拉图、亚里士多德等学者以规范性研究法作说明，认为正义是一种未知数，然而却无法依据事实进行验证，也无法通过理论进行反证。Kelsen 教授却认为正义是一种价值性概念，绝对的价值是以人类意识中的情感要素决定的，因此通过人的情感因素去认知正义的真实存在是虚幻的，即使观诸整个正义理论体系，对正义准确的概念定论不免流于形式或是一些内容空虚的公式。虽然哲学层面上对于正义的定义过于深奥和虚无，但在法政策学上作为哲学的一个分支应当对正义有一个狭义的定义和界定。有学者提出对于公正这个话题，应具体化地区分为"分配关系"和"交换关系"，并根据不同情形去实现所谓的法政策选择之正义。对于分配关系，可以分为资源配置型平等和分配主导型平等。对于资源配置型平等，又可进一步分为在资源配置时的客观平等和机会平等，这为行政行为形式选择做了一个客观上的参照；对于分配主导型平等，又可进一步分为主观平等、序列平等和比例平等,在行政法基本原则的法制化体现上,援引了这一法政策学基本原理。总而言之,争议,于特定之时代,特定之社会,有特定之内容,是立法者动作之原动力。①

另一方面是对法律制度设计的效率性评价,即在公私合作进程中行政行为形式的合理选择促进行政效率的提升,使得资源更为有效地分配。虽然在法学领域,学界对法制化效率的问题研究甚少,但是可以透过经济学的视角,对行政行为形式选择进行评价。有学者从科斯定理角度出发分析法制设计,并且建立了一套评价准则体系,具体准则内容包括:第一,关于权利义务的分配,应依据赋予权利或免除义务而产生的社会性效益以及社会性成本之比较分析而决定。第二,无法确定是否仅产生与成本相当之效益时,成本应由成本效益分析中最佳者负担,此亦被称为"最佳成本效益分析者原则"。第三,在交通事故或者环境污染发生的情形下,人类活动的成本应由能用最经济方式避免事故或污染的人承担,亦被称为"最低成本避免者原则"。第四,如果在第三的情形下,无法确定最经济方式避免事故或污染的人,则该成本应由能以最低交易费用进行社会活动的人承担。同时,科斯认为权利的界定虽然是市场交易得以进行的先决条件,但是最终的结果却与法律规定无关,不管法律如何规定,资源的配置在各种情况下完全相同,而法律中有关损害赔偿责任规定即使作出改变,也不会改变财富的分配,因此,在行政部门作出行政行为形式选择时,考量这个定理的意涵,或许可以帮助了解并解决提问。②

二、行政行为形式选择的程序性评价

前述已论及公部门在行政行为形式选择裁量过程中应受正当行政程序之约束,而这种约束到具体的行为形式中应当如何评价是否正当,有待进

---

① 参见[日]美浓部达吉:《法之本质》,王国维、林纪东译,中国政法大学出版社2006年版,第117-122页。

② 参见王文宇:《民商法理论与经济分析》,台北元照出版公司2000年版,第145-149页。

一步探讨，行政程序中以多方面的视角来获取多样化的意见从而进行行政行为形式之评价显得尤为重要。

首先是行政信息公开方面，在公私合作行政行为形式选择与评估时，应保障客观行为的合理性，作出行政行为形式决定的机关应当将搜集以及内部决定可以对外公开的信息及时公开，使得合作私主体以及第三人及时获知该公开信息，并及时听取私主体以及第三人对该行政行为形式选定的意见。

其次是相关行政机关的信息获知并参加程序，尤其在公私合作项目的环境评价程序中，例如美国《国家环境法》（NEPA）第102条规定，进行环境影响评估报告的时候，应当通知其他相关部门法机关以及特别专门知识的其他联邦政府机关协商并互相听取意见，这便是确保行政行为形式选择合理性的主要环节。

最后是私主体参与公私合作行政行为形式选择作出过程之方式评价。其一为行为形式决定后之参与程序。这种方式在行为形式决定作出后再参与评价，无法发挥私主体的意见参与，调整行政行为形式选择决定意见的效能，不利于保障私主体民主原则的体现。其二为行政行为形式决定前之参与程序。在这种方式下，行政部门对于采取何种行为形式并没有最终决定，因此这种情形下的私主体参与意见表达有更好的效果。其三为多阶段程序参与。公私合作私主体可以对行政行为形式作出选择的过程中的多个阶段均参与，提升私主体参与度，行政行为形式在这种情况下作出选择有利于提升公私合作双方的默契和良性循环。其四为统一裁量标准的设定。在公私合作进程中，将私主体的参与行政行为形式选择裁量作为裁量的基准之一纳入规则，可参照美国的"rule making"程序，但日本在其公私合作法制中并无此程序的设定。其他还有类如事前准备参与程序和阶段化行政行为形式选择裁量程序等，均为了保障公私合作行政行为形式在作出选择时能够更加的合理化和民主化。

三、行政行为形式选择的实体性评价

在公部门作出行政行为形式选择时，应考虑到选择这种形式是否合乎法之目的性，即为行政行为形式选择的目的合理性评价。目的合理性是行政行为形式选择实体评价的一个方面，具体包括从微观和宏观两个方面来观察行政行为形式选择的实体性评价。从微观方面来看，公部门在公私合作进程中需要出于目的性的考量作出选择评估，对于各种形式选择的结果进行合法、效率以及其他方面的评估，再在这种评估结果的基础上进行行政行为形式选择裁量。在宏观方面，行政行为形式选择首先应当合乎上文提及的法治化原则之评价，另外同时也应该选择合乎微观目的的行政行为形式。

与此同时，在行政行为形式选择实体性评价的目的合理性之外，亦需要对其进行价值合理性评价。行政行为的目的是在行政行为形式选择的过程以价值前提为目的进行设定，由此进行行为价值判断。这种价值前提，可能是由于经过立法形式固定体现，或者是由于立法空白，借由行政行为形式选择裁量的过程进行体现。因此，在公私合作进程中，公部门进行行政行为形式选择的过程，亦即是行为价值判断的过程。理论上有所谓从政策导向型诉讼角度出发，基于彼此相对立的公共法益之比较衡量而进行的价值判断方法，其中具体包括以下几个方面。其一为替代方案比较评估选择，该评价方法常见于环境保护法领域，例如美国《国家环境政策法》（NEPA）第102条规定，对行政机关应当课以提出方案同时必须列举替代方案的义务。这种替代性方案用于当行政行为形式某种选择出现弊端时，可以以他种形式及时替代。其二是成本效益分析，又分别包括社会性外部成本分析、波及效果分析以及价值赋予分析。社会性外部成本分析是指在进行成本效益分析时，必须连同选择的某一行政行为形式所产生的外部成本纳入整体效益评估范围综合评估。波及效果分析是指评估行为形式的成本效益时，除该行为形式的直接作用效果必须纳入考虑范围外，对于其非直接但同时亦对社会产生波及效果的因素应当一并纳入考量范畴。价值赋予分析是指对难以量化的考量因素评估比较价值时，应当对该因素赋予一定的价值，从而得以纳入行政行为形式选择裁量的进程中进行整体价值评估。其三是复合影响评估，其指对于各该行政行为形式之效果及其范围内与其他行政行为形式相关的情形下，应当依照具体的公私合作项目个案评估其复合性的影响。其四为时限评估，针对各种不同行政行为形式的具体特性，应当对其作出期限不同的评估，然后再行决定选择何种行政行为形式。第五为多阶段综合评估，在整合以上各种评估方式的同时，对于公私合作项目中多阶段的行政行为，不应仅仅针对一种行政行为形式或者某个环节的行政行为形式评价，在公部门进行行政行为形式选择时，应当综合整个公私合作进程以及行政过程对行政行为形式选择作出合理的评估。

第五章

公私合作行政行为形式法制建构

第一节 公私合作行政行为形式法制建构基础

公私合作及其进程中的行政行为形式选择带来传统行政法制的变革，是现代合作国家和服务型政府理念下的改革产物，也同时带有政策性目的，这种对传统的变革应当以法制完善作为因应，尤其是行政行为形式的法制完善及构建，既是对依法行政原则的回应和保障，也是对相对人利益保障的根本需求。然而这种并不单纯是行政行为形式的变化，而是在公私合作背景下行政行为形式的多元化呈现，尤其是公法与私法、法学与其他学科的交错之下，这种行政行为形式的传统法制现状需要进一步变革与重构。

一、公私合作对传统行政法制的变革推动

公私合作模式正如前文所述，向来存在已久，然而若要在传统行政法体系以及我国大陆现有法制体系中植根，却需要一定的理论基础并对传统行政法学作出一定的变革，这也是对现有传统行政法学的巨大挑战。这种挑战来自两个方面：第一，由奥托·迈耶基于"国家不协商原则"所建构出的传统行政法学——亦即指以行政处分之单方高权行为为中心的行政作用法而言——已无法满足现代公私合作之行政现实的需要，现代国家之发

展趋势已从规范国家转变为协商国家,是故,合作之行政行为理论与法制亟待填补细化。① 第二,公私合作在某种程度上模糊化国家与社会的功能领域,更增添合作法律关系在公、私法定位上之困难度。②

就国际上关于公私合作下的行政法学动态来看,公私合作是一种时代化和全球化的趋势,法律及法学当然地成为公私合作重要的一个研究分支。在新动向和新思维的蓬勃发展下,以德国为首的大陆法系国家及地区开始对公私合作背景下的新行政法学进行研究探索。严格而言,德国"新行政法学"或所谓"行政法革新"的肇端,并非出于公私合作,而是"行政图像"的转变,从传统的执法机器进阶升级为政策形成、追求公益的任务团队,传统强调行政合法控制与权利保障取向的行政法学,并以司法裁判为后盾的法释义学,已不敷时代需求与行政目的,方才有以规范科学为重心、吸收治理与调控观念的"新行政法学"的发迹与窜起。③ 而就民营化时代的行政法律关系来看,意味着私主体与公部门已从过去的统治与被统治的关系转变成为国家的"主体"地位,同时也彰显出公部门与私主体之间系处于"对等关系"。过去侧重行政行为的研究取向自应有所转变,进而延伸到公私合作中私主体所为的公法行为上。不仅如此,向来行政行为态样的思考方法亦无法套用在公私合作私主体的公法行为上,例如行政实务上经常运用的"保证书""具结书"和"申请书"等,其法律性质的判定无法仅着眼于行政行为形式论,而须进一步探究该行政行为形式所作用的对象和真实意思,转而从私主体所为公法上意思表示的角度予以观察、定性。④

这种国际上的公私合作对传统行政法学所产生的冲击和变革,导致我

---

① 参见 H. Schmitz, Moderner Staat-Modernes Verwaltungsverfahrensrecht, NVwZ 2000, S. 1238 (1240ff). 转引自詹镇荣:《民营化法与管制革新》,台北元照出版公司 2005 年版,第 32 - 33 页。

② 詹镇荣:《民营化法与管制革新》,台北元照出版公司 2005 年版,第 33 页。

③ 参见李建良:《2011 行政管制与行政争讼》,台北"中央"研究院法律学研究所专书 2011 年版,第 19 - 20 页。

④ 参见李建良:《2011 行政管制与行政争讼》,台北"中央"研究院法律学研究所专书 2011 年版,第 23 页。

国在公私合作大浪潮中亦需要作出一定的应对,尤其是在公私合作行政行为形式方面而言,需要统一梳理几种典型的行政行为形式,除了前述对行政行为形式选择裁量明确界限,并且对公私合作进程中行政行为形式选择进行评价外,更应当对其进行整体法律制度的建构。随着德国行政合作法的出台,整个大陆法系公法学界均对公私合作立法进行研究,而在公私合作进程中最为关键的突破点即是行政行为形式的选择,这种裁量性的选择决定了整个公私合作的进程以及公私主体双方互信合作的长期性和可持续性。在传统行政行为以及形式在制度性变革的大背景下,借由行政行为形式从而对公私合作进行研究讨论,并不失为一种科学的研究方法,考量法制建构的同时,应从立法者如何安排行政行为形式选择实现行政目的,到行政依法采取何种行政行为形式的过程,再到司法如何依法作为最后一道防线的过程,行政行为形式始终影响着公私合作进程中私主体以及第三人的权利。在法理学上,抽象的理论究竟如何影响立法对行政行为形式选择的规制,在法制度上如何表现行政行为形式选择过程及后果承担,私主体以及社会第三人在法律上的权利义务如何界定,都是在公私合作背景下,传统行政法学需要作出的回答和因应。

二、公私合作基础法律关系及法制构建基础

由于公私合作之本质原则上意旨建构在公、私部门双方皆可接受合作条件之合意前提下,故在行政实务上,行政机关最常运用与私人签订契约的行政行为形式,以形成共同合作执行行政任务的基础法律关系,学说上有将此等类型契约称为"行政合作契约"。① 然而,针对公私合作需求的法制面响应,是否能够因应多样化的公私合作形态以及其中多样化的行政行为形式,抑或现今传统行政法学理论足够作为公私合作行为尤其是行政行

---

① 参见 H. Bauer. Zur notwendigen Entwicklung eines Verwaltungskooperationsrechts, in: Schuppert(Hrsg.), Jenseits von Privatisierung und schlankem Staat, 1999, S. 89 ff. 转引自詹镇荣:《民营化法与管制革新》,台北元照出版公司2005年版,第33页。

为形式法制化的规范基础,尚有待进一步探讨。其中,以德国建构的一套总论式的《行政合作法》的规范最为经典也最具代表性,同时日本也有《PFI法》以及我国台湾地区的"促参法",而行政合作法理论建构过程中,在比较法上又以公私合作契约之建构与探讨最为热烈,盖合作契约作为建构共同承担履行公共任务的一种行政行为形式选择模式,契约法制上应为何种基本建构始足以满足现代各种多样化的公私合作形态,在推动公私合作尤其是行政行为形式法治化进程中扮演着重要的角色。①

对于公私合作基础法律关系而言,最为重要也是公私合作关键法律依据的即是公私合作契约,又称"行政合作契约",简称"合作契约"。合作契约可认为是一种广义上的集合契约概念,融合了公私合作进程中所有关于公部门与私主体签订的契约。从行政行为形式角度而言,即可分为公权力委托契约、行政辅助契约、政府购买公共服务契约、公部门委托经营契约以及BOT特许经营契约等。就这些契约种类的形式选择而言,实质上即为公私合作进程中行政行为形式选择裁量,正如前文所述,这种形式选择裁量在理论上可从我国台湾地区"司法院"大法官第540号解释文中得到印证,"公部门为达成行政上之任务,得选择以公法上行为或私法上行为作为实施之手段。其因各该行为所生争执之审理,属于公法性质者归行政法院,私法性质者归普通法院。惟立法机关亦得依职权衡酌事件之性质、既有诉讼制度之功能及公益之考虑,就审判权归属或解决纷争程序另为适当之设计。此种情形一经定为法律,纵事件属性在学理上容有推求余地,其拘束各级机关及人民之效力,并不受影响,各级审判机关自亦有遵循之义务,本院释字第四六六号解释亦同此意旨"。② 该解释文开宗明义地指出,公部门在法律没有明定必须依据何种行为形式做成行政任务时,可以裁量性选择公法形式或私法形式,因此在借鉴这种行政行为模式下,亦可推定

---

① 李建良:《2011 行政管制与行政争讼》,台北"中央"研究院法律学研究所专书 2011 年版,第 23 页。

② 参见我国台湾地区"司法院"大法官第 540 号解释文。

第五章 公私合作行政行为形式法制建构

为公私合作进程中公部门与私主体的合作契约，在我国大陆尚无对公私合作立法的情形下，公部门亦可选择以公法契约抑或私法契约与私主体达成公私合作并完成行政任务。由于契约与事实上协定等行为形式在公私合作关系形成上所扮演之重要角色，学说上有将此等行政行为类型称为"合作之行政行为"，以与行政命令、禁止等传统单方高权行政行为形式相区别。①同时，合作行政行为的主要特征在于双方当事人的地位平等，不再是传统行政与行政相对人的权力关系，而是公部门与私主体的合作关系，透过沟通、谈判等意见交换程序，以型式化或非型式化的行政行为形式达成合意，共同完成行政任务。②

构建行政行为形式法制并不仅仅在于承认行政行为形式选择的裁量空间，更是进一步确定其裁量基准，因为裁量基准本身是指行政机关在法律规定的裁量空间内，依据立法者意图以及比例原则等要求并结合执法经验的总结，按照裁量涉及的各种不同事实情节，将法律规范预先规定的裁量范围加以细化，并设以相对固定的具体判断标准。③ 在法律没有特别规定的情形下，公部门在公私合作进程中可选择行政行为形式已如上述，但正如前文所述行政行为形式选择裁量之界限，需要满足法原则等一系列拘束，尤其在现代宪政法治国家中，基于人权与公益保障的法治要求，即使在公私合作双方意思表示合意的基础上，常常存在相关规范或法原则，以对行政行为形式进行框架并得以引为准据，同时，虽然公私合作的目标在于减轻公部门财政负担达成行政任务，但是从行政责任的角度出发，加之前文

---

① 参见 M. Bulling. Kooperatives Verwaltungshandeln（Vorverhandlungen, Arrangements, Agreements und Vertraege）in der Verwaltungspraxis, DOEV 1989, S. 277 ff.；W. Hoffmann-Riem. Tendenzen in der verwaltungsrechtswicklung, DOEV 1997, S. 433(435). 转引自詹镇荣：《民营化法与管制革新》，台北元照出版公司 2005 年版，第 34 页。

② 参见许宗力：《双方行政行为——以非正式协商、协定与行政契约为中心》，载《新世纪经济法制之建构与挑战——廖义男教授六秩诞辰祝寿论文集》，2002 年，第 225 页。转引自詹镇荣：《民营化法与管制革新》，台北元照出版公司 2005 年版，第 34 页。

③ 周佑勇：《裁量基准的正当性问题研究》，载《中国法学》，2007 年第 6 期。

提及的"阶段责任理论",公部门在公私合作中即使选择私法契约的行为形式,公部门仍然保留行政任务的担保责任,简而言之,公私合作从另一侧面来说是公部门行政责任重新分配的一种手段而已。① 因此,从这个角度出发,无论公私合作如何对现代传统行政法学理论产生冲击和变革,在最终责任归属上仍然无法完全脱离开来,公部门就其选择的行政行为形式仍需承担相应的行政责任,而这种责任的落实亦是需要从行政行为形式法制约束上去进行规制和建构的。

三、我国现有关于公私合作的法规文件及立法趋势

我国国务院早在 2004 年发布了《国务院关于投资体制改革的决定》,2010 年发布了《国务院关于鼓励和引导民间投资健康发展的若干意见》《国务院办公厅关于鼓励和引导民间投资健康发展重点工作分工的通知》,以上均属于我国公私合作性质的早期规范性文件。2014 年,国务院最先正式出台关于公私合作的相关指导性文件——《国务院关于创新重点领域投融资机制鼓励社会投资的指导意见》(国发〔2014〕60 号,简称《意见》),该《意见》的指导思想以全面贯彻落实党的十八大和十八届三中、四中全会精神,按照党中央、国务院决策部署,使市场在资源配置中起决定性作用和更好发挥政府作用,打破行业垄断和市场壁垒,切实降低准入门槛,建立公平开放透明的市场规则,营造权利平等、机会平等、规则平等的投资环境,进一步鼓励社会投资特别是民间投资,盘活存量、用好增量、调结构、补短板,服务国家生产力布局,促进重点领域建设,增加公共产品有效供给。② 显然,与国际上出台公私合作立法的国家和地区的指导性思想不谋而

---

① 参见 W. Weiss. Beteiligung Privater an der Wahrnehmung oeffentlicher Aufgaben und Staatliche Verantwortung, DVBl. 2002, S. 1177 ff. 转引自詹镇荣:《民营化法与管制革新》,台北元照出版公司 2005 年版,第 35 页。

② 参见 http://www.gov.cn/zhengce/content/2014-11/26/content_9260.htm, 2015 年 7 月 5 日访问。

合，均是为了缓解财政压力，同时提升资本市场运作效率，提升私主体在市场中的竞争力和创造力。该《意见》主要包括以下几个重点内容：创新生态环保投资运营机制、鼓励社会资本投资运营农业和水利工程、推进市政基础设施投资运营市场化、改革完善交通投融资机制、鼓励社会资本加强能源设施投资、推进信息和民用空间基础设施投资主体多元化、鼓励社会资本加大社会事业投资力度、建立健全政府和社会资本合作（PPP）机制、充分发挥政府投资的引导带动作用、创新融资方式拓宽融资渠道。归纳而言，前述七点内容，都可以归结为公私合作PPP的内容之一，从而需要建立健全政府和社会资本合作的机制，而发挥政府投资引导作用和拓宽融资渠道，是针对公私合作机制构建所带来的正面效应。因此，总结该《意见》可以认为国务院旨在重点突出多方位推动公私合作项目，并积极引导推动公私合作机制构建。其中针对行政行为形式控制方面来看，该《意见》指出，政府有关部门要制定管理办法，尽快发布标准合同范本，对PPP项目的业主选择、价格管理、回报方式、服务标准、信息披露、违约处罚、政府接管以及评估论证等进行详细规定，规范合作关系。平衡好社会公众与投资者利益关系，既要保障社会公众利益不受损害，又要保障经营者合法权益。[1] 从该论述中可以看出，该《意见》为公私合作行政行为形式的立法规制树立了前提和原则，最终落实到平衡公众与投资者的利益关系上，保障社会公众利益和经营者的合法权益。

同时，针对以上国务院的《意见》，我国财政部和发改委均相继出台文件，以财政部下发的《关于推广运用政府和社会资本合作模式有关问题的通知》（财金〔2014〕76号，简称《76号文》）为首推，这是财政部自推广公私合作模式以来所颁布的第一份正式文件。《76号文》主要包括以下几个方面：其一，充分认识推广运用政府和社会资本合作模式的重要意义。其二，积极稳妥做好项目示范工作。其三，切实有效履行财政管理职能。其

---

[1] 参见《国务院关于创新重点领域投融资机制鼓励社会投资的指导意见》（国发〔2014〕60号）。

四,加强组织和能力建设。其中,《76号文》在第一点的重要意义里强调,推广运用政府和社会资本合作模式,是加快转变政府职能、提升国家治理能力的一次体制机制变革。规范的政府和社会资本合作模式能够将政府的发展规划、市场监管、公共服务职能,与社会资本的管理效率、技术创新动力有机结合,减少政府对微观事务的过度参与,提高公共服务的效率与质量。政府和社会资本合作模式要求平等参与、公开透明,政府和社会资本按照合同办事,有利于简政放权,更好地实现政府职能转变,弘扬契约文化,体现现代国家治理理念。① 该意义也是公私合作进程中行政行为形式的立法规制前提和内涵,公私合作中的公部门需要以这一点提及的意义为指导精神,从而开展与私主体更为广泛全面的合作。同时《76号文》在其他几点重要内容中,亦有不少提及政府关于行政行为形式选择的具体操作和规范形式,比如"推广运用政府和社会资本合作模式,首先要做好制度设计和政策安排,明确适用于政府和社会资本合作模式的项目类型、采购程序、融资管理、项目监管、绩效评价等事宜""地方各级财政部门可以结合自身财力状况,因地制宜地给予示范项目前期费用补贴、资本补助等多种形式的资金支持""绩效评价结果应依法对外公开,接受社会监督。同时,要根据评价结果,依据合同约定对价格或补贴等进行调整,激励社会资本通过管理创新、技术创新提高公共服务质量"等等,这些原则性指导意见均是在将公私合作行政行为形式纳入立法调整时的参考依据和应守原则。

关于公私合作的政府文件,还有其他类如财政部印发的《政府和社会资本合作模式操作指南(试行)》(简称《操作指南》)、国家发改委印发的《关于开展政府和社会资本合作的指导意见》(简称《指导意见》)、《政府和社会资本合作项目通用合同指南(2014年版)》(简称《合同指南》)等代表性文件,财政部发文对公私合作项目的类型、运行过程以及各个环节进行

---

① 参见《关于推广运用政府和社会资本合作模式有关问题的通知》(财金〔2014〕76号)。

监管和规制，国家发改委对各地方的公私合作项目进行审查和备案，并同时建立公私合作项目库，如此有实践的项目积累，可对我国未来的进一步立法产生重要作用。

第二节　行政合作契约法制比较研究与本土化建构

在前述合作国家理念大背景和时代潮流下，公私合作行政行为形式主要以行政合作契约为典型代表。国际上，在此等执行行政任务之新兴手段架构下，所谓的"行政合作法"乃因应而生，并成为现代行政法学研究中最为热门的研究对象。"行政合作法"之概念最早可追溯至德国行政法学。此概念的提出旨在强调因公、私部门以公私合作方式执行行政任务，所引发行政法上权利义务关系之变动与调整等问题。因公私合作所形成的"行政合作法"，以合作契约形式作为公私合作进程中最为重要和典型的行政行为形式履行行政任务。包括现在的公私合作在行政实务操作上，公、私部门共同合作执行行政任务，其内部法律关系之形成最主要形式便是签订契约，在行政行为形式的角度来看，便是以行政合作契约的形式为之。

一、德国行政合作契约法制引入行政程序之规制

根据德国现行法制架构，公私合作项目在程序上皆按照政府采购和招投标模式进行招标、审标与评标。德国公、私部门基于公私合作项目所签订之合作契约，通说认为系属私法契约。但在理论界，亦有为数不少的公法学者观察到公私合作契约之特性，认为其不同于政府采购契约的短暂性与单一性，公私合作项目往往具有长期性和周期性，而且公私合作契约内容涵盖多元且相对复杂。尤其在公私合作契约中，如何确保行政任务由私主体顺利执行并确保公共利益，更是公私合作契约条款的主要和核心内容。因此，在德国建制"行政合作契约"以作为一种新形态独立契约类型之趋势日渐崛起。例如德国联邦政府于1999年12月1日内阁会议中提出"现代

国家——现代行政：联邦政府之指标与方针"，其揭示德国联邦政府应致力于行政合作契约法规范之建构，尤其应于行政程序法中规范适宜公私合作发展之契约类型与条款。[①] 此外，德国 Schuppert 和 Ziekow 两位教授于 2001 年 6 月提出有关行政合作法相关议题之鉴定意见书，两位教授皆建议德国联邦政府在现行联邦行政程序法中增列"合作契约"条款，以规制公部门与私主体在公私合作项目中所缔结的契约形态，并作为公私合作契约类型的法律规范。因此从以上德国学界和实务界的发展情况来看，均旨在主导以公私合作为背景进行行政合作契约的立法重构，并将其纳入到行政程序法中，这种趋势给予我们两大方面的思考：其一，行政合作契约是在公私合作背景下因应的产物，是针对公私合作所产生的新型契约类型，也是公部门选择的与私主体进行公私合作项目的行政行为形式。其二，德国学界主张将行政合作契约纳入行政程序法中，将其列为公法性质的契约意味明显，并且行政合作契约这种形式也是由公私合作主体之一公部门所主导选择的合作形式，理应对公部门苛以更为严格的程序约束。这种约束主要体现在德国《行政程序法》对行政合作契约修法的草案范本中，具体条文包括第五十四条第三项，为使私人参与公共任务的执行，行政机关亦得缔结公法契约；唯如涉及高权措施的转移，仅得于法规有明文规定时，始得为之。第五十六条第一项规定，行政机关缔结第五十四条第三项所定之公法契约前应确保，其享有足以确保公共任务适当履行的影响力，行政机关应选择有专业素养、具给付能力，且人格上可信赖之契约当事人。第五十九条第二项之一和第四项，行政机关缔结第五十四条第三项所定公法契约时，如不能确保其具备足以确保公共任务适当履行之影响力时，该契约无效；公法契约有第二项之一所定无效情形时，若无效之原因得以适当有效之规定加以替代时，任何一方契约当事人得请求以契约调整方式取代回复

---

① 参见 Moderner Staat-Moderne Verwaltung. Leitbild und Programm der Bundesregierung II. 2b.

原状。①

以上条文分别针对行政合作契约的适法性、行政合作契约的缔结、行政合作契约的效力以及无效之处理在行政程序法制上进行了设定，说明形成行政合作契约应遵守的必要合作架构与内容、私人与行政机关合作契约缔结的合法程序以及形成行政合作契约的内容与基础，基于这种程序法下的框架与约束，行政机关方得依照行政行为形式选择进行与私人合作契约的缔结。从法理上来看，这种行政行为形式选择限定在了依照宪法民主原则以及基本权保障上，确保了国家最终担保责任，并且以行政机关与私人间的合作责任分配为原则，设立了行政机关得依行为形式选择而形成的单独契约类型。德国的行政合作契约法制就在此基础上进一步针对合作当事人的选任、各方责任归属以及担保责任介入条件等规制进一步加以细化与规定。

二、我国台湾地区"促参法"关于行政合作契约之规制

（一）以"促参法"为代表的公私合作立法

我国台湾地区关于公私合作法制的肇始，需追溯至1994年的"奖励民间参与交通建设条例"（简称"奖参条例"）。该"奖参条例"的"立法"背景在于"由于公共交通建设计划投资金额庞大，单独依赖政府预算来支撑传统建设方式已经无法因应时代需要，因此必须效仿先进国家，借由政府与民间私人共同参与的合作模式（如日本的公私合作之'第三部门'、美国政府与民间发展的'合伙关系'以及欧洲及东南亚推行的政府许可'建设、运营后产权移转（BOT）'等方式），有效动员及促进私人民间资源，参与交通建设，以克服我国台湾地区财力限制，突破交通建设的瓶颈，加速交通建设的进程，解决交通服务供不应求的问题"。② 进而在2000年，我国台

---

① 参见陈爱娥：《公私合作对行政契约法制的影响——以德国法的引介为中心》，载《政治与法律之对话：合作国家与新治理研讨会》，2007年6月。

② 参见我国台湾地区"'奖参条例'立法草案总说明"。

湾地区通过"促参法",扩大了公私合作的范围,推进了公私合作在此全面发展。就"促参法"在实际适用中而言,该法第二条规定,促进民间参与公共建设,依本法之规定。本法未规定者,适用其他有关法律之规定。① 因此,从我国台湾地区的公私合作法制设计来看,其"促参法"所涉及的法源本不仅限于该法本身,而是由"促参法"与其他符合本法该条款之外的其他法源所共同组成。当然,这并不意味着"促参法"该条款的优先适用,而是在我国台湾地区所有此类公私合作项目均得援引该条款而办理,这也意味着所有公私合作相关法规,均应就"促参法"该条款之规定而优先适用。

同时,在我国台湾地区法规范体系中,还有其他相关准用性规定,类如依据"促参法"第四十四条第三项授权行政合作主管机关(在我国台湾地区为"行政院公共工程委员会")制定"民间参与公共建设甄审委员会组织及评审办法";依据"促参法"第五十六条授权主管机关制定"促参法实施细则";依据"促参法"第四十七条第一项之规定,就促参案件中申请人与主办机关于申请及审核程序之争议,准用"政府采购暨许可民间参与法"处理招标、审标或决标争议;② 依据"促参法"第十二条规定,主办机关与民间机构之权利义务,除本法另有规定外,依投资契约之约定,契约无约定者,适用民事法相关规定。③ 因此,从我国台湾地区公私合作法制来看,是以"促参法"为主规定公私主体之间的权利义务关系,除该法另有规定外,公私主体之间的合作契约得以自行约定,这也给了行政机关选择裁量一定的空间。另外,民法在规定或者约定不足时亦可根据"促参法"援引性规定而调整双方权利义务关系。

(二)"促参法"对行政合作契约阶段性调整之立法设计

根据我国台湾地区"促参法"对于公私合作项目的分类来看,除了依

---

① 参见我国台湾地区"促参法"第二条。
② 参见我国台湾地区"促参法"第四十七条。
③ 参见我国台湾地区"促参法"第十二条。

据公共建设的类别以及民间参与方式不同之外,从其具体的规划主体和"促参法"程序规定来看,还可以分为"促参法"第四十二条规定的"政府规划之促参案件"和"促参法"第七条规定的"民间自行规划之促参案件"。根据"促参法"以及相关规范的规定,行政机关与私主体进行公私合作项目的整体进程,大致可以分为三个阶段,即项目合作前准备阶段、遴选私主体参与阶段、履约管理及监督阶段。

(1) 项目合作前准备阶段

在我国台湾地区,关于行政机关主导规划的公私合作项目,依据其"促参法"第四十二条规定,经主办机关评估得由民间参与政府规划之公共建设,主办机关应将该建设之兴建、营运规划内容及申请人之资格条件等相关事项,公告征求民间参与。① 由此可知,我国台湾地区行政机关主导的公私合作项目,原则上,在行政机关发布私人主体参与项目公告之前,已经过一定的评估程序。再参照我国台湾地区"促参法施行细则"第三十九条之规定,主办机关办理民间参与政府规划之公共建设前,应办理可行性评估及先期规划。但未涉及政府预算补贴或投资者,不在此限。前项可行性评估,应依公共建设特性及民间参与方式,以民间参与之角度,就公共建设之目的、市场、技术、财务、法律、土地取得及环境影响等方面,审慎评估民间投资之可行性。② 依此规定,我国台湾地区行政机关在实施行政机关主导的公私合作项目时,仍持以审慎的态度,在涉及政府补贴或投资的项目时,需要依该细则实施更为严格的审核程序。另外,再如"促参法施行细则"第四十条之规定,主办机关办理公告征求民间参与时,得视公共建设计划之性质,备具民间投资信息,供民间投资人索阅,或办理说明会,并参酌民间投资人建议事项,订定公告及招商文件内容。③ 由此可知,在我国台湾地区实施的公私合作项目中,行政机关需将自身主导的项目具

---

① 参见我国台湾地区"促参法"第四十二条。
② 参见我国台湾地区"促参法施行细则"第三十九条。
③ 参见我国台湾地区"促参法施行细则"第四十条。

体信息提供给私人主体，并且在内部评估审查程序中，应当对私人主体的趋向性范围有一定的把握，从而能更加有效快捷地选定合作方。该细则还列举了行政机关应当载明的包括公共建设计划之性质、基本规范、许可年限及范围、政府承诺及配合事项、项目申请的评审方法、与投资契约权利义务相关内容等相关事项，并在"细则"中规定如果列举的相关事项有所变更，行政机关应当及时公告通知给各私人投资主体，并且应当依照法定程序履行变更公告手续。该阶段的任务主要在于行政机关评估和确定是否可实行由私人主体参与投资建设公私合作项目，以及政府选择合作主体之后如何进行规划和执行，并将公私合作项目参与及合作方式逐步具体化为一定公告内容，以此来吸引市场中潜在的私人合作主体。

（2）遴选私主体参与阶段

行政机关在依照前一阶段发布公开招标信息之后，进行的第二个阶段即为评标阶段，遴选适格的私人主体参与公私合作项目。我国台湾地区"促参法"第四十三条规定，依前条规定参与公共建设之申请人，应于公告所定期限届满前，备妥资格文件、相关土地使用计划、兴建计划、营运计划、财务计划、金融机构融资意愿书及其他公告规定资料，向主办机关提出申请。① 主管行政机关依此条之规定，接受私人主体的投标文件，并根据"促参法"第四十三条、第四十四条之规定，进行评标程序，从众多投标人中评选出最优投标人，最后根据"促参法"第四十五条之规定，完成双方间的谈判合作与签约程序，从而完成公私合作项目中真正意义上的"合作"部分，也是行政机关与私人主体正式"合作"的开始。比较而言，这种公私合作项目遴选合作方的程序，无论是与我国大陆的《招标投标法》还是与我国台湾地区的"政府采购法"中关于招投标的相关规定，都有相近或者共同之处，在法理上而言，设定这种遴选程序是对公共任务私人化的程序性保障，也是对公私合作中行政行为形式选择裁量的一种合理限缩。

---

① 参见我国台湾地区"促参法施行细则"第四十三条。

（3）履约管理及监督阶段

在上一阶段完成公私合作契约之签订后，私主体则依法与合作契约进行设施建设与运营，正式进入履约阶段。此时，依照"促参法"第四十九条至第五十四条之规定，政府行政机关充当的是监督者和管理者的角色。这几条条文亦同时规定了，在公私合作项目进程中，关于建筑物所有权归属、融资方面的权益问题、项目履行中出现瑕疵或造成损害的归责问题以及合作项目终止后的权益分配等问题。"促参法"第五十五条亦作出了最大限度保护私人投资主体权益的规定，"本法施行前政府依法与民间机构所订公共建设投资契约之权利义务，不受本法影响。投资契约未规定者，而本法之规定较有利于民间机构时，得适用本法之规定。本法施行前政府依法公告征求民间参与，而于本法施行后签订投资契约之公共建设，其于公告载明该建设适用公告当时之奖励民间投资法令，并将应适用之法令于投资契约订明者，其建设及投资契约之权利义务，适用公告当时之法令规定。但本法之规定较有利于民间机构者，得适用本法之规定"。①

三、公私合作中行政合作契约的法律性质及制度构建

（一）行政合作契约理论与学说争议

在德国，虽然其《行政程序法》有对"行政契约"作出规定，但目前《行政程序法》中并未对所讨论的"行政合作契约"加以规定。但是，从德国《行政程序法》对纳入"行政合作契约"的修法草案以符合公私合作下国家与私人主体合作履行公共任务的合法行为形式以及德国学界通说认可行政合作契约应与现行《行政程序法》中规定的和解契约、双务契约并存且独立为公法契约类型来看，"行政合作契约"似乎应作为一种新的公法契约类型。但是，根据德国《政府采购法》及相关法规之规定，立法与实务上对于公私合作的行政合作契约，仍将其定性为私法契约。我国台湾地区

---

① 参见我国台湾地区"促参法施行细则"第五十五条。

在"促参法"中规定了不同种类的公私合作形式（主要以民间参与公共建设为代表），并在"促参法"中引入了"投资契约"的概念，不仅跟我国台湾地区"行政程序法"中所规定的"行政契约"有所区分，也与我国台湾地区"民法"所规定的"契约"产生了定性问题。虽然"促参法"第十二条规定了"投资契约得以民事法相关规定为适用"，但并未明确将其定性为民事契约，这种"立法"技术与我国大陆《政府采购法》第四十三条规定的"政府采购合同适用合同法"如出一辙。至于在"行政合作契约"的后续履约阶段，鉴于私人主体执行公共任务，是否应当遵循行政程序，行政机关是否得以公法规定对私人主体为一定之请求，以及因"行政合作契约"产生的争议如何处置，当事人救济途径如何保障等均与"行政合作契约"的法律性质息息相关。以我国台湾地区学理上对"行政合作契约"的研究为例，主要分为"行政契约说""私法契约说"和"公私混合契约说"三种主流学说。

1. 行政契约说

主张该学说的学者认为：其一，"促参法"中所规定的"投资契约"是根据该法以及"奖参条例"等公法性法规签订的，而且在履约内容中包括了特许经营权的授予、建设规划用地的取得与建设、政府对私人主体相应的经济补贴或者税率政策等公法性内容，影响了当事人间的公法权利义务关系。其二，公私合作进程下的"投资契约"主要内容即执行公共任务、缓解财政压力，因此涉及范围广泛的公共利益，而私法契约只是调整契约双方或多方间私人权利义务关系，适用意思自治原则，如将"投资契约"定性为私法契约则难免陷入"公法遁入私法"的理论困境。其三，将"投资契约"定性为公法契约，则其应首先遵循公法基本原则，"宪法"上的基本权之约束以及信赖保护原则等均有其适用之余地，对私人主体也能提供应有的合理保护，不至于蒙受预测不到之损害。[①]

---

① 参见陈清秀：《特许合约与公权力之行使》，载《月旦法学》，1998 年第 34 期。

2. 私法契约说

持该说的学者认为：首先，"促参法"中所规定的"投资契约"项下内容包括的是在公部门许可的经营范围内，进行建设、运营以及移转等权利义务，与私法契约的本质并没有差异。其次，该部分学者认为"特许经营的公共建设事业（例如交通建设事业），并非全专属于行政机关始得为之，民间机构经特许或许可者，亦得经营该事业。是故，投资契约的签订，并不构成任何公权力或公法关系之移转"。①再次，有学者担心若将"投资契约"定性为行政契约，则容易导致行政权过度介入公私合作项目，一来导致合作效率降低，影响公共利益；二来由于行政权的过度干涉，影响私主体的契约权利，因此其更倾向于将其定性为私法契约。最后，若"投资契约"解释为行政契约，则依台湾地区"行政程序法"相关规定，公部门在涉及情势变更时，可单方要求调整契约内容，或终止契约，此时私主体则无法立于平等地位，极可能遭遇不公平、不合理的待遇。②这种尴尬的困境也是我国大陆目前公私合作项目中经常遭遇的。

3. 公私法混合契约说

持该说的学者认为"促参法"所规定的"投资契约"内容中含有公私法权利义务交叉部分，在涉及私法上的权利义务部分时，可以按照契约约定或者私法相关规定进行处理；在涉及公法上的权利义务内容时，应当按照公法相关规定进行处理，因此将其定性为公私法混合契约，更能周全地保护私主体的合法权益。③

（二）行政合作契约应定性为行政契约

作为公私合作中最典型也最具代表性的行政行为形式，行政合作契约的法律属性在学理上应界定为行政契约。虽然关于公私合作行政合作契约的法律性质，学说争论在学界尚未有所定论，从我国台湾地区典型的

---

①②③ 参见吴小燕，许登科，洪国钦：《促参案件之争议与仲裁》，载《仲裁季刊》，2006 年第 77 期。

"ETC"案司法裁判结果来看，我国台湾地区"行政法院"主张系属行政契约，但是遭受到不少台湾地区学者的批判。这部分学者认为"行政法院"针对"ETC"案在裁判书中所做的论证，并非当然地通案性地扩及至所有内容之行政合作契约，正如前文所提及的"促参法"修正案中所阐述的，我国台湾地区"促参法"适用范围极为广泛，所涉及公私合作公共建设项目在性质上亦有很大的差异。正如詹镇荣教授所言，在立法者不愿针对"促参法"之适用范围进行检讨或进一步思考类型化之前，即率然透过立法方式，对于合作契约之公、私法性质予以单一定性，不仅无法定纷止争，更可能治丝益棼，导致公、私法契约体系之更为紊乱。参照域外关于公私合作行政行为形式的理论学说以及对于行政合作契约的法制化定性，应当将其法律属性归为行政契约。

第一，从行政合作契约主体上来看，有一方为行政主体参与。行政契约和私法契约一样，由两个及以上的法律主体，为达成共同法律效果而互相为要约和承诺达成合意，但对于行政契约意义上的法律主体，就主体而言，一方应具有行政主体资格，行政主体通常经由其所属的行政机关为代表，对外做成法律行为。[①] 因此，就形式表征来看，一方有行政主体的参与乃公私合作的根本属性，而公私合作双方签订的行政合作契约即满足行政契约属性的形式主体要件；就实质表征而言，逻辑上来说行政主体和私人主体签订的契约虽满足形式表征的要求，但并不一定是行政契约，类如有不少学者认为政府采购契约虽然是由行政主体和民间私人主体所签订，但其性质仍然属于私法契约，并不因为其有行政主体参与缔结契约就径可认定其为行政契约。[②] 虽然部分持该观点的论据并不能完全支撑政府采购契约属于私法契约，但其所指出的形式主体表征在逻辑上并不当然构成有行政主体参与的行政合作契约即为行政契约属性的应然理由。因此，在行政契约主体要件上，行政合作契约在形式表征上满足其法律属性，其只能作为

[①] 参见陈敏：《行政法总论》，台北新学林出版有限公司2011年版，第554页。
[②] 参见肖北庚：《论政府采购合同的法律性质》，载《当代法学》，2005年第4期。

认定行政合作契约法律属性为行政契约的必要而非充要条件，仍需进一步探究其他内在构成要件。

第二，从行政合作契约的内容上看，是为执行公共任务而签订。从理论上来说，行政合作契约亦隶属于"契约"的概念之下，属于"债"的一种，虽然"债"属于民法上的概念，但现代行政法基本理论均沿袭于民法，关于"债"的理论适用，对于行政合作契约而言，应当予以承继。而对于债的性质，王泽鉴先生认为现行债之关系乃建立在"给付义务"之上，学说上称为"主给付义务"，其是指债之关系（尤其是契约）上固有、必备，并用以决定债之关系（契约）类型的基本义务。① 对于公私合作所签订的行政合作契约而言，核心内容便是为了借助民间资源，执行公共任务，而且这种行政合作契约的签订符合"宪法"上的法治原则和行政法上的行政法定原则之要求。例如具有代表性的地方性法规《广东省深圳市人民政府关于印发〈深圳市污水处理厂BOT项目管理办法〉的通知》中规定，深圳市污水处理厂得以中标人或者中标人组建的项目公司形式与政府签订特许经营协议（BOT协议），该协议内容即为在协议期内对污水处理项目进行融资建设，运营和维护该设施并取得合理的投资回报和利润；协议期满，经营者将运营良好的项目及附属设备等资产完整无偿地移交给政府或政府指定的接收机构。这便是该行政合作契约的主要内容，其中最为核心的便是民间私主体需完成融资建设并维护运营，这替代了政府自身去执行该公共任务，从契约内容性质上来看符合行政契约的本质内涵。那么随之而来的另一个问题便是，到底何为行政合作契约的核心内容从而决定行政合作契约的法律性质？契约之给付内容，如为金钱之支付或土地之转移等，在公法及私法内皆可能发生，并非必然为公法或私法之性质，即无法单纯据以判断契约之为行政契约或私法契约。② 就参照我国台湾地区"促参法"所规定的"投资契约"内容来看，其内容系指"为提升公共服务水平，加速社会

---

① 参见王泽鉴：《债法原理（第一册）》，中国政法大学出版社2001年第1版，第36页。
② 陈敏：《行政法总论》，台北新学林出版有限公司2011年版，第559页。

经济发展，促进民间参与公共建设"，因此私人主体进行公共建设才是该行政合作契约中私主体对公部门的主给付义务①，而具体所谓的"公共建设"，又是指"供公众使用或促进公共利益之建设"，在性质上属于涉及公共利益的行政任务。

尽管如此，无论是我国大陆还是我国台湾地区，都不能如上述《广东省深圳市人民政府关于印发〈深圳市污水处理厂BOT项目管理办法〉的通知》或者"促参法"列举规范详尽的行政合作契约之内容，因此在我国台湾地区亦有司法判决对这一问题进行认定并认为只要行政契约所约定内容没有在公法规范上具备法源表征，便不得将其认定为行政契约。该判决书裁判要旨指出，"公法上契约与私法上契约，其主要区别为契约之内容与效力，是否均为公法所规定。苟契约之内容及效力，并无公法规定，而全由当事人之意思订定者，纵其一方为执行公务，仍属于公法上契约之范围"②，该判决显然严格按照行政法定原则对行政合作契约之定性进行审查，但这份判决显然年代系属早期，并未对近代公私合作浪潮下的行政法学理论及体系革新有所更新，更进一步而言，该判决亦没有明显区分契约定性的实质性要件，行政契约的内容虽然大部分均以公法上的给付形式而存在（尤其在公私合作领域），但这也仅仅是将行政合作契约定性为行政契约的充分而非必要条件，正如陈敏教授指出的，行政契约所以与其他契约不同者，则在于其以发生行政法上的法律效果为目的。③

第三，从行政合作契约的法律效果上看，以发生行政法上的效果为目的。在上述所提到的，若行政合作契约的内容没有在现行法规范中予以规定，则难以界定这种合作契约性质上是否属于行政契约。在德国公私合作司法实践中，其允许行政主体（即公部门）以行政行为形式选择裁量的方

---

① 关于主从给付义务相关学理论述参见王泽鉴：《债法原理（第一册）》，中国政法大学出版社2001年第1版，第36页。

② 参见我国台湾地区"最高法院""台上第1672号"判决书。

③ 陈敏：《行政法总论》，台北新学林出版有限公司2011年版，第554页。

式选择是否用行政契约形式或私法契约形式签订，因此，德国的行政合作契约属性应由契约客观综合地加以判断，契约当事人的意思表示或契约内容不能单独作为契约性质的判断标准。我国大陆立法上除了行政行为形式选择裁量外，尚未赋予公部门在行政合作契约的签订过程中得以对契约类型进行裁量的空间，因此德国法制的这种情况对于我国公私合作法制并不完全适用，依旧应以行政合作契约目的（即发生行政法律关系的变动）为界定其为行政契约的最终标准。

当然，在行政合作契约具有多层法律关系变动的情况下（这也是在公私合作进程最为普遍的情形），其法律属性到底如何界定，亦值得研究分析。关于这种情形，前述关于"公私法混合契约说"的观点认为行政合作契约乃混合契约，尚有值得商榷之处。在法理上，双方当事人得以外观上一个协议文书，对多数事项，综合为契约上之约定，建立多数之契约法律关系，其中有公法性质者，有私法性质者，唯在一个契约之法律关系内，则不容许其中部分之权利义务为公法性质，其他部分则为私法性质，从而对同一契约之不同部分，分别适用公法或私法，因此并无所谓的混合契约或者公私法混合契约。[1] 更何况，混合契约本身就是私法契约的下位概念，混合契约是指由数个典型（或非典型）契约的部分而构成的契约，混合契约在性质上系属一个契约，与契约联立有别，应予注意。[2] 因此，我们通常所说的"混合契约"应如王泽鉴先生所言，是为契约之间的混合，而非法律关系的混合，因此行政合作契约应当以其发生行政法上的法律关系之变动效果为根本论据，将其定性为行政契约。

类如我国台湾地区关于"ETC"案的立法佐证，在法制上即确认行政合作契约为行政契约之性质。从 ETC 行政合作契约的签订目标来看，该行政合作契约的契约内容为公部门特许民间私主体建设高速公路电子收费系统同时进行运营管理，代政府收取通行费。从公私法二元论以及国家任务理

---

[1] 陈敏：《行政法总论》，台北新学林出版有限公司 2011 年版，第 562 页。
[2] 王泽鉴：《债法原理（第一册）》，北京中国政法大学出版社 2001 年版，第 112 页。

论视角来看，无论我国大陆还是我国台湾地区或是德国，高速公路通行收费权都是典型的公权力，原则上只有公权力主体或其授权主体方有资格行使收费权。但就我国台湾地区"促参法"法制而言，在该法中进行了特殊规定，公部门可与私主体签订行政合作契约而将这种收费权让渡出去，并且这种让渡作为行政合作契约的内容之一，同时私主体需要进行建设运营并且在一定时期后移交给公部门。无论私主体的何种法律行为，也不论这种行为的公私法定性或是有无在契约中明确约定，均是以公部门转移收费权为对价并且约定在行政合作契约之下的，而这种公权力的让渡行使决定了行政合作契约的真正定性。正如陈敏教授指出的，依契约之明文规定，人民所以承担一项契约给付义务，系用以换取行政机关之职务行为，作为其对待给付，则该契约应属行政契约；契约内虽未就此为明文规定，但换取行政机关之职务行为，系人民所以承担契约给付之行为原因时，亦复如此。①

（三）行政合作契约的制度构建——基于公法基本原则的展开

行政合作契约立法设计上，我国台湾地区的"促参法"修正草案于第十二条中拟将增定第二项：前项投资契约，因履约所生之争讼，由普通法院管辖。在针对增列这一条的立法理由书中解释道：投资契约之性质，究为民事契约，抑为行政契约，实务上有不同见解，为杜争议，参酌"司法院"释字第四六六号解释"诉讼救济究应循普通诉讼程序抑或依行政诉讼程序为之，则由立法机关依职权衡酌诉讼案件之性质及既有诉讼制度之功能等而为设计"之意旨，并利快速解决履约争议，爰增订第二项，明定主办机关与民间机构依本法所订之投资契约，其因履约所生之争讼，由普通法院管辖。② 从这份修正草案的理由书来看，立法者似乎有意回避行政合作契约在实体法上的定性问题，只是从程序法上落实因行政合作契约出现纠

---

① 陈敏：《行政法总论》，台北新学林出版有限公司 2011 年版，第 559-560 页。
② 参见我国台湾地区"'促参法'部分条文修正草案总说明"。

纷时的救济问题，因此从以上分析论证来看，我国台湾地区虽然有类似"促参法"对公私合作在法律层面上的制度保障，然而关于公私合作行政合作契约在定性上依旧未能有学理通说，更没有在"立法"上加以落实。

我国大陆没有在立法上将公私合作以及行政合作契约制度予以落实，也没有像我国台湾地区那样有关于公私合作在法律层面的正式"法律"。然而，我国台湾地区的这种关于行政合作契约的定性缺漏，却能帮助我国大陆在对公私合作进行立法时，同时将行政合作契约纳入立法层面，以免出现我国台湾地区现在的法律缺漏。同时，我国大陆在将来制定行政程序法时，同样可以在行政契约这一章节项下将公私合作的行政合作契约纳入程序法的立法规制。虽然前述的理论关于行政契约和公私合作的行政合作契约在性质界定问题上有所争议，但行政合作契约仍应为行政契约的一个分支，只是在公私合作层面上而言，行政合作契约所限定的范围较小，其客体和内容均比较单一，而且行政合作契约是公私合作行政行为形式选择的产物，具有更强的行政属性，效仿德国的立法模式，将其纳入行政程序的立法范畴并无不妥。

更进一步而言，我国大陆现阶段在关于 BOT、BOOT、OT 等契约的学理定性上常常徘徊于行政契约和私法契约之间而未能统一而定，现有司法实践中的判决均大部分将其认定为私法契约，亦有部分法院将其认定为行政契约，因此在学界和实务界均不能有一个统一的定论。我国台湾地区"促参法"的立法模式是将这些公私合作契约均纳入一部法律予以规制，类如德国的《行政合作法》，在理论上宜将其定性为行政契约，而在行政程序法的制定过程中，专设一项之类将其归为行政契约项下的行政合作契约，予以更为规范化的制度设计。在我国大陆将来对公私合作进行立法时，行政合作契约作为公私合作行政行为形式选择最为重要的合作形式，大致可以从以下几个角度进行框架性制度设计。

(1) 对合作私主体的选任及行政合作契约的签订

公私合作契约虽然是由公部门和私主体基于一定遴选程序而签订的对

双方都具有约束力的契约，但也是基于双方意思表示一致的基础之上而订定的契约关系，无论是基于诚信原则，还是基于合同法具体规则，应当对双方都具有契约上的拘束力，同时在认定其为行政契约法律属性的基础之上，仍需将公法基本原则适用在具体规则当中。

具体来说，首先，应当依照公平原则，根据一定的程序（类如招投标方式）选定合作私主体。我国台湾地区"促参法"第四十二条第一项规定，"主办机关为办理民间参与公共建设时，应将该建设之兴建、营运规划内容及申请人之资格条件等相关事项，公告征求民间参与"，[1] 就民间私主体参与政府公共工程建设而言，我国大陆《招标投标法》亦有相关规定，"在中华人民共和国境内进行下列工程建设项目包括项目的勘察、设计、施工、监理以及与工程建设有关的重要设备、材料等的采购，必须进行招标"，具体包括"大型基础设施、公用事业等关系社会公共利益、公众安全的项目；全部或者部分使用国有资金投资或者国家融资的项目等"。[2] 再如《重庆市人民政府关于加强和规范政府投资项目BT融资建设管理的通知》规定，"实行BT模式的政府投资项目，市、区县（自治县）人民政府要通过授权确定项目业主，由项目业主通过招标方式选择投融资人，由融资人组建BT模式项目公司对项目进行建设"。[3] 类似规定在地方各地关于公私合作建设公共设施的政府规范性文件中均有体现，应当说无论基于我国大陆当下尚无公私合作立法的现状还是地方普遍进行公私合作的实践，招投标程序应当是目前为止比较适合公部门遴选私主体进行公私合作的法定程序之一。同时，《招标投标法》关于对中标人条件的审核、评标程序的进行、评标结果的公示以及后续接受监督以及投诉的保障措施，均符合公法原则上关于公平公正的要求。当然，《招标投标法》中对其他投标人（尚未中标的）的救济措施并非十分周全，尚有值得进一步修订和改进的空间，在公私合作

---

[1] 参见我国台湾地区"促参法"第四十二条第一项。
[2] 参见《招标投标法》第三条。
[3] 参见《重庆市人民政府关于加强和规范政府投资项目BT融资建设管理的通知》第一条。

遴选私主体制度设计上，亦应进行全面的考量，无论是中标人还是其他投标人，其合法权益均应当得到保障。

其次，在签订行政合作契约后引入协商机制。公私合作项目与政府采购的不同之一便是公私合作项目（尤其是建设公共设施项目）中公部门对于民间私主体参与合作的方式、所提供设备以及技术的规格、将来的运营模式变化、公共利益的确保模式以及风险承担方式等，并不能在招标公告中详尽地列明，公私合作项目也比政府采购更为复杂，因此需要更为严密周详的契约设计和法规制度设计。就对于签订行政合作契约后引入协商机制的立法规制，我国台湾地区"民间参与公共建设甄审委员会组织及评审办法"第二十一条规定，"协商时，应平等对待各入围申请人；协商内容涉及原公告内容之变更者，该可变更事项均应以书面通知各入围申请人；协商内容涉及融资者，主要融资机构得参与协商；协商结束后，应由各入围申请人依据协商结果，于一定期限内重新递送修改之投资计划书"，① 该种"立法"设计确保了公平原则在协商选定私主体合作方时的适用，也满足了学理上行政行为形式选择应当受到公平原则的约束，值得我国大陆在制定公私合作立法时借鉴。

最后，关于中标通知书中关于中标人资格认定的法律定性，应将其定性为行政行为，应受正当行政程序的约束。对于在招投标程序中对中标人选定行为的法律性质，学说上争论不一。我国台湾地区沿用德国的"双阶理论"将其认定为行政行为。德国学者易普森于1956年出版《对私人的公共补贴》一书，对"双阶理论"进行了系统阐述，他将"政府补贴"明确区分为两个阶段：第一阶段是决定阶段，即国家是否向私人提供补贴的阶段，适用公法；第二阶段是履行阶段，即国家如何向私人提供补贴的阶段，适用私法。② 这里所谓的"补贴"行为，亦可类推适用在招投标行为的中标决定行为之上，我国台湾地区在"立法"上已普遍承认适用此理论，且学

---

① 参见我国台湾地区"民间参与公共建设甄审委员会组织及评审办法"第二十一条。
② 严益州：《德国行政法上的双阶理论》，载《环球法律评论》，2015年第1期。

理通说也采之。但我国台湾地区在实务操作上,尤其是司法判决以及大法官解释均有不同见解,主要分为肯定说与否定说两种观点。

采用"否定说"的司法裁判,例如我国台湾地区"最高行政法院"于2002年度"裁字第343号"裁定中认为:公务员因任职关系而获准配住宿舍,其与服务机关关系属"民法"上之使用借贷之性质,向为实务所持之见解。故抗告人请求相对人准其继续借住宿舍,并申领辅迁补助款,乃私法上之请求。在这个判决中,似乎没有将此法律关系阶段化而适用双阶理论,只是将其视为一个单一的私法关系予以处理。类似的裁判还有我国台湾地区的"最高行政法院"2002年"裁字第561号"裁定:抗告人与相对人签订台北市居民住宅土地设定地上权契约书及台北市土地设定地上权居民住宅之房屋买卖及贷款契约书约定,就台北市XX号之土地设定五十年之地上权,由抗告人以"售屋不售地"之方式,向相对人购买民宅。经查上开之房屋买卖及贷款契约书及地上权设定契约书之上虽冠有"国民住宅"字样,惟其契约内容与居民住宅条例规定之要件不符,虽谓抗告人系依居民住宅条例规定买受居民住宅,应认系相对人以私人身份出售房屋及出租土地予抗告人之民事混合契约,抗告人对该民事契约如有争执,应向普通法院循民事诉讼解决。上开契约既系民事私法契约,依私法自治原则,抗告人自应受契约约定之约束,抗告人请求相对人取消地上权设定之租赁契约,改将系争房屋基地所有权出售予抗告人,相对人不予否准,虽谓系行政处分,亦非公法上之争议。① 此类裁判见解均认为此种具有行政处分性质的"私法契约"均仅可依私法自治原则处理,而无需分两阶段处理,显然这种司法裁判不持赞成适用"双阶理论"的观点。

采用"肯定说"的司法裁判有如我国台湾地区"大法官释字第540号"解释理由书,其中提及:居民住宅条例系为统筹兴建及管理居民住宅而定,主管机关兴建住宅,先由有承购需求者,向主管机关提出申请,经主管机

---

① 参见我国台湾地区"最高行政法院"2002年"裁字第561号"裁定。

关认定其申请合于法定要件,再由主管机关与申请人订立私法上之买卖契约。此等契约系为私经济措施,并无任何之权力服从关系,性质上相当于私法上法律关系,尚难径谓政府机关直接兴建居民住宅并参与分配及管理,即为公权力之行使。至于申请承购者,经主管机关行使裁量权之结果,不符合要件,而未能进入订约程序之情形,即未成立任何私法关系,此等申请人如有不服,须依法提起行政争讼,系另一问题。① 由此可见,大法官在处理此类申购住宅案件时,将申购过程及订约、履约分为两个不同阶段,分别定性为公法行为与私法行为,即决定是否申购住宅为公法性质,而在准许申购后续发生的买卖或租赁等契约关系是为私法关系。该"大法官解释理由书"是我国台湾地区首次以大法官做成的正式文件将行政机关的行为依不同性质而划分为不同阶段,分别定性为前阶段的公法性质和后阶段的私法性质,显然承认"双阶理论"在我国台湾地区的实践适用。

基于行政正当程序,将招投标行为认定为行政行为并无不妥,而且与行政合作契约属于行政契约的法律属性相结合,亦弥补了"双阶理论"在我国大陆适用的学术争议,不存在前后两行分别为两种法律属性而对司法救济造成的困扰。同时,基于行政法基本原则的约束,在未来立法中将行政合作契约的缔结(现为招投标程序)纳入行政程序法的立法框架之下亦符合行政正当程序的要求,这种立法模式当下亦是德国关于公私合作法制的立法模式,不论从诉讼救济途径保障中标人权利而言,还是从保障其他投标人的合法权益出发,将选定私人主体行为定性为行政行为均凸显了公法基本权利对私人主体的法益保障,也切合当下合作政府的法治理念。

(2) 行政合作契约的全面履行

首先,关于行政合作契约内容的规定,在地方实践中的规定,有如《广东省深圳市人民政府关于印发〈深圳市污水处理厂 BOT 项目管理办法〉的通知》第十二条规定,"双方签订的污水处理厂 BOT 项目特许经营协议

---

① 参见我国台湾地区"大法官释字第 540 号"解释理由书。

应当依据招标文件的规定,包括(但不限于)下列内容:术语定义,项目名称,项目建设,项目运营与维护,项目设施的移交,双方的一般权利和义务,违约责任,特许经营权的终止、变更和转让,解释和争议的解决,双方认为应当约定的其他事项"。① 又如《郑州市政府投资项目BT融资建设管理办法》第九条规定,"BT模式建设方案应当包括下列主要内容:项目建设规模、主要内容和总投资;BT模式与其他投资方式的成本效益比较分析;BT投资人应具备的条件和能力;确定投资人的方式;投资建设期限、工程质量要求和监管措施;BT项目合同当事人的主要权利和义务;回购条件、项目移交方式及程序;投资成本与收益测算,回购总价(包括回购基数、利息等)的计算方法,回购期限与方式,回购资金来源安排和支付计划;项目履约保障措施;项目风险和应对措施;市政府要求应当包含的其他内容"。② 再如我国台湾地区"促参法"第十一条规定,"主办机关与民间机构所签订之合作契约,依其个案应记载下列事项:公共建设之规划、兴建、营运及移转;权利金及费用之负担;费率及费率变更;营运期间届满之续约;风险分担;施工或经营不善之处置及关系人介入;稽核及工程控管;争议处理及仲裁条款;其他约定事项"。③ 以上相关规定都体现了立法者对于行政合作契约必要内容的条款设置,一方面是出于对公私合作进程中公私双方最为基础的履约内容设定,另一方面也考量到公私合作项目个案之间的差异性,保留了当事人间谈判协商的空间。

其次,关于履约内容制度化的设计,不能仅限于契约双方最大利益的实现为公私合作法制主要目的,更应当注重于公共任务目的的实现以及公共利益的最大化保障。在这一点上,"促参法"第十二条第二项规定"投资

---

① 参见《广东省深圳市人民政府关于印发〈深圳市污水处理厂BOT项目管理办法〉的通知》第十二条。
② 参见《郑州市政府投资项目BT融资建设管理办法》第九条。
③ 参见我国台湾地区"促参法"第十一条。

契约之订定，应以维护公共利益及公平合理为原则"。① 关于这种明确提出维护公共利益并将公平原则贯穿法规全文的立法，在我国大陆地方政府的立法中尚未出现，不过在各地关于公私合作出台的规范性文件中均有关于行政合作契约内容需满足"履约保障措施""项目风险应对措施"以及"政府严格审批"等约束性条款，② 这些规范性的规定可以起到一定的保障公益之效果，但无法在具体行政合作契约中逐条规范双方当事人的具体行为，这一点德国或者我国台湾地区的立法均相较超前，有鉴于公私合作进程中公部门对行政任务的实现负有法治国家原则下的担保责任，从而此等担保责任应当转换并具体实现在行政合作契约当中，相较于其他私法契约或者普通行政契约，必然应当更为严格地受制于公平平等原则、正当程序原则以及法治国家原则的约束。

最后，公私合作所建设的公共设施权属问题，应在行政合作契约中予以明定。关于设施权属的问题，在理论界研究得并不十分深入，以BOT特许经营协议为例，有学者认为应当按照谁投资、谁所有、谁受益的原则，将BOT基础设施的所有权交由投资者，以激励民间组织参与基础设施建设的积极性，③ 而且项目公司贷款往往需要以项目固定资产为抵押，没有所有权就不能抵押，BOT合同失去最初的启动力。④ 也有学者认为转移所有权有潜在风险，因为私人投资者有所有权，则可能在项目设施上设置抵押权，而这样会给公共任务的实现造成一定的障碍，也会对公共利益的保障造成潜在风险。⑤ 在立法实践中，我国大陆《基础设施和公用事业特许经营管理

---

① 参见我国台湾地区"促参法"第十二条第二项。
② 参见《广东省深圳市人民政府关于印发〈深圳市污水处理厂BOT项目管理办法〉的通知》《郑州市政府投资项目BT融资建设管理办法》《广东省阳江市人民政府关于印发〈阳江市政府投资项目BT融资管理（暂行）办法〉的通知》等具体规定。
③ 程开源，刘莹：《BOT投融资方式应坚持的几个原则》，载《贵州警官职业学院学报》，2002年第4期。
④ 赵威，段一昕：《试论BOT模式特许协议的法律制度和适用冲突》，载《贵州警官职业学院学报》，2002年第4期。
⑤ 参见肖泽晟：《BOT法律问题研究中的几个误区》，载《南京大学法律评论》，2003年第1期。

办法》第十八条规定,特许经营协议应当主要包括以下内容:⑤ 设施权属,以及相应的维护和更新改造,① 应当说此条之规定,在我国大陆现有立法上属于最高位阶关于 BOT 协议所建设施权属问题的规定,类似的有我国台湾地区"促参法"第五十一条的规定,"民间机构依投资契约所取得之权利,除为第五十二条规定之改善计划或第五十三条规定之适当措施所需,且经主办机关同意者外,不得转让、出租、设定负担或为民事执行之目标""民间机构因兴建、营运所取得之营运资产、设备,非经主办机关同意,不得转让、出租或设定负担。但民间机构以第八条第一项第六款方式参与公共建设者,不在此限"。②

很明显,虽然我国大陆理论界至今对于公私合作(尤其是 BOT)项目中公共设施的所有权问题争论不一,然而无论是我国大陆现有法规还是我国台湾地区"促参法"的规定,均从立法层面解决了这一问题,尤其是六部委联合发布的 25 号令,更是明确地规定特许经营协议之内容应当包括"设施权属",尽管我国大陆立法尚未延伸至广义公私合作立法,但作为最具代表性的公私合作模式之一的特许经营模式,应当可以说从立法上对公私合作项目设施所有权问题进行了首次明确,该立法理念并没有严格按照传统绝对的公私二元论,而是允许公私主体之间将所建设的公共设施得以用行政合作契约形式约定权属,如此规定顺应当下合作政府理念,也是公私合作法制在典型化合作契约立法上的进步,应当值得肯定。虽然有学者从理论上对公共设施所有权得双方约定的制度设计持反对态度,但在我国大陆现行法制背景下,公私合作毕竟是公部门占主导地位,其得以全方面地掌控和监督私主体在公私合作项目上的私经济行为,更甚者,公部门始终对公私合作项目所执行的公共任务负有担保责任,故而在如此多方位的保障下,应当允许公私主体之间关于公共设施所有权有意思自治的空间,如此既能大大

---

① 参见《基础设施和公用事业特许经营管理办法》(发改委、财政部、住建部、交通部、水利部、中国人民银行第 25 号令)第十八条。

② 参见我国台湾地区"促参法"第五十一条。

促进私主体参与公私合作的积极性,也能减轻私主体的融资压力,更加效率地提升公私合作进程,也更能盘活地方政府财政,增强地方政府公信力。

(3) 行政合作契约履行障碍时公部门的担保责任

因公私合作旨在执行完成行政任务,使公共利益得到最大程度的实现,因此如何避免行政合作契约在履行过程中出现私主体履行障碍则是极为重要的问题之一,在制度设计上应给予重视和关注。参照我国台湾地区法制来看,"促参法"第五十二条规定,"民间机构于兴建或营运期间,如有施工进度严重落后、工程质量重大违失、经营不善或其他重大情事发生,主办机关依合作契约得要求民间机构定期改善。届期不改善或改善无效者,得中止其兴建、营运一部或全部。甚至,若中止兴建或营运,或经融资机构、保证人或其指定之其他机构接管后,持续相当期间仍未改善者,得终止投资契约"。① 同法第五十三条进一步规定:公共建设之兴建、营运如有施工进度严重落后、工程质量重大违失、经营不善或其他重大情事发生,于情况紧急,迟延即有损害重大公共利益或造成紧急危难之虞时,"中央目的事业"主管机关得令民间机构停止兴建或营运之一部或全部,并通知政府有关机关。依前条第一项中止及前项停止其营运一部、全部或终止投资契约时,主办机关得采取适当措施,继续维持该公共建设之营运。必要时,并得予以强制接管营运;其接管营运办法,由"中央目的事业"主管机关于本法公布后一年内订定之。② 根据我国台湾地区法制经验来看,在公私合作项目出现私主体履行障碍时,在制度上给予了中止或者终止契约并由公部门承接继续建设或者运营的法制化保障,在公私合作责任承担理论上,这种规定便是担保责任制度化的具体体现。

至于欧盟《PPP 绿皮书》中亦有关于承接责任之规定,其具体规定为"在具体公私合作项目中,如果私主体运营设施产生的流动资金少于一定水平,金融机构(the financial institutions)保留有更换并且重新任命私主体方

---

① 参见我国台湾地区"促参法"第五十二条。
② 参见我国台湾地区"促参法"第五十三条。

项目经理的权利。当然,以上这种所谓'承接'('step-in')条款的履行,可能在程序上会导致在没有重新竞争的前提下变更合同主体一方的私主体投资者(the private partner of the contracting body),因此确保这种做法符合欧盟法律(Community law)关于公私合作契约的适法性应当引起重视"。①可见,欧盟关于公私合作的立法更倾向于"意思自治"化,当然其也将公私合作的行政合作契约定性为行政契约(public contract),在履行过程中出现私主体履行障碍的情形时,首先进行介入并采取措施的(step-in)主体并不一定像我国台湾地区"促参法"规定的那样是公部门,而是可以由融资银行来介入。当然,欧盟《PPP绿皮书》对这一点的条件规定是私主体运营所产生流动资金尚未达到一定标准(a certain level),这种标准应当在行政合作契约或者与金融机构的融资契约中有所体现。

在我国大陆六部委出台的《基础设施和公用事业特许经营管理办法》文件中亦有关于私主体在履行障碍时的相关措施,例如第二十六条原则性地规定了特许经营协议各方当事人应当遵循诚实信用原则,按照约定全面履行义务,同时还规定了公私合作双方在履约障碍时的各自义务和责任承担。②该办法第三十八条还规定在特许经营期限内,因特许经营协议一方严重违约或不可抗力等原因,导致特许经营者无法继续履行协议约定义务,或者出现特许经营协议约定的提前终止协议情形的,在与债权人协商一致后,可以提前终止协议。③可以说,该办法在特许经营协议履行障碍的规定上,也设计了私主体退出机制,但具体事由只在条文中列明为"严重违约

---

① 参见欧盟《PPP绿皮书》。原文如下:In certain projects, the financial institutions reserve the right to replace the project manager, or to appoint a new manager, if the financial flows generated by the project fall below a certain level. The implementation of such clauses, which fall within the category of so-called "step-in" clauses, may result in changing the private partner of the contracting body without a call for competition. Consequently, to guarantee the compatibility of such projects with Community law on public contracts and concessions, special attention must be paid to this aspect.

② 参见《基础设施和公用事业特许经营管理办法》第二十六条。

③ 参见《基础设施和公用事业特许经营管理办法》第三十八条。

或不可抗力",并未具体如我国台湾地区"促参法"规定"公共建设之兴建、营运如有施工进度严重落后、工程质量重大违失、经营不善或其他重大情事发生,于情况紧急,迟延即有损害重大公共利益或造成紧急危难之虞时"那样具体化和标准化,即列明详细事由,同时兜底一条"损害重大公共利益或造成紧急危难之虞"作为其他事项的评价标准,这种立法技术值得我国大陆在将来进行整体性公私合作立法时借鉴学习。同时,该办法第四十条仅仅规定了"如果由于特许经营协议提前终止,则公部门应当根据该办法之规定重新选择特许经营者",亦未如"促参法"之规定除了可以重现选任合作私主体之外,政府公部门在"必要时得予以强制接管营运"。①

总而言之,虽然公私合作项目中的行政合作契约属于行政契约的属性,但其仍受契约法相关规定的约束,比如我国大陆的《合同法》、我国台湾地区的"民法"以及德国的《民法典》等约束,但由于行政合作契约的行政属性和涉及公共利益等相关因素,在契约履行障碍时,应当在立法设计上注重公共利益的保障和行政任务目的的实现,借鉴域外相关先进法制经验,在部委以及地方关于特许经营协议立法规定的基础上,进一步完善行政合作契约法制建构。

四、我国公私合作法制引入行政合作契约应注意的几点问题

(一)行政合作契约应当作为独立的契约类型

从比较法的视角来看,无论是观之我国台湾地区"促参法"之规范架构,还是德国有关联邦行政程序法修法意见的汇总,皆可得出一点结论,即基于公私合作法律关系项下所签订的公私合作契约,基于其内涵之特殊性和内容之复杂性,并非能被行政程序法中的行政契约或民事契约所涵盖,有必要承认这种契约为独立的一种契约类型,并赋予其法规范基本框架。在德国,其解决方案趋向于在联邦行政程序法中增列一项行政合作契约的

---

① 参见我国台湾地区"促参法"第五十三条。

内容。而在我国台湾地区，学界和实务界尚未提出解决方案，虽然我国台湾地区也有行政程序"立法"，但并不一定依照德国的做法。主要原因在于我国台湾地区本身已存有公私合作法制的基本法规范——"促参法"。虽然其适用目标仅在于民间参与公共建设部分，然有鉴于"促参法"将民间可参与之公共建设种类，作极大限度的扩张，几乎与民生直接或间接有关的公共建设项目，都被涵盖其中，故将其视为行政合作法的基本法制，在我国台湾地区现今发展背景之下，并没有太大问题。更进一步而言，我国台湾地区"促参法"主管机关"行政院"公共工程委员会日前所提出的修正版本中，更拟将"促参法"的适用范围再进一步扩张，范围及于通讯信息传播事业以及网络建设。因此，行政合作契约基本建制原则与框架在我国台湾地区的"促参法"中予以规范，就事务关联性而言，比将其增列在"行政程序法"中更为妥当。

我国大陆目前尚无行政程序立法，因此行政契约不具备正式法源，虽然在理论和实务中常常出现并且讨论研究，到目前为止却无法最终落实到立法上。虽然作为公私合作行政行为形式之一的行政合作契约在法律属性上属于行政契约，但公私合作项目中的行政合作契约具有特指性和针对性，其所在领域也具有固定性和复杂性，正如财政部《76号文》指出的，政府和社会资本合作模式是在基础设施及公共服务领域建立的一种长期合作关系。通常模式是由社会资本承担设计、建设、运营、维护基础设施的大部分工作，并通过"使用者付费"及必要的"政府付费"获得合理投资回报；政府部门负责基础设施及公共服务价格和质量监管，以保证公共利益最大化。① 具体来讲，公私合作项目中行政合作契约的特殊和复杂之处主要在于以下几点：

其一，行政合作契约财务制度需健全。公私合作项目必须具备财务健全、财务可行性与可支付能力，其签订的行政合作契约履行需庞大融资，

---

① 参见《关于推广运用政府和社会资本合作模式有关问题的通知》（财金〔2014〕76号）。

负责主体一方是否可以贷到所需金额，以及将来运营盈利回收是否能够偿还债务（主要为银行贷款）并且支付运营费用，从而给予私主体投资人基于行政合作契约所约定的投资报酬，这些方面均是行政合作契约应当纳入约束的范畴，也是私主体愿意加入公私合作项目并且承担建设运营责任的最大动力，加之短则数月，长则数十年的公私合作期，复杂而且完善的财务制度，是行政合作契约签订并且顺利履行的前提和保障。

其二，行政合作契约须合理管控风险。一方面是政治风险，由于公私合作项目合作时间长，政治风险是必须要考虑的，只有稳定的政治环境、法律制度及经济环境，才能给私主体以足够的投资信心，完成建设并且持续运营。另一方面是行政合作契约双方应当合理分担风险，诚如上述，公私合作项目具有一定的风险性，而且由于长达几年甚至几十年的合作期限，这种风险并不能类如民事契约那样可以有效地预见，政府部门在公私合作项目的签约中往往占有强势地位，因此公私合作法制化建构应当进一步提出对风险合理分担的要求，确保在行政合作契约中能够体现公平合理原则以及行政均衡原则。

其三，行政合作契约涉及多部法律间的规制与协调。举例而言，我国台湾地区"促参法"第八条有此内容：前项各款之营运期间，由各该主办机关于核定之计划及投资契约中订定之。其属公用事业者，不受"民营公用事业监督条例"第十九条之限制；其订有租赁契约者，不受"民法"第四百四十九条、"土地法"第二十五条及"财产法"第二十八条之限制①，第十五条说：公共建设所需用地为公有土地者，主办机关得于办理拨用后，订定期限出租、设定地上权、信托或以使用土地之权利金或租金出资方式提供民间机构使用，不受"土地法"第二十五条、"财产法"第二十八条及地方政府公产管理法令之限制②，第十六条说：主办机关得于征收计划中载明办理联合开发、委托开发、合作经营、出租、设定地上权、信托或以使

---

① 参见我国台湾地区"促参法"第八条。
② 参见我国台湾地区"促参法"第十五条。

用土地之权利金或租金出资方式，提供民间机构开发、兴建、营运，不受"土地法"第二十五条、"财产法"第二十八条及地方政府公产管理法令之限制之类的规定，其中分别涉及我国台湾地区"民法""财产法"以及"土地法"等法规，而"促参法"在涉及行政合作契约具体履行时，均进行了适当条件下的排除适用。因此将行政合作契约认定为独立存在形式的行政契约类型并加以单独立法规制，可以有效避免其与其他相关法规之间的冲突，从而无需再像我国台湾地区法制一样在"促参法"中逐条规定排除适用的特定法规条款，既减少了条文上的赘述和重复，也更能进一步提升公私合作法制条文适用的准确性。

（二）行政合作契约应当深化公部门行政责任

正如前文所述，公私合作进程中行政行为形式选择裁量是以公、私部门作为契约当事人，在进行行政合作契约选择裁量时，并不能享有完全类似私法契约那样的契约自由。为确保公共利益的最大化实现，以及社会国理念，公部门即使利用民间以参与行政任务之执行，然最终之担保责任仍维持在政府公部门身上，无法随同民间私主体之参与，而一并移转予民间私主体，放任其自行承担兴建与营运风险，而不顾公私合作项目第三方利益或社会公共利益。基于这种考量，公私合作项目中公部门担保责任之实践方式，原则上可透过立法者自行于法规范中予以明定，而形成法律上之义务。然而，此等立法例往往难以涵盖所有公私合作之情形，缺乏个案差异背景下的普遍适用性。因此，在行政合作契约立法政策上较为合理的方式，就法律层面仅设行政合作契约公部门担保行政责任的框架性规范，同时要求公部门在行政合作契约中负有将国家担保责任具体化为契约条款之义务，并规制这种担保责任承担的最低限度或必要之内容。

这种行政合作契约中公部门担保责任的实际体现并于契约条款中转换之必要性，以我国台湾地区为例，观之近年来诸多BOT案屡屡发生参与之民间机构营运不佳之情形，更能凸显。在我国台湾地区行政主管部门定稿通过的"促参法"修正草案第十一条中即增列多款行政合作契约中应载明的事项，例如用地与设施之取得、交付范围与方式；营运质量之管理事项；财务事项及融资协助；履约保证；契约变更；规划设计或执行不符公共建设目的时之处理；终止投资契约之条件等，至于有关履约争议之处理，修正草案第四十八条之一则规定增设协调委员会，职司相关争议之协调；协调不成，则规定交付仲裁。① 与"促参法"现行条文相比较，修正草案明显较为周延，且对于履约确保以及给付障碍后终止契约之事项，强制当事人间应予合意约定。同时对于若干涉及高度技术性与专业知识等民间参与公共建设项目，单纯终止契约并由公部门接管的做法未必是确保公益的最佳立法方案。从公私合作公部门担保责任之角度出发，确保契约履行或是调整契约内容，相较于终止契约更为合理，也更符合公私合作进程中行政合作契约形式的根本内涵。

在我国大陆，国家发展改革委《关于开展政府和社会资本合作的指导意见》的文件里明确指出"转变职能，合理界定政府的职责定位"，包括开展政府和社会资本合作，对转变政府职能、提高管理水平提出了更高要求，政府要从公共产品的直接"提供者"转变为社会资本的"合作者"以及PPP项目的"监管者"。② 这点表明了我国政府在尚未出台关于公私合作立法的情况下，指导了公部门应当作为公私合作的合作者和监管者，虽然该文中没有明确提到公私合作中公部门的最终行政责任承担方式，但其既然作为公私合作项目的监管者，根据前述"阶段责任论"学说以及行政法基本原理，应当在所监管的公私合作项目以及行政合作契约项下承担法定的行政担保责任。同时该文件中亦有关于私主体一方退出机制以及行政责任承担问题的原则性阐述，"政府和社会资本合作过程中，如遇不可抗力或违约事件导致项目提前终止时，项目实施机构要及时做好接管，保障项目设施持续运行，保证公共利益不受侵害"。③ 因此，行政合作契约也是以公部门

---

① 参见我国台湾地区"'促参法'部分条文修正草案总说明"。
②③ 参见国家发展改革委《关于开展政府和社会资本合作的指导意见》（发改投资〔2014〕2724号）。

承担行政担保责任为导向的,目的即在于保障最广大公众的利益。

(三) 行政合作契约应当完善国家赔偿立法部分的缺失

《中华人民共和国国家赔偿法》(简称《国家赔偿法》)第三、四、五条分别对行政赔偿的范围作了立法规制,规定了行政机关及其工作人员在行使行政职权时侵犯人身权和财产权的行为,行政主体应当承担赔偿责任,第五条例外排除了行政主体不承担赔偿责任的情形。① 显而易见,我国大陆《国家赔偿法》并未将公共设施致损纳入行政赔偿范围。从世界范围来看,各国普遍将公共设施致害行为纳入国家赔偿范围,如《美国联邦侵权赔偿法》第260条规定了"公共设施"的赔偿责任,英国1961年制定的《高速公路法》规定对于高速公路的瑕疵、过失或不作为造成的损害,均由国家承担赔偿责任,通过此法律英国明确了公共设施致害的国家赔偿,《日本国家赔偿法》第2条"基于公共营造物设置、管理瑕疵而发生损害赔偿责任、求偿权"规定明确将公共设施致害行为纳入国家赔偿范围。② 我国台湾地区政府"赔偿法"亦规定"公有公共设施因设置或管理有欠缺,致人民生命、身体或财产受损害者,政府应负损害赔偿责任"。③

我国大陆在实施《国家赔偿法》之初并没有将公共设施致害纳入行政赔偿范围之列,主要是因为首先考虑到《国家赔偿法》的归责原则为违法责任原则,范围因此只限定在了行政主体的违法行为之内;其次从时间层面也考虑到了扩大这一范围会导致行政任务的加剧,给财政上造成负担,何况有《民法通则》的民事侵权责任予以救济,可以有效弥补当事人的损失。④ 虽然私法上有保障受害人得以救济的途径,但如此一来,公共设施致损的行政责任没有了法源基础,是否将公主体本应承担的责任转嫁到私主

---

① 参见《中华人民共和国国家赔偿法》第二条、第四条、第五条。
② 参见胡建淼:《中外行政法规分解与比较》,法律出版社2004年版,第2211页。
③ 参见我国台湾地区政府"赔偿法"第三条。
④ 参见江必新主编:《〈中华人民共和国国家赔偿法〉条文理解与适用》,人民法院出版社2010年版,第73页。

体身上又是不得不值得探讨的一个问题。当然，如在《国家赔偿法》中构建公共设施行政责任承担的模式也并非只需扩大范围如此简单，而是应该根据公私合作背景下的现实环境来设计，更能符合时代的潮流。公私合作建设公共设施的类型复杂多样，虽然公私合作也是目前国际趋势和我国潮流，公共主体自身建设公共设施却并未完全消弭，因此公共设施行政责任在制度设计的同时亦应当包括行政主体单独建设公共设施下的情形。① 随着公私合作进一步的扩大，我国大陆宜在我国台湾地区现有的"立法"基础上，同时整合公私合作建设公共设施的现实背景以及对"公共设施"进行立法明确。

就公主体单独出资建设公共设施并营运的传统模式下，我国大陆学者多有支持应当在《国家赔偿法》中设立公共设施致损行政赔偿的情形。正是因为行政正在从行使权力的行政行为向给付行政行为转变，行政赔偿责任不应仅限于权力行为，也应包括非权力行为，不应仅指作为违法，也应涵盖不作为违法。② 这也是法治国家原则的具体体现，公部门在自行建设和营运的公共设施具有完全管理和操控的权力，应当同时履行《中华人民共和国宪法》所规定的保障民生福利、促进民生福祉之义务，确保处在公部门管理下的公共设施不对公民权益造成损害。在公共设施造成公民权益受损的情况下，公部门应当承担相应的赔偿责任。

在私主体进入公共设施建设领域之后，如何纳入我国大陆立法制度设计层面尤其是纳入《国家赔偿法》中的行政赔偿范畴值得探讨。在我国台湾地区，学界对公私合作建设的公共设施是否适用这一条款争议颇大。有从公私法属性角度出发，主张政府赔偿责任是公法责任，在公私合作建设公共设施的情况下，仍维系公法性质，故而有这一条款的适用；有从人民依赖紧密度观点切入的，其主张人民依赖程度高，甚至存有利用不可回避性或不可替代性的设施，即应视为是公共设施，适用这一条款；亦有从所

---

① 这种情形亦是我国台湾地区政府"赔偿法"第三条立法之初的本质内涵。
② 马怀德，喻文光：《公有公共设施致害的国家赔偿》，载《法学研究》，2000年第3期。

有权与管理权归属角度出发的,其认为政府"赔偿法"第三条公共设施包含"公有公营""私有公营"以及"公有私营"之设施,在此前提下,再依据设置或管理主体究竟为公部门抑或私部门而认定有无政府赔偿责任。至于私有私营则根本被排除在公有公共设施概念之外,无从成立政府赔偿责任。① 以上几种学说都集中在私主体加入公部门公共任务之后的公法性质是否发生改变问题上,但是公共设施是公主体行政任务之一,是为了保障民生而必须予以承诺的政府诺言,只是在建设公共设施过程中引进了私主体的资源,故不宜因此就否定公私合作建设公共设施下的行政责任。以典型的 BOT 形式的公私合作模式为例,陈清秀教授认为在民间兴建期间,该项公共设施属于民间机构所有,政府并无管理权,而只有行政监督权,因此,并非公有公共设施,如其设置或管理有瑕疵致人民遭受损害者,似应依据"民法"规定自行负担损害赔偿责任,而无政府赔偿责任。② 陈教授的这种理论已经向前迈开了一大步,也可能是基于"责任阶段"理论的影响,而却分开行政管理权之有无,但是陈教授只是从形式上区分开了行政管理权,而未从行政法律关系上探讨真正意义上的行政权让渡之有无,正如林锡尧大法官所言,政府或其他公法人之公务管理机关将公务委托民间团体或个人管理时,该公物是否仍具公有公共设施之性质,其判断必须先了解原公务管理机关与民间团体或个人间之委托法律关系为何(是否有公权力之转移,受委托之民间团体或个人是否享有公权力),并据以进一步判断该物是否仍具有公物之功能或地位而定(该物是否仍属行政主体支配及供公之目的使用)。③

依林锡尧大法官之见解,结合上文分析的三种公私合作建设公共设施下的行政责任类型,从将来我国大陆设计行政责任(微观而言即为行政赔

---

① 参见詹镇荣:《民间参与公共建设之国家赔偿责任》,载《宪政时代》,2009 年第 4 期。
② 参见陈清秀:《"国家"赔偿实务之研讨》,载《2008"国家"赔偿理论与实务》,台北市政府法规委员会 2008 年编印,第 44 - 45 页。
③ 林锡尧:《"国家"赔偿法之分析与检讨(上)》,载《台湾本土法学》,2005 年第 76 期。

偿）制度上来看，应以公共设施行政管理权为判断基准。从 Schuppert 所提出的"责任阶段论"来看，从行政责任的形式态样阶来区分开了行政责任，而从林锡尧大法官的立论来看，则是依据行政权力行使实质上来判断行政责任的承担。前述从形式上划分开的各种公私合作建设模式，执行责任和其他两种责任类型之间应当作为一个阶层性的弥补作用，但后两种担保责任和承接责任则在公私合作进程中贯穿始终，因为公主体无法从行政任务中完全抽离出来，同时这也是法治国原则的要求，公主体应当担负着保证行政任务的完成和完整；后者对于以行政管理权之有无为行政责任判断基准，同时结合"责任阶段论"来看，准确地说，应当以此为执行责任的判断基准，实质和形式的结合便是对我国公私合作建设公共设施课以行政责任的最佳立法模式，其中当然也包括了公部门在没有采取公私合作模式时的责任承担。

诚如前述，《民法通则》关于公共设施致损赔偿之规定仅能涵盖"责任阶段论"下的第一个阶段，且同时还要视公共设施行政管理权之有无综合判断。不能仅如现今有些学者认为的那样，如果民法规则已足以提供这种救济，就没有必要仅为体现"现代行政的实质"而人为地设计一套特殊规则。① 其实，公共设施致损并不能仅仅局限于公共设施由于瑕疵致人身受损，更应当包括建设期内人投融资责任，以及运营期间的各种债权债务关系，这种政府主导的政府公共设施之建设，诚需如 Schuppert 教授所提出的责任进阶理论去涵盖，去完善制度设计，而不能简单交由民法规范去解决。更何况在公私合作建设公共设施的过程中，公私主体并非如传统法律行为理论那样可以显而易见地判断并适用公法规范抑或私法规范，虽然行政赔偿在赔偿认定和赔偿程序等方面可以适用《民法通则》的理论和范式，但不可否认的是，在 Mayer 建立传统公私法二元论的大陆法系下的中国，公法与私法还是有所区别也是存在界限的，因此，行政责任并不能简单地完

---

① 周云帆：《也谈公有公共设施的损害赔偿——与马怀德、喻文光先生商榷》，载《西南民族学院学报（哲学社会科学版）》，2002 年第 6 期。

全由私法责任代替。我国大陆立法在效仿我国台湾地区关于将公共设施致损纳入行政赔偿范围的同时，更应当明确关于行政责任的构成要件要素，在立法的同时吸收德国公法学的理论和大陆法系的传统做法，让公共设施的纯粹行政责任和公私合作的行政责任均能在将来的立法中有一个层次和系统的展现。

随着公私合作进程的加紧，民营化浪潮席卷全国，应当更新现行行政法乃至公法学体系，行政行为形式出现了异化，同时产生了行政责任的模糊地带和混合形态，在公中有私、私中有公的合作政府进程中，行政法的改革势必是当下极热的话题之一。行政法总论的改革应当与各个行政部门法同时推进，在完善公私合作行政行为法的立法完善过程中，行政责任的推陈出新，与私主体的合理分担，是公私合作的一大特色，没有僭越自传统行政法体系构建以来的公私二元论，反而是在这种架构的基础上构建新型的行政责任体系，是当下公私合作建设公共设施进程中最为重要的法治保障需求，也是公私合作建设公共设施的民主条件。

第三节 其他行政行为形式法制建构与发展

毫无疑问，公私合作行政行为形式首先当以契约形式为主也最为广泛，行政合作契约的法制建构及发展已如上述，但是伴随着行政合作契约所产生的其他行政行为形式对公私合作进程的影响同样十分重要，包括国务院的《意见》、财政部的《76号文》和《操作指南》、发改委的《指导意见》以及《合同指南》中提及或尚未涉及的税务行政和社会行政，这些涉及行政单方高权的行政行为形式未必能完全纳入行政合作契约予以规制，公私合作中公部门选择裁量空间较大，因此亦需要在公私合作背景下对其进一步进行制度完善和建构。

一、公私合作中的税务行政

《意见》中关于公私合作中的税制改革给出了指导性意见，"完善落实

第五章 公私合作行政行为形式法制建构

社会事业建设运营税费优惠政策,进一步完善落实非营利性教育、医疗、养老、体育健身、文化机构税收优惠政策"。同时,在财政部《76号文》中所提及的财税体制改革,对公私合作的影响亦相当重大,文件提到,"推广运用政府和社会资本合作模式,是深化财税体制改革、构建现代财政制度的重要内容""现代财政制度的重要内容之一是建立跨年度预算平衡机制、实行中期财政规划管理、编制完整体现政府资产负债状况的综合财务报告等""政府和社会资本合作模式的实质是政府购买服务,要求从以往单一年度的预算收支管理,逐步转向强化中长期财政规划"。然而仅仅两份文件的指导性意见,并不能打破传统的税务制度,在公私合作进程中往往依赖更多的行政行为形式选择来完成项目个别化的税制统筹体系,这种行政行为形式的裁量结果正如我国台湾地区实务中常常出现的税务解释函令一样。所谓"解释函令"是指行政机关对于人民或下级机关,就主管业务之租税征收行政相关法规所为之解释或补充。[①] 就这种函令的行政行为形式而言,在税收法上具有内部和外部的两方面效力。内部效力是指,行政机关对于人民或下级机关就主管业务之租税征收行政机关法规所为之解释或补充,故在行政组织内部有拘束下级机关之拘束力,但违反解释函令之下级机关之课税处分倘若合法,则仍适法而有效。[②] 而就外部效力而言,是指对纳税义务人之解释函令是对纳税义务人提供法律讯息之一种公法上的意思表示,故征收机关对人民并不具依该讯息之内容而为行为之义务,但原则上如该函令并未违法且涉裁量之行使时,征收机关应受该解释之拘束而依该解释而为决定。[③] 从陈敏教授的这种解读来看,解释函令对相对人权益之影响主要涉及外部效力方面,而着眼于公私合作背景下的税收政策,应当更容易导致公部门在公私合作进程中税收行为的做成,而这种行为形式正如陈敏教授所说,是"并未违法且涉裁量"的,尤其在国务院和财政部均下发文件鼓励和指导公私合作进程中的税务行政改革,虽然在税务部门法上未涉

[①②③] 参见陈敏:《租税法之解释函令》,载《政大法学评论》,1997年第57期。

183

及增设和修订,这种行政行为形式的裁量也无法统一在税务部门法上进行修订,但根据前述行政行为形式选择裁量界限之内容,亦应当对公私合作进程中的税务行政行为形式进行约束,以免税务行政行为形式在公私合作进程中失去法律的控制。

就税法的基本原则而言,当然地适用公私合作中的税收行政行为形式,主要包括税收法定原则、诚实信用原则和公平正义原则。税收法定原则是税法中最为重要的基本原则,是指人民只可依法律所规定的纳税主体、税目、税率以及纳税方法和期间负纳税义务。正如我国台湾地区"司法院"大法官第二百一十七号解释文所言:我国台湾地区所谓"宪法"第十九条规定,人民有依法纳税之义务,乃在揭示租税法律主义,其主要意旨是指人民仅依法所定制纳税主体、税目、税率、纳税方法及纳税期间等项目而负纳税之义务。[①] 因此就从这一原则来看,公私合作中的税收行政行为并无脱离法律规定而具有裁量空间之可能。但正如前述公私合作势必对行政法传统理论产生一定的冲击和变革,原则之下必有例外,虽然税收法定是税务行政中最为重要的原则,但是法律必不能全面且毫无遗漏地规定税务行政的每一个方面,正如我国台湾地区"司法院"大法官第四百八十号解释文中指出的:台湾当局对人民自由权利之限制,应以法律定之且不得逾必要程度,我国台湾地区所谓"宪法"第二十三条定有明文。但法律内容不能巨细靡遗,一律加以规定,其属细节性、技术性之事项,法律自得授权主管机关以命令定之,俾利法律之实施。行政机关基于此种授权,在符合立法意旨且未逾越规定之限度内所发布之施行细则或命令。惟在授权情形下,行政机关所发布之施行细则或命令究竟是否已超越法律授权,不应拘泥于法条所用之文字,而应就该法律本身之立法目的,及其整体规定之关联意义为综合判断。[②] 因此,尤其是在公私合作背景下,公部门得以在法律授权的情况下享有税务行政裁量空间,也未尝不可,只是公部门的这种行

---

① 参见我国台湾地区"司法院"大法官第217号解释文。
② 参见我国台湾地区"司法院"大法官第480号解释文。

政裁量不得超越法律授权，亦不得损害公私合作相对人及其社会公众的利益，这种裁量式的税务行政亦应当符合税收法定原则并成为其内涵之一。至于诚实信用原则和公平正义原则，乃是在税收法定原则下的展开和具体化，可以说是税法法定原则一体下的两翼，其基本内涵在前述行政行为形式选择裁量之界限中已有论述，在此不再赘述，唯应指出的是，此处的公平正义原则当然地涵盖公私合作税务行政行为形式的程序性要求，尤其在我国大陆尚无行政程序立法的现状下，对其在程序上的规制和约束显得更为重要。

二、公私合作中的社会行政

《意见》在其"鼓励社会资本加大社会事业投资力度"总指导意见下指出，"加快社会事业公立机构分类改革。积极推进养老、文化、旅游、体育等领域符合条件的事业单位""将符合条件的国有单位培训疗养机构转变为养老机构""通过独资、合资、合作、联营、租赁等途径，采取特许经营、公建民营、民办公助等方式，鼓励社会资本参与教育、医疗、养老、体育健身、文化设施建设""各级政府逐步扩大教育、医疗、养老、体育健身、文化等政府购买服务范围，各类经营主体平等参与"以及"将符合条件的各类医疗机构纳入医疗保险定点范围"等内容，[1] 明确了将社会福利行政纳入公私合作的范畴。同时在《国家发展改革委关于开展政府和社会资本合作的指导意见》中亦指出公私合作项目的适用范围包括"政府负有提供责任又适宜市场化运作的公共服务、基础设施类项目。燃气、供电、供水、供热、污水及垃圾处理等市政设施，公路、铁路、机场、城市轨道交通等交通设施，医疗、旅游、教育培训、健康养老等公共服务项目，以及水利、资源环境和生态保护等项目"。[2] 可以看出，公私合作模式的推广势必导致

---

[1] 参见《国务院关于创新重点领域投融资机制鼓励社会投资的指导意见》（国发〔2014〕60号）。

[2] 参见《国家发展改革委关于开展政府和社会资本合作的指导意见》（发改投资〔2014〕2724号）。

公私合作行政行为形式选择之理论与实践

在养老福利等方面的社会行政行为形式进一步的扩大和普遍，欲全面地施行养老福利等社会行政，公部门在公私合作项目中除了应用行政计划、行政指导等行政行为形式外，应当进一步落实到法律层面上，具体而言便是对养老福利社会行政行为形式进行立法规制。从救济角度而言，公部门在社会行政中选择公法行政行为形式抑或私法行政行为形式区别甚大。如果在社会行政中使用公法行政行为形式，比如私主体以及社会不特定主体可以对公部门提起行政诉讼救济，随着《中华人民共和国行政诉讼法》（简称《行政诉讼法》）的修订，将进一步完善私主体和社会公众的权益；而如果社会行政的公私合作项目公部门选择私法行政行为形式，则私主体只可选择以私法救济途径，且在行政责任承担方面、在行使行政赔偿方面亦会有权利行使之障碍。

具体分析公私合作进行社会福利行政任务的进程中，社会行政可分为以下几种具体的行政行为形式类型。其一为行政计划，在公私合作项目进行的全过程中，公部门需要为提供对老人及需救助人群的服务及福利措施，定期调查及评估其需求、社会经济状况以及发展趋势，从而订定远、中、近期的行政计划，以备与私主体合作之用。其二为行政规则，我国大陆虽然有《中华人民共和国社会保障法》的立法，但随着公私合作完成社会保障行政任务的潮流兴起，该法并不能保证公私主体在合作的过程中尽善尽责地完成行政任务，而且该法律也并非调整公私主体之间的法律关系，因此仍需要公私合作过程中由公部门制定相应的行政规则，以弥补法律规范的不足。其三为公私合作进程中的具体行政行为，也即我国台湾地区学理所称的"行政处分"。其主要包括社会行政过程中的公部门对弱势群体的生活保护决定，社会保险给付的决定以及安置费用的发放。将各类行政行为形式以公私合作模式应用于社会福利的供给上是现代服务型政府的施政理念也是国际化潮流，鉴于在社会福利供给中建立理想的公私合作关系，需要厘清福利部门间的责任分工，尤其是不同社会福利提供部门间的责任归属，加之私主体的介入，更容易造成公私合作社会福利行政的复杂性。

鉴于此，首先应当界定清楚社会福利供给的性质。社会福利之提供是一种共担风险的活动而非相互之间资源的共享。① 社会福利有不同的社会属性，应当各自针对不同的社会层级提供，社会福利提供部门之间的行政责任是互补而非互相转移或推诿，若以公私合作执行福利行政任务，只有在界定清楚社会福利供给性质的时候，才能以适当的行政行为形式履行福利供给行政任务。例如对于城市社会的老年人而言，基于根深蒂固的回归故土的观念，离家的赡养福利政策便无法发挥太大的成效，无法满足这部分社会群体的内在需求。故必须结合社会体系，发展老人在当地赡养的福利保障政策才能更有效地满足他们的生活需求，否则在公共福利理论上而言，缺乏对福利本质与分工责任的认识，那么即使以公私合作执行这部分行政任务，也难免会遇到障碍和问题。

其次，需明确区分福利提供部门的行政责任。在社会行政中，社会福利的提供应当由公共部门整体提供而非是单一某个福利提供部门的责任，任何一个部门也无法全部满足社会各层级、各方面所需要的种种福利，现代社会行政进程中的福利供给内容越来越趋向于多元化和复杂化。因此，每个福利提供部门应当了解并完善自身应当履行的社会行政任务，也同时界定自身的责任与能力，在基础性要件尚未明晰之时，不能只一味地寻求公私合作缓解行政压力。例如政府应照顾多数人的基本需求；志愿部门则补充政府针对特殊性需求能力所不足的地方；事业单位部门则满足额外的多样性需求；而非正式行政部门则是满足个别化的福利需求。明晰任务范围，确认责任界限，则在公私合作进程中也比较容易形成常态化发展的合作关系，每个福利提供部门都将更有能力与效率运用行政行为形式以及本身的资源满足社会公共福利之提供。

最后，需要制定一套完善的社会行政法制及评价体系。在厘清社会福利供给的本质与福利提供部门的责任归属之后，应当设计出一套健全的社

---

① Giddens A.（1998）The third way: The renewal of social democracy, Oxford: Blackwell publish Ltd.

会服务公私合作制度。在法治国基本原则以及行政法基本原则的约束之下，应根据社会福利供给的性质不同，而决定公私合作的行政行为形式选择、私人参与公共福利提供的程度，以及在公私合作过程中行政部门提供的经费多少和公权力介入的程度。尤其是在公共福利供给中涉及私人主体无法承担的行政责任情形时，应当由公部门适时地介入并接管该行政任务，这也是国家担保责任在社会行政中的具体体现。与此同时，应当建立一套政府体系内部的公私合作执行社会福利供给评价制度体系。有如前述所提及的行政行为形式评价制度，在公私合作执行社会福利行政任务时应有效地对行为形式的合法合理性、社会群体的满意度、公共利益的实现程度以及基于行政均衡原则考量下的合作方受益程度进行评价，均应纳入公私合作社会行政行为评价体系之下。

第四节 相关司法判例与项目调研之观点总结

一、公私合作行政行为形式规制司法观点剖析

（一）北京北方电联电力工程有限责任公司与乌鲁木齐市交通运输局其他合同纠纷二审民事裁定书[①]

1. 基本案情

2013年3月19日，北方公司起诉至新疆维吾尔自治区高级人民法院称：经乌鲁木齐市委、市政府决定，乌鲁木齐市城市交通局与北方公司于2007年4月28日签订《新疆维吾尔自治区乌鲁木齐市乌拉泊至板房沟、水西沟公路工程项目BOT投资协议书》（简称《BOT协议》），于2007年12月19日签订《新疆维吾尔自治区乌鲁木齐市乌拉泊至板房沟、水西沟公路工程项目BOT投资补充协议书》（简称《补充协议》），约定项目路线建设

---

① 参见最高人民法院(2014)民二终字第40号裁定书。

总长度约 60.1 千米，项目建设包括公路专项与辅助配套工程。该工程分为 AK、BK、CK 段，于 2007 年 9 月 29 日正式通车。

2007 年 5 月 28 日，北方公司成立了项目公司——天山公司，由该公司具体负责项目的经营、收费和管理。2008 年 5 月 29 日，新疆维吾尔自治区人民政府办公厅作出《关于乌拉泊至板房沟、水西沟公路收费通行费的复函》（新政办函〔2008〕123 号）同意该项目设立收费站，实现收费经营。

北方公司于 2008 年 6 月 7 日 9 时起开始试运营收费，但乌鲁木齐市昌吉回族自治州发展和改革委员会、乌鲁木齐市城市交通局于 2009 年 6 月 12 日下达了《关于暂停乌拉泊至板房沟、水西沟收费站收费的通知》（乌发改费〔2009〕265 号），规定自 2009 年 6 月 15 日零时起停止对乌拉泊至板房沟、水西沟收费站收费。双方所签订的《BOT 协议》《补充协议》无法继续履行。双方经协商约定共同委托新疆鑫瑞工程造价咨询有限责任公司（简称"鑫瑞公司"）、新疆华盛资产评估与不动产评估有限公司（简称"华盛公司"）对 AK、BK 段路基土石及防护工程、路面工程、交通安全设施工程评估，以确定回购价值，但评估结果至今尚未作出。现乌鲁木齐市城市交通局更名为交通局，故请求判令交通局向北方公司或者天山公司支付 179 077 628 元（此为暂定价值，最终以司法鉴定结论为准）。鉴定费用、诉讼费用由交通局负担。

2. 法院裁判思路

（1）争议焦点

本案纠纷是否属行政诉讼范围。具体包括：本案争议的具体内容是什么；交通局行政主体身份对本案争议法律关系的影响；本案争议内容是否针对具体行政行为。

（2）一审判决

本案所涉《BOT 协议》《补充协议》的合同当事人一方为行政机关，合同目的是实现行政机关的行政职责进而实现社会公共利益，作为合同一方当事人的行政机关在订立合同、监督和指挥合同的履行、变更或者解除合

同等方面均享有单方的优越和主导地位,而且合同的履行与行政许可行为紧密相关联,故交通局并不是以平等民事主体的身份与北方公司签订上述两份协议书,上述两份协议书不属于民事法律关系中的合同,基于上述两份协议书所产生的诉讼应当属于行政诉讼而不属于民事诉讼,故本案不属于人民法院民事诉讼案件的主管范围。依照《中华人民共和国民事诉讼法》第一百二十四条第一项、《最高人民法院关于适用〈中华人民共和国民事诉讼法〉若干问题的意见》第139条第一款之规定,裁定驳回北方公司的起诉。

(3) 二审判决

关于本案的争议内容问题。根据各方当事人的诉辩意见,各方当事人对终止案涉《BOT协议》《补充协议》的履行,及终止协议后由当地政府对案涉工程进行回购,并无异议。分歧在于,北方公司请求根据司法鉴定结论支付回购款;而交通局认为,应依双方约定以相关评估机构的评估结果作为支付回购款的依据。故本案争议的主要内容为上述协议终止后,案涉工程回购款的支付依据问题。

关于交通局行政主体身份对本案法律关系的影响。首先,交通局行政主体的身份不影响本案争议的独立性。案涉《BOT协议》《补充协议》履行过程中,交织着相关行政主体的具体行政行为,而两种性质不同的法律关系中,双方主体重叠,在民事合同关系中的双方当事人,是相关行政法律关系中的行政主体和行政相对人。但该协议与其履行过程中所涉及的行政审批、管理事项等行政行为,依据不同的法律规范,这些行政行为虽影响双方合作,但不能因此否认双方民事合同关系的存在及独立性。同样,上述协议的终止及案涉工程回购事宜,也具有这样的特点。影响回购发生及方式的行政行为,与回购过程中就回购依据产生的争议,分属不同的法律关系、相互独立。其次,交通局行政主体身份,不能当然决定本案争议为行政法律关系。争议法律关系的实际性质,不能仅凭一方主体的特定身份确定。本案需判断争议是否与行政主体行使行政职权相关,应结合争议的

第五章 公私合作行政行为形式法制建构

具体内容及所针对的行为性质认定。

关于本案争议是否涉及具体行政行为问题。根据《中华人民共和国行政诉讼法》第十一条有关受案范围的规定，本案当事人间就回购款支付依据发生的争议，是否属行政诉讼范围，应以争议是否针对具体行政行为判断。如前所述，有关回购原因的行政行为与回购争议本身相互独立，北方公司对终止《BOT协议》之前的相关行政行为并无异议。根据北方公司诉讼请求及一审查明的事实，双方争议的回购款依据问题，不涉及具体行政行为，北方公司本案亦未针对具体行政行为提出相关诉求。故本案不属于行政诉讼受案范围。一审裁定关于《BOT协议》《补充协议》具公益目的，作为一方当事人的行政机关在合同订立、解除等方面享有单方优越主导地位，合同履行与行政许可紧密关联，两协议不属平等主体间的民事合同，本案属行政诉讼的观点，混淆了上述协议履行过程中涉及的行政行为与协议终止后的回购款支付行为的性质，没有法律依据。各方当事人在回购款的支付问题上，处于平等的法律地位，不能排除民事法律规范的适用。北方公司起诉符合民事诉讼法关于受理条件的规定，应予受理。

综上，本案争议内容为案涉工程回购款的支付依据问题，独立于相关协议终止前的行政行为；北方公司本案诉求不针对交通局的具体行政行为，与交通局处于平等的法律地位。本案为民事纠纷，一审裁定驳回起诉不当。对此，上诉人理由成立，上诉请求应予支持。本院依据《中华人民共和国民事诉讼法》第一百一十九条、第一百七十条第一款第二项、第一百七十一条及《中华人民共和国行政诉讼法》第二条、第十一条的规定，裁定如下：一是撤销新疆维吾尔自治区高级人民法院（2013）新民二初字第7号民事裁定；二是本案由新疆维吾尔自治区高级人民法院继续审理。

3. 综合分析

本案对于公私合作行政行为形式规制的最大借鉴意义即在于如何对公私合作协议（本案为BOT协议）中的法律行为进行定性。谈及公私合作，乃至BOT等特许经营协议，不得不承认政府与私主体之间就特许经营权发生了一项行政许可，因此基于该种行政行为，就难以直接判定上述涉案协议内含多种法律行为的法律性质。对于公私合作项目中的法律行为进行定性，诚如最高人民法院二审中所指出的，"《BOT协议》《补充协议》履行过程中，交织着相关行政主体的具体行政行为，而两种性质不同的法律关系中，双方主体重叠，在民事合同关系中的双方当事人，是相关行政法律关系中的行政主体和行政相对人。但该协议与其履行过程中所涉及的行政审批、管理事项等行政行为，依据不同的法律规范，这些行政行为虽影响双方合作，但不能因此否认双方民事合同关系的存在及独立性"。

基于此，最高院的观点可以提炼为公私合作项目所订立的契约，其本质上独立存在合同关系，即双方主体间平等的民事法律关系。但是，基于行政主体的特殊性和不平等性，其在公私合作（例如本案的特许经营）项目中，仍然具有行政权力行使之余地。但是，值得注意的是，本案中，最高院指出，"有关回购原因的行政行为与回购争议本身相互独立，北方公司对终止《BOT协议》之前的相关行政行为并无异议。根据北方公司诉讼请求及一审查明的事实，双方争议的回购款依据问题，不涉及具体行政行为，北方公司本案亦未针对具体行政行为提出相关诉求。故本案不属于行政诉讼受案范围"。因此，最高院虽然明确了公私合作项目中具有双重法律关系的存在，但其并不具备直接的因果关系，因而当事人亦不能直接依据前阶段法律关系而选择造成损失结果的救济途径。

（二）益民公司诉河南省周口市政府等行政行为违法二审案①

1. 基本案情

2003年4月26日，市计委向亿星公司、益民公司等13家企业发出邀标函，着手组织周口市天然气城市管网项目法人招标，同年5月2日发出《周口市天然气城市管网项目法人招标方案》（简称《招标方案》），其中称，

---

① 参见最高人民法院(2004)行终字第6号判决书，载《中华人民共和国最高人民法院公报》2005年第8期。

"受周口市人民政府委托，周口市发展计划委员会组织人员编制了周口市天然气城市管网项目法人招标方案"。该方案规定，投标人中标后，市政府委托周口市建设投资公司介入项目经营（市政府于2003年8月15日作出周政〔2003〕76号文撤销了该公司，该公司未实际介入项目经营）。该方案及其补充通知中还规定，投标人应"按时将5 000万元保证金打入周口指定账户，中标企业的保证金用于周口天然气项目建设"。益民公司在报名后因未能交纳5 000万元保证金而没有参加最后的竞标活动。

同年5月12日，正式举行招标。在招标时，市计委从河南省方圆招标代理有限责任公司专家库中选取了5名专家，另有周口市委副秘书长和市政府副秘书长共7人组成评标委员会。同年6月19日，市计委依据评标结果和考察情况向亿星公司下发了《中标通知书》，其中称："河南亿星实业集团有限公司：周口市天然气城市管网项目法人，通过邀请招标，经评标委员会推荐，报请市政府批准，确定由你公司中标。"

同年6月20日，市政府作出周政〔2003〕54号《关于河南亿星实业集团有限公司独家经营周口市规划区域内城市管网燃气工程的通知》（简称：《54号文》），其中称："为促进我市的经济发展，完善城市基础设施建设，提高居民生活质量，市政府同意周口市燃气城市管网项目评标委员会意见，由河南亿星实业集团公司独家经营周口市规划区域内城市天然气管网工程。"

《54号文》送达后，亿星公司办理了天然气管网的有关项目用地手续，购置了输气管道等管网设施，于2003年11月与中国石油天然气股份有限公司西气东输管道分公司（简称"中石油公司"）签订了"照付不议"用气协议，并开始动工开展管网项目建设。益民公司认为，市计委、市政府作出的上述《招标方案》《中标通知》和《54号文》违反了法律规定，并侵犯了其依法享有的管道燃气经营权，向河南省高级人民法院提起行政诉讼。

益民公司经工商注册成立于1999年4月（未取得燃气经营资格），经营范围为管道燃气、燃气具、高新技术和房地产。2000年7月7日，原周口地区建设局以周地建城〔2000〕10号文对益民公司作出《关于对周口市益民燃气有限责任公司为"周口市管道燃气专营单位"的批复》，该批复主要内容为："按照建设部第62号令、河南省人民政府第47号令、河南省建设厅豫建城〔1996〕69号文之规定和'一个城市只允许批准一家管道燃气经营单位'的原则，根据设计方案及专家论证，该项目既能近期满足工业与民用对燃气的需要，又能与天然气西气东输工程接轨。经审查，批准你公司为周口城市管道燃气专营单位"。益民公司取得该文后，又先后取得了燃气站《建设用地规划许可证》，周口市（现周口市川汇区）大庆路、八一路等路段的燃气管网铺设《建设工程规划许可证》和《建设工程施工许可证》等批准文件。到一审判决为止，益民公司已在周口市川汇区建成燃气调压站并在该区的主要街道和部分小区实际铺设了一些燃气管道。2002年9月20日，面对当时周口市两个燃气公司即益民公司和周口市燃气有限公司（由周口市政府与北京中燃公司联合组建，后来解散）并存的状况，市政府常务会议作出决议称："不管什么情况，在没弄清问题之前，益民公司铺设管道工作必须停止，此事由市规划管理局负责落实。"同年9月23日，周口市规划管理局作出了通知，其中称："根据《河南省〈城市规划法〉实施办法》第三十三条'在城市规划区内新建、扩建、改建建筑物、构筑物、道路、管线和其他工程设施，城市规划行政主管部门应提供规划设计条件，建设单位和个人必须取得建设工程规划许可证'的规定和周口市人民政府常务会议纪要〔2002〕5号要求，不管什么情况，在没有弄清问题之前，益民公司铺设管道工作必须停止。"

2003年11月9日，周口市建设委员会作出周建城〔2003〕39号文，以原周口地区建设局周地建城〔2000〕10号文授予益民公司管道燃气专营单位资格缺少法律依据，不符合有关规章和规范性文件，属越权审批为由废止了该文。

2. 法院裁判思路

(1) 本案争议焦点

益民公司的原告主体资格是否合适？被诉行政行为是否合法？是否支持原告要求赔偿的诉讼请求？因此，该案主要针对招投标行为的法律关系确定和招投标过程中行政机关行为的合法性进行讨论。

(2) 一审判决

第一，关于益民公司的原告主体资格。1999年4月益民公司已取得工商营业执照，其经营范围包括燃气，2000年7月，益民公司又取得原周口地区建设局关于授予益民公司管道燃气专营权的批复，其中注明益民公司经营的燃气项目既能近期满足周口市（川汇区）工业与民用对燃气的需要，又能与"西气东输"工程接轨。2003年5月到6月，市计委和市政府基于建设部建城〔2002〕272号《关于加快市政公用行业市场化进程的意见》（简称《建设部272号文》）关于公用事业要开放市场、通过招标确定特许经营权人的政策规定，就周口市的天然气管网项目进行招标并确定了亿星公司对周口市天然气管网项目的独家经营权。由于当时益民公司的燃气经营权未被废止或撤销，亿星公司的天然气管网项目独家经营权直接与益民公司的燃气经营权冲突。如果被诉行政行为成立或产生法律效果，益民公司对天然气的经营权就不能行使。所以，益民公司与被诉行政行为有法律上的利害关系，具备本案的原告主体资格。

第二，关于被诉行政行为的合法性审查。首先，关于招标方案的合法性。益民公司1999年已取得经营燃气的工商许可，2000年原周口地区建设局以周地建城〔2000〕10号文批准益民公司为管道燃气专营单位。在新的政策要求对公用事业的经营实行开放、通过招标确定经营者的情况下，如果对周口市天然气管网项目法人进行招标，应当首先处理益民公司的管道燃气经营权问题。市计委在益民公司的燃气经营权未被撤销的情况下发布天然气管网项目法人方案属程序违法。

招标方案中规定市政府委托周口市建设投资有限公司介入周口市天然

气管网项目运作,虽然其主观动机是为了加强对公用行业的管理,但不符合国家关于政府不能经商的政策规定,因此,招标方案的相关内容不妥。关于原告提出的市政府在不出一分钱的情况下占"干股"35%的问题,因证据不足不予认定。

其次,关于中标通知的合法性。根据国务院关于"西气东输"工程的领导体制和主管部门的规定,河南省人民政府办公厅豫政办〔2002〕第35号文《关于加快西气东输利用工作的通知》第二条规定,以及市政府关于各职能部门的权限划分情况,可以认定周口市计委有组织招标的职权。《中华人民共和国招标投标法》(简称《招标投标法》)没有禁止设置保证金的规定,而且市计委设定5 000万保证金是为了确保中标人的经营实力,并不违法。

招标方案中规定招标实行公开招标,而在实际招标时未公开公布招标方案,且适用了邀请招标的程序;另外,本案中的招标项目是省级重点项目,按照《河南省实施招标投标法办法》第十三条和国家《建设部272号文》第二条的规定,应当适用公开招标程序,如果适用邀请招标程序,应经过省人民政府或国家计委批准,但本案中适用邀请招标方式未经批准。因而市计委在未经批准的情况下适用邀请招标方式违法。根据《招标投标法》第二十四条规定,给投标人的准备时间不得少于二十天。本案中,被告发出邀标函的时间是4月26日,通知招标方案的时间是5月2日,开标时间是5月12日。投标人的准备时间应从取得招标文件之日起算,从被告发出招标方案到开标时间中间是十天时间,不符合法律关于准备时间不得少于二十天的规定,因此,市计委给投标人的准备时间违法。按照《招标投标法》第三十七条规定,评标委员会成员中专家应占三分之二以上,其他人可以是政府代表。本案中的评标人是七人,其中五人从专家代理机构中抽取,有专家资格,另二人即市委和市政府副秘书长虽不是从法定代理机构中抽取的,但是属于政府代表。具有专家资格的评标人已占评标委员会成员三分之二以上,因此,本案中的评标人组成不违法。《招标投标法》

第七条规定招标活动应当接受监督，但没有规定必须是事中监督，因此，周口市计委组织招标时未通知行政监察部门参加不违法。综上，招标通知在适用邀请招标方式、给投标人的准备时间两个方面有违法之处。

最后，关于《54号文》的合法性。益民公司1999年取得燃气经营权，2000年取得燃气专营权，在益民公司的经营权和专营权未经法律程序被撤销的情况下，市政府又授予亿星公司天然气管网项目经营权，由于燃气包含天然气，这种做法形成了益民公司和亿星公司在天然气经营权上的冲突。虽然益民公司的专营权在本案诉讼过程中被废止，但在市计委招标和市政府作出54号文时，益民公司的专营权还未被撤销，其营业执照至今未被撤销。《54号文》是依据招标作出的，招标方案和招标通知存在违法之处，《54号文》缺乏合法的依据，因此构成违法行政行为。关于亿星公司的燃气经营资格和燃气经营经验问题，在国务院2002年宣布取消的审批事项目录中，取消了燃气经营资格审批制度。因此，在这个问题上，《54号文》授予亿星公司天然气经营权不违法。对益民公司已建的管道等设施，市政府可以采取补救措施进行处理。因此，市政府将天然气管网经营权授予亿星公司不当然意味着导致重复建设。

综合上述对被诉行政行为的合法性审查情况，可以认定被诉的招标方案、招标通知和《54号文》违法，但根据最高人民法院《关于执行〈中华人民共和国行政诉讼法〉若干问题的解释》（简称《若干解释》）第五十八条之规定，对被诉的三个行政行为不予撤销，对原告益民公司施工的燃气工程由市政府采取补救措施予以解决，具体理由是：

被诉的行政行为虽然存在违法之处，但尚不属于《招标投标法》规定的中标结果当然无效的情形。只有无效的行政行为才有撤销的必要，而违法的行政行为并不当然无效。本案中，被诉行政行为虽然存在一些违法的情况，但是否导致行政行为无效或被撤销，应结合本案其他情况认定。

撤销被诉行政行为会对周口市的公共利益产生不利影响。根据《若干解释》第五十八条之规定，被诉行政行为违法，但撤销行政行为将会给国家利益或公共利益造成重大损失的,人民法院应当作出确认行政行为违法的判决,并责令被诉行政机关采取相应的补救措施。本案中,如果撤销被诉行政行为会产生如下后果:第一,将影响"西气东输"工程在周口市的接口和周口市民使用天然气。根据《建设部272号文》第二条关于公用行业应当通过招标方式确定经营者的规定,原来由周口市有关行政部门批准的益民公司对管道燃气的经营权应予终止,而通过招标的方式重新确定管道燃气或天然气管网的经营者。本案被诉的行政行为是根据上述《建设部272号文》的规定进行招标重新确定天然气管网经营者的行为,它存在的最明显的违法之处就是在程序上未对益民公司的燃气经营权进行处理的情况下实施了招标并确定了新的天然气经营者。但问题是,被诉的招标行为已经发生,如果撤销被诉行政行为,按照程序的要求,市政府就需要在首先处理益民公司的燃气经营权的基础上,就天然气管网项目重新组织招标,而对这些问题的处理需要相当长的时间。另外,"西气东输"工程在周口市的接口问题已迫在眉睫,如果撤销行政行为,就会耽误周口市对"西气东输"天然气的使用,甚至可能因此而失去"西气东输"工程在周口市接口的机会。第二,亿星公司已于2003年11月与中石油公司签订了"照付不议"用气协议,并将于2004年7月开始供气。如果撤销被诉行政行为,不仅会直接导致用气价款的损失,而且会影响周口市居民及时使用天然气。第三,被诉行政行为作出后,亿星公司已进行了较大资金投入,且已与中石油公司签订了"照付不议"协议,如果撤销被诉行政行为,在招标程序中无过错的亿星公司也会形成较大经济损失。综合以上三点,可以认为,如果撤销被诉行政行为,就会对周口市的公共利益造成较大不利影响。

结合本案情况,对益民公司施工的天然气工程应由市政府采取补救措施予以解决。虽然益民公司在没有燃气经营资格的情况下取得了营业执照,即其燃气经营权是违法的,但益民公司的经营权毕竟是经有关行政机关批准的,且益民公司也已根据批准文件进行了一定的资金投入和工程建设。对此,市政府及有关职能部门负有责任。根据《建设部272号文》关于公用事业应通过招标实行特许经营的规定,益民公司原有的燃气经营权应予废止,同时在根据公共利益的需要不撤销被诉行政行为,由亿星公司负责周口市天然气管网经营的情况下,益民公司也不能再继续经营管道燃气或天然气管网。在此情况下,益民公司原来基于有关行政机关授予的燃气经营权而进行的工程建设和其他资产投入将形成益民公司的损失。对此,市政府及有关职能部门负有一定的责任。在益民公司的燃气经营权被终止,其资金投入成为损失的情况下,市政府应根据政府诚信原则对益民公司施工的燃气工程采取相应的补救措施予以处理。

第三,对原告提出的赔偿请求应予驳回。作为原告的益民公司提出的赔偿请求是由于被诉行政行为引起的被迫停止燃气管道工程建设造成的职工工资、燃气用户退费、施工协议不能正常进行等直接损失,但益民公司在开庭时没有提供相应证据。根据最高人民法院《行政诉讼证据若干问题的规定》第七条关于原告应在开庭审理前提供证据,否则视为放弃举证权利的规定,应认定原告举证超过了举证时效,原告提出的相应损失没有证据证明,法院不予支持。对于原告提出的因不能履行与天津东海燃气投资公司签订的5亿元的借款合同而造成的违约损失,因该合同直到现在未到生效时间,应不存在不能履行的损失。对于原告提出的因不能履行与河南三月风公司签订的5亿元的投资协议而造成的违约损失,因在法庭质证时原告提供的协议文本相互矛盾,其真实性不能认定,且关于合资成立新公司的协议并未实施,因此,对原告提出的此项损失不予支持。综上,因原告不能举证、无法认定其存在损失,根据《若干解释》第五十六条之规定,应驳回益民公司的赔偿请求。

(3) 二审判决

首先,关于《招标方案》的合法性。

第一,市计委具有组织城市天然气管网项目招标工作的职权。周口市城市天然气管网项目系"西气东输"利用工作的组成部分,在本案招标活动开始之前,从中央到河南省地方,此项工作已经交由各级计委负责。根据国务院 2000 年专题会议关于"要求国家计委牵头成立西气东输工程建设领导小组，协调西气东输工程中的上下游衔接，落实市场和相关政策"之精神，及 2002 年 5 月 27 日河南省人民政府办公厅豫政办〔2002〕35 号《关于加快推进西气东输利用工作的通知》关于"各级计委为西气东输利用工作的责任联系单位，配合同级政府和上级政府做好各项工作"之规定，市计委有权参与"西气东输"利用工作。周口市城市天然气管网既是市重点项目，也是省级重点项目，根据 2002 年 3 月 18 日周口市委编制委员会向市直各单位下发的周编〔2002〕25 号《周口市发展计划委员会职能配置、内设机构和人员编制方案》关于市计委"负责市重点项目或受省委托的重大项目建设过程中的招标、投标"工作之具体规定，市计委有权组织城市天然气管网项目招标工作，并发布《招标方案》。建设部 1997 年第 62 号令《城市燃气管理办法》第四条虽有"县级以上地方人民政府城市建设行政主管部门负责本行政区域内的城市燃气管理工作"之规定，但鉴于国务院及河南省两级地方政府已将"西气东输"利用工作交各级计委负责，故该规定不能适用于本案。上诉人益民公司提出，城市天然气管网项目招标应当由主管城市燃气的建设部门负责，市计委无权组织招标之主张不能成立，本院不予支持。

第二，原周口地区建设局于 2000 年 7 月 7 日作出的周地建城〔2000〕10 号文批准益民公司为管道燃气专营单位（河南省燃气管理实施办法第二条规定燃气包含天然气），并载明"能与天然气西气东输工程接轨"，据此，益民公司已取得了燃气专营权。在招标活动开始之前，周地建城〔2000〕10 号文仍然生效，很显然对《招标方案》《中标通知书》及《54 号文》的作出构成障碍。尽管市计委有权组织城市天然气管网项目招标工作，但在周地建城〔2000〕10 号文已经授予益民公司燃气专营权的情况下，按照正当程序，市计委亦应在依法先行修正、废止或者撤销该文件，并对益民公司基于信赖该批准行为的合法投入给予合理弥补之后，方可作出《招标方案》。因此，市计委置当时仍然生效的周地建城〔2000〕10 号文于不顾，经行发布《招标方案》属于违反法定程序，亦损害了益民公司的信赖利益。被上诉人市计委辩称，周地建城〔2000〕10号文中的"专营"系专业经营之意，而非独家经营，故周地建城〔2000〕10号文并非招标及特许行为之障碍。本院认为，根据该文所援引的"一个城市只允许批准一家管道燃气经营单位的原则"及其他法律依据，该文中的"专营"应当解释为独家经营，市计委的答辩理由缺乏法律依据，本院不予采纳。

第三，由国家计委等六部委《工程建设项目施工招标投标办法》第四十条关于"投标人撤回投标文件的，其投标保证金将被没收"等规定可知，设定投标保证金的目的在于保证投标人确有投标之诚意，为招标活动的顺利进行提供担保。而从《招标方案》中关于"为确保公开招标的顺利进行，保证确有实力的招标企业建设周口天然气城网项目，各企业报名后按时将5 000万元保证金打入周口指定账户"及"中标企业的保证金用于周口天然气项目建设"等内容可知，设定该保证金之主要目的并非仅为招标活动本身提供担保，而是为"西气东输"利用项目的顺利进行提供资金上的保障。因此，该保证金并非国家计委等六部委《工程建设项目施工招标投标办法》中规定的投标保证金，不应受该办法第三十七条关于"投标保证金一般不得超过投标总价的2%，但最高不得超过80万元人民币"之规定的约束。根据《招标投标法》第二十六条关于"投标人应当具备承担招标项目的能力"之规定，市计委在制定招标方案时，可以根据项目的实际情况设定体现投标人能力的合理条件，鉴于周口市天然气城市管网项目建设预计投资超过1亿元人民币，需要投标人具有相应的资金能力，市计委要求投标人交纳5 000万元保证金是合理的，且并不违背法律规定的原意。上诉人益民公司提出的《招标方案》设定5 000万元保证金超出了法定最高限额，其目的是排斥益民公司参加投标之诉讼理由不能成立。

第四，《招标方案》设定的"市政府将委托周口市建设投资有限公司介入周口天然气城市管网项目运作，共同组建合作公司，占组建公司35%的股份"之条件，赋予周口市建设投资有限公司可以绕过招标程序直接参与项目的特权，违反了《建设部 272 号文》关于"对供水、供气、供热、污水处理、垃圾处理等经营性市政公用设施的建设，应当公开向社会招标选择投资主体"之规定。然而，此条款并未实施，市政府并未获得该条款项下的股份收益，故上诉人益民公司提出市政府拿 35% 的干股严重违法甚至触犯刑律之诉讼理由没有事实根据。

其次，关于《中标通知书》的合法性。

第一，由于周地建城〔2000〕10 号文对整个招标活动始终构成法律上的障碍，故市计委直到对亿星公司发出《中标通知书》时，仍未对周地建城〔2000〕10 号文作出处理以排除法律上的障碍，属于违反法定程序，且损害了益民公司的信赖利益。

第二，按照《河南省实施招标投标法办法》第十三条规定，政府重点项目原则上应当公开招标，只有符合以下两个要件才能采用邀请招标方式，一是属于以下情形之一：① 因项目技术复杂或者有特殊要求，只有少数潜在投标人可供选择的。② 对专有技术和专利权保护有特殊要求的。③ 受自然资源或者环境限制的。④ 采用公开招标方式不符合经济性要求的。⑤ 法律、法规规定其他不宜公开招标的。二是必须经省发展计划委员会核准后报省人民政府批准。本案所涉招标项目是省重点项目，而市计委在既未说明本案招标活动是否属于上述五种情形之一，也没有依法办理批准手续的情况下，径行采用邀请招标方式，属于违反法定程序。被上诉人市政府认为市计委采用邀请招标方式的违法仅仅体现在没有完成法律规定的报批程序而已，其对违法性的认识不够全面。

第三，根据《招标投标法》第二十四条关于"依法必须进行招标的项目，自招标文件开始发出之日起至投标人提交投标文件截止之日止，最短不得少于二十日"之规定，给投标人的准备时间不得少于二十日。市计委给投标人的准备时间起自 2003 年 5 月 2 日，截止到同年 5 月 12 日，共计十日，明显少于法律规定的准备时间，构成违反法定程序。被上诉人市政府提出，由于招标时离"西气东输"在周口开口的时间已非常紧迫，故给投标人的准备时间短于法定时限情有可原。本院认为，被上诉人市政府提出的答辩理由虽具有一定合理性，但不能改变其行为的违法性。

第四，上诉人益民公司提出，评标委员会七名成员中，一审法院认定的五名专家都是政府官员，而非真正的专家。被上诉人市计委辩称，河南省方圆招标代理有限公司是省级招标代理机构，该公司提供的证明载明，上述五人都是"工民建"专业高级工程师，列于专家库中，我国法律没有禁止官员担任专家，实际上官员具有业务职称是很常见的。本院认为，被上诉人市计委提供的证据能够证明，招标委员会的五名专家均符合《招标投标法》第三十七条第三款关于应当"由招标人从国务院有关部门或者省、自治区、直辖市人民政府有关部门提供的专家名册或者招标代理机构的专家库内的相关专业的专家名单中确定"专家之规定，上诉人提出的上诉理由不足以否定被上诉人市计委提供证据的证明力。鉴此，评标委员会七名成员中有五人具有专家身份，符合《招标投标法》第三十七条第二款关于"依法必须进行招标的项目，其评标委员会由招标人的代表和有关技术、经济等方面的专家组成，成员人数为五人以上单数，其中技术、经济等方面的专家不得少于成员总数的三分之二"之规定。

再次，关于《54号文》的合法性。

第一，根据《建设部272号文》关于对城市供气等"直接关系社会公共利益"的行业实行特许经营，"公开向社会招标选择投资者和经营者"之规定，市政府有权根据招标结果确定城市管网项目的经营者，但在此之前，必须先对周地建城〔2000〕10号文进行依法处理，以排除法律上的障碍。然而，市政府却在未对周地建城〔2000〕10号文进行任何处理的情况下，经行作出授予中标人亿星公司城市天然气管网项目经营权的《54号文》，既违反了法定程序，又损害了益民公司的信赖利益。

第二，根据国务院于2002年11月1日发布的国发〔2002〕24号《关于取消第一批行政审批事项的决定》及其附件《国务院决定取消的第一批行政审批项目目录》，燃气企业资质审批已被取消。在招标活动开始前，该文件已经生效，因此亿星公司取得天然气管网经营权并不以获得燃气企业经营资质为前提条件。上诉人益民公司提出亿星公司不具备燃气经营资质，《54号文》授予其天然气经营权违法的诉讼主张不能成立。

第三，上诉人益民公司提出，《54号文》授予亿星公司天然气独家经营权，违反了河南省计委豫计规划〔2002〕631号《关于印发〈河南省西气东输利用规划〉的通知》中关于"对于现有气源和管道，在不改变其所有权和隶属关系的基础上，尽量加以利用。有条件的地方，尽可能实现双气源供气"之规定。本院认为，上诉人益民公司所援引之规定系指导性规则，而非强行性规则，现有气源和管道是否继续利用、是否实行双气源供气等问题，都属于市政府和有关行政机关自由裁量的范围，故上诉人益民公司以违反河南省计委豫计规划〔2002〕631号文的有关规定为由否定《54号文》合法性之诉讼主张不能成立。

综上，本院认为，虽然市计委作出《招标方案》、发出《中标通知书》及市政府作出《54号文》的行为存在适用法律错误、违反法定程序之情形，且影响了上诉人益民公司的信赖利益，但是如果判决撤销上述行政行为，将使公共利益受到以下损害：一是招标活动须重新开始，如此则周口市"西气东输"利用工作的进程必然受到延误。二是由于具有经营能力的投标人可能不止亿星公司一家，因此重新招标的结果具有不确定性。如果亿星公司不能中标，则其基于对被诉行政行为的信赖而进行的合法投入将转化为损失，该损失虽然可由政府予以弥补，但最终亦必将转化为公共利益的损失。三是亿星公司如果不能中标，其与中石油公司签订的"照付不议"合同亦将随之作废，周口市利用天然气必须由新的中标人重新与中石油公司谈判，而谈判能否成功是不确定的。在此情况下，周口市民及企业不仅无法及时使用天然气，甚至可能失去"西气东输"工程在周口接口的机会，从而对周口市的经济发展和社会生活造成不利影响。根据《若干解释》第五十八条关于"被诉具体行政行为违法，但撤销该具体行政行为将会给国家利益或者公共利益造成重大损失的，人民法院应当作出确认被诉具体行政行为违法的判决,并责令被诉行政机关采取相应的补救措施"之规定,应当判决确认被诉具体行政行为违法,同时责令被上诉人市政府和市计委采取相应的补救措施。由于周地建城〔2000〕10号文已被周口市建设局予以撤销,该文现在已不构成被诉具体行政行为在法律上的障碍,因此就本案而言,补救措施应当着眼于益民公司利益损失的弥补,以实现公共利益和个体利益的平衡。一审法院判决确认被诉具体行政行为违法并无不当,但其对补救措施的判决存在两点不足:一是根据法律精神,为防止行政机关对于采取补救措施之义务无限期地拖延,在法律未明确规定期限的情况下,法院可以指定合理期限,但一审判决未指定相应的期限。二是一审判决仅责令市政府采取相应的补救措施,而未对市计委科以应负的义务。

最后,关于行政赔偿问题。

本院认为,益民公司一审期间向法院提交的其与天津东海燃气投资公司签订的建设天然气供气工程合同、与河南三月风公司签订的合资协议等证据,不能证明其所称损失的存在,一审法院根据当时举证情况作出认定并判决驳回益民公司提出的赔偿请求正确。益民公司在二审中向本院提交的2003年6月以后直接经济损失一览表、周口申鑫会计师事务所2004年11月22日出具的审计报告、益民公司与中国水利水电闽江工程局东南分公司建设施工合同及后者的索赔函、益民公司与河南建原燃气工程公司施工合同及后者的工程索赔明细表、益民公司与王学堂租赁场地与厂房合同及后者的催款通知、益民公司与河南协力工程建设集团施工合同书及后者催要工程款的通知、部分已安装供气户和待供气户证明等证据,系于一审判决之后取得,其在一审期间无法向法院提交,故其可以向二审法院提交,但这些证据材料不能用来支持其提出的由市政府和市计委赔偿其除铺设管道等投资以外的其他直接经济损失3 500万元的行政赔偿请求。首先,其提供的证据除了租赁场地、厂房协议外,均属铺设管道等投资的范畴,超出了其提出的行政赔偿请求的范围,故这些证据材料与本案不具有关联性。其次,租赁场地、厂房的费用损失系由停工造成,而停工是周口市规划局作出的停工通知导致的后果,与被诉具体行政行为没有因果关系。再次,除审计报告之外的证据材料都是其尚未履行的债务证明,还没有转化为直接损失,不属于国家赔偿法上规定的可赔偿范围。据此,益民公司就铺设管道等投资之外的直接经济损失提出的行政赔偿请求不能成立,根据《最高人民法院关于审理行政赔偿案件若干问题的规定》第三十三条关于"原告的请求没有事实根据或者法律依据的,人民法院应当判决驳回原告的诉讼请求"之规定,应当判决驳回益民公司提出的行政赔偿请求。

综上,根据《中华人民共和国行政诉讼法》第六十一条第(一)项、第(二)项之规定,判决如下:一是维持一审判决第一项、第三项;二是一审判决第二项改为"责令周口市人民政府、周口市发展计划委员会于本判决生效之日起六个月内采取相应补救措施,对周口市益民燃气有限公司的合法投入予以合理弥补"。

3. 综合分析

该案确立了关于特许经营权行使以及招投标程序中的司法适用规则,应当说对于公私合作案件的处理具有借鉴意义。基于大部分公私合作项目具有特许经营权的授予行为,加上招投标程序选定项目合作人,因此就该案而言,行政行为形式的规制应当纳入公私合作范畴。本案关于公私合作项目中行政行为形式调控及司法思路检讨的方面主要涉及有二:

一方面,关于基于特许经营权授予者的诉讼主体地位确认。本案原告益民公司系原先基于原周口地区建设局以周地建城〔2000〕10号文对益民公司作出《关于对周口市益民燃气有限责任公司为"周口市管道燃气专营单位"的批复》而获得当地燃气特许经营权,虽然获得特许经营权的内容承载于合同行为且本案中该特许经营权已被授予第三人亿星公司,但一审法院认为"由于当时益民公司的燃气经营权未被废止或撤销,亿星公司的天然气管网项目独家经营权直接与益民公司的燃气经营权冲突。如果被诉行政行为成立或产生法律效果,益民公司对天然气的经营权就不能行使。所以,益民公司与被诉行政行为有法律上的利害关系,具备本案的原告主体资格",认为基于先前行政许可行为尚未被撤销,益民公司仍然享有基于给付行政行为所产生的行政法律效果,故而得出益民公司具有行政诉讼原告主体资格的结论。因此,在公私合作项目中,虽然私主体与公部门基于契约关系而进行合作,但涉及部分特许经营权,其法律内涵仍属行政给付行为,基于行政法律关系而产生的效果,私主体若需直接对该权属关系提起诉讼,应当以行政诉讼为之。

另一方面,基于招投标过程授予特许经营权的合法性问题。一审法院分别从招标方案的合法性、中标通知的合法性以及确认中标资格发文的合法性三方面进行论述。而二审法院更加深入地从以上三方面更进一步进行论证,从组织招标主体的职权法定原则、原授权存废影响后授权的效力、招标保证金的保证性条款效力等多方面进行了充分的论述,该案的司法判决对公私合作项目中,尤其是招投标程序的司法裁判依据,提供了富有说服力的裁判逻辑思路。

(三) 河南新陵公路建设投资有限公司与辉县市人民政府管辖裁定书①

1. 基本案情

2003年,辉县市人民政府筹备建设辉县市上八里至山西省省界关爷坪(简称"新陵公路")15千米道路(其中隧道1.486千米)项目。2004年9月15日,以辉县市新陵公路建设指挥部(指挥部的指挥长为时任市长王可明)为甲方,以河南省万通路桥建设有限公司(新陵公司的主要投资人)为乙方,签订《关于投建经营辉县上八里至山西省省界公路项目的协议书》。协议约定:由乙方出资设立的新陵公司承担项目投融资、建设及经营管理,项目法人代表由万通公司推举为李杰,经营年限按省人民政府批准为准,经营期满后交于辉县市交通行政部门。甲方责任为协助乙方办理项目投资、建设、经营等相关手续等。另约定:"违约方赔偿另一方的经济

---

① 参见最高人民法院(2015)民一终字第244号裁定书。

损失。"

2004年2月24日,新陵公司开工建设该项目。2007年2月2日,河南省新乡市人民政府下发新政文〔2007〕15号文,向河南省人民政府上报请示,同意新陵公司设立项目收费站,同时该文认可新陵公司"实际建设路基宽12米,路面宽9米,已完成投资12 600万元,目前已具备通车条件"。

2007年6月13日,河南省发改委为新陵公司批准、颁发《收费许可证》并确定新陵公司的收费项目、标准、范围。新陵公司获得收费许可后,出资建设完成新陵公路鸭口收费站办公楼及附属设施。后由于辉县市政府没有履行"路段两端的接线等相关问题的协调工作",致使新陵公司所修路桥为断头路,无法通行,致使新陵公司的合同目的不能实现。

故新陵公司诉至法院,请求法院判令:一是辉县市政府回购新陵公司投融资建设的新陵公路15千米道路(其中隧道1.486千米)项目,并支付新陵公司对项目建设的投融资资金138 894 985.4元;二是判令辉县市政府支付新陵公司上述投融资资金相关利息250 368 881.07元(自2006年1月1日至2015年1月1日按年息7.1%计算,利息计88 753 895.67元;罚息8 000万元自2007年9月20日至2015年1月20日按7.1%年利率上浮50%,计22 720 000元,两项合计共计111 473 895.67元,以后利息及罚息计算至付清之日止);三是本案的诉讼费用由辉县市政府承担。被告辉县市政府在提交答辩状期间对管辖权提出异议称,本案应由河南省新乡市中级人民法院(简称"河南新乡中院")管辖。

2. 法院裁判思路

(1) 本案争议焦点

因BOT模式的政府特许经营协议产生的纠纷属于民事纠纷还是行政纠纷。

(2) 一审裁定

《关于投建经营辉县上八里至山西省省界公路项目的协议书》中对案涉道路建设的融资、收益及双方责任、违约责任等事项的约定系作为平等民事主体的当事人之间权利义务关系的约定，新陵公司因履行该合同产生纠纷向法院提起诉讼，法院作为民事案件受理并不违反法律规定。辉县市政府以该合同为行政合同、该案属于行政诉讼为由提出管辖权异议没有法律依据，对其请求应予以驳回。

（3）二审裁定

本案是典型的BOT模式的政府特许经营协议。案涉合同的直接目的是建设河南省辉县市上八里至山西省省界关爷坪的新陵公路，而开发项目的主要目的为开发和经营新陵公路，设立新陵公路收费站，具有营利性质，并非提供向社会公众无偿开放的公共服务。虽然合同的一方当事人为辉县市政府，但合同相对人新陵公司在订立合同及决定合同内容等方面仍享有充分的意思自治，并不受单方行政行为强制，合同内容包括了具体的权利义务及违约责任，均体现了双方当事人的平等、等价协商一致的合意。本案合同并未仅就行政审批或行政许可事项本身进行约定，合同涉及的相关行政审批和行政许可等其他内容，为合同履行行为之一，属于合同的组成部分，不能决定案涉合同的性质。从本案合同的目的、职责、主体、行为、内容等方面看，合同具有明显的民商事法律关系性质，应当定性为民商事合同，不属于新《行政诉讼法》第十二条（十一）项、《最高人民法院关于适用＜中华人民共和国民事诉讼法＞若干问题的解释》法释〔2015〕9号第十一条第二款规定的情形。辉县市政府主张本案合同为行政合同及不能作为民事案件受理，没有法律依据。

综上，一审裁定适用法律正确，上诉人辉县市政府的上诉理由不能成立。依照《中华人民共和国民事诉讼法》第一百七十条第一款第（一）项、第一百七十一条之规定，裁定驳回上诉，维持原裁定。

3. 综合分析

本案确立了公私合作项目中因BOT模式的政府特许经营协议产生的纠纷属性，也即公私合作协议（本案的BOT协议）的法律性质问题。一审法院认为"对案涉道路建设的融资、收益及双方责任、违约责任等事项的约定系作为平等民事主体的当事人之间权利义务关系的约定,新陵公司因履行该合同产生纠纷向法院提起诉讼,法院作为民事案件受理并不违反法律规定",其从合同内容角度出发,明确原告是基于何种权利义务关系受到影响而提起的诉讼,另外一审法院确认了原告乃出于道路建设的融资、收益及双方责任、违约责任等事项受到影响,该种权利义务可作为平等民事主体之间的约定,所以提起民事诉讼并无不当。

而二审法院更进一步地从合同主体的意思表示效力、有无行政权力行使内容、相关涉及行政行为的内容属性等方面进行全面论证,从而维持了一审的裁判观点。

该案的裁判思路,与我国台湾地区"促参法"第十二条之规定十分相似。该条款规定,"主办机关与民间机构之权利义务,除本法另有规定外,依投资契约之约定;契约无约定者,适用民事法相关之规定。投资契约之订定,应以维护公共利益及公平合理为原则;其履行,应依诚实及信用之方法"。① 故而,无论是最高院的观点还是我国台湾地区立法,对于公私合作契约项下产生的诉讼途径之选择,除了特定的行政法律关系,例如前述案件的特许经营权行政许可行为的诉讼,以及我国台湾地区立法上的规定,基本上出于平等民事主体间权利义务关系进行司法处理。

(四)新疆兴源建设集团有限公司、和田天瑞燃气有限责任公司等行政合同二审行政判决书②

1. 基本案情

2004年4月14日,和田市政府与兴源公司就天然气利用项目工程的投资建设签订了《和田市天然气利用项目合同》,约定:项目投产正式经营始由兴源公司自主经营20年后,兴源公司将在和田建造的天然气项目工程所有权全部交与和田市政府,和田市政府取得对该工程所有权后,如需对外

---

① 参见我国台湾地区"促参法"第十二条。
② 参见新疆维吾尔自治区高级人民法院(2015)新行终字第29号判决书。

承包或出租经营,在同等条件下,兴源公司有优先承包或租赁经营权。合同并就工程及资金投入使用、项目工程进度、施工监理和验收、双方权利和义务等内容进行了约定。

合同签订后,兴源公司对天然气利用项目工程进行了投资建设,于2004年年底开始陆续供气。为经营燃气业务,2005年1月17日,兴源公司在和田成立了"和田天瑞燃气有限责任公司"。2005年度,天瑞公司年检报告书记载其公司印鉴式样,其中公章全称为"和田天瑞然气有限责任公司"。和田天瑞燃气有限责任公司与和田天瑞然气有限责任公司实为同一公司。2005年5月12日,和田市政府与兴源公司就《和田市天然气利用项目合同》签订了补充合同。对和田市政府利用国债资金入股该工程项目、双方相互协助义务、采购安装事宜、违约责任等进行了补充约定。此后,兴源公司、天瑞公司在天然气利用项目工程的建设和经营中,因资金、燃气供应、燃气费的收取等,与相关单位、个人发生纠纷,政府及有关部门为此进行协调解决,有的则发生了诉讼。

2008年9月12日,和田市政府向兴源公司、天瑞公司送达《合同解除通知函》称:因你公司在履行与市政府于2004年4月14日签订的《和田市天然气利用项目合同》及相关补充合同中,已违反国家及自治区相关法律、法规规定,使得和田市广大天然气用户的正常生产、生活秩序受到极大影响,也危及和田市的社会安定。同时,也给和田市的公共利益和安全留下了严重隐患。为此,市政府根据《市政公共事业管理办法》第十、十八、二十五条和《新疆维吾尔自治区市政公用事业特许经营条例》第三十一条、三十四条以及《城市燃气管理办法》第十八条之规定,市政府决定依法解除与你公司所签订的《和田市天然气利用项目合同》。根据《合同法》的相关规定,本通知函送达之日起即发生法律效力,即产生合同解除的法律后果。同日,和田市政府向和田市建设局出具和市政函〔2008〕99号《关于同意接管新疆兴源建设集团有限公司及其子公司和田天瑞燃气有限责任公司在和田市城市燃气供应运营业务的批复》,记载:市政府同意建设局接管新疆兴源建设集团有限公司及其子公司和田天瑞燃气有限责任公司在和田市城市燃气供应运营业务。同日，和田市建设局向兴源公司、天瑞公司发出《接管通知书》，告知由和田市建设局接管兴源公司、天瑞公司在和田市城市天然气供用气的经营业务，并告知有要求听证的权利。

2008年9月18日，天瑞公司向和田市建设局提出听证申请，要求对其作出的接管通知依法举行听证会，并向和田市政府出具《关于对〈合同解除通知函〉的复函》，认为和田市政府单方解除合同不符合法律规定，已严重违约，将随时追诉政府的违约责任。

2008年9月23日，由和田市建设局、和田市城管局主持，兴源公司、天瑞公司法定代表人邵世杰参加，就和田市建设局接管天瑞公司天然气供用气的经营业务事由召开听证会。邵世杰在会上表达了不同意接管的意见。同日，和田市建设局向兴源公司、天瑞公司送达了《关于全面接管天瑞公司在和田市天然气供应经营权业务的决定书》（简称《接管决定书》），该决定法律依据为《市政公共事业特许经营管理办法》第十八条。决定内容为："对你公司在和田市经营的天然气供用气及运行业务的经营权，由本局派人员进驻实行全面强制接管。自宣布之日起，即可生效，并实施全面强制接管。"同日，和田市法院根据和田市建设局的申请，作出（2008）和市民保字第37号诉前财产保全民事裁定书，裁定对天瑞公司售气系统及相关天然气用户资料予以查封。2008年9月24日，和田市政府作出和市政发〔2008〕47号《关于成立和田市天然气接管领导小组的通知》，成立了以张武彪为组长，由城管、监察等部门人员组成的和田市天然气接管领导小组，负责天然气的接管及运营工作。接管后的和田市天然气经营由和田市天然气接管领导小组负责。

2008年12月22日，和田市政府将兴源公司诉至和田市人民法院，要求解除双方签订的《和田市天然气利用项目合同》及《补充合同》。

2009年1月21日，兴源公司、天瑞公司将和田市政府诉至新疆维吾尔自治区高级人民法院，要求确认和田市政府解除合同的行为无效，判令和田市政府继续履行合同，返还价值 2.1 亿元的天然气供气经营财产及经营权。新疆维吾尔自治区高级人民法院将两案合并审理。于 2013 年 6 月 24 日作出（2009）新民二初字第 1 号民事判决，判决：和田市政府单方解除合同无效，双方继续履行合同；和田市政府向兴源公司、天瑞公司交还其下属和田市建设局接管的天然气供用气及运行业务的经营权和财产；驳回兴源公司、天瑞公司其他诉讼请求及和田市政府的反诉请求。

和田市政府不服，向最高人民法院提起上诉。2014 年 8 月 27 日，最高人民法院作出（2014）民二终字第 12 号民事裁定，认为：和田市政府解除合同的依据以及向和田市建设局出具同意其接管天然气运营业务的行为属于行政行为，不属于民事案件受案范围，当事人可依据相关规定另行提起行政诉讼。裁定：撤销（2009）新民二初字第 1 号民事判决，驳回兴源公司、天瑞公司的起诉以及和田市政府的反诉。兴源公司、天瑞公司接到裁定书后向和田地区中级人民法院提起行政诉讼，新疆维吾尔自治区高级人民法院将案件指定新疆维吾尔自治区昌吉回族自治州中级人民法院管辖。

2. 法院裁判思路

（1）争议焦点

第一，关于兴源公司、天瑞公司起诉是否超过法定起诉期限；第二，天瑞公司是否具有本案行政诉讼的主体资格；第三，和田市政府"解除合同告知函""市政府对住建局申请接管的批复"是否具有可诉性；第四，和田市政府"解除合同告知函"是否合法；第五，和田市建设局作出的《接管决定书》是否合法；第六，返还天然气供气财产、经营权、接管期间财务账册、施工资料及继续履行合同问题。

（2）一审判决主旨部分

第一，和田市政府"解除合同告知函""市政府对住建局申请接管的批复"的性质问题。和田市政府与兴源公司就天然气利用项目工程的投资建设签订的《和田市天然气利用项目合同》，是和田市政府实施公用事业管理的一种方式，在性质上属于行政协议。和田市政府"解除合同告知函"虽

以函的形式作出，但从其内容及所引用的依据看，属具体行政行为，行政相对人对该行政行为有权提起诉讼。"市政府对住建局申请接管的批复"是行政机关上下级之间行政事务管理的一种表现形式，在性质上属于内部行政行为，不具有可诉性。

第二，和田市政府"解除合同告知函"是否合法。和田市政府认定本案兴源公司、天瑞公司违法的事实依据是其所称的2008年9月11日"听证会"反映的问题。该听证会涉及兴源公司、天瑞公司利益，未通知其参加；"解除合同告知函"作出前未告知解除合同的事实、理由及依据，未听取兴源公司、天瑞公司的陈述和申辩，程序违法；"解除合同告知函"引用的《市政公共事业特许经营管理办法》第十、十八、二十五条和《新疆维吾尔自治区市政公用事业特许经营条例》第三十一条、三十四条以及《城市燃气管理办法》第十八条，没有关于解除合同的规定，且引用的条文与"解除合同告知函"所述事实不符，应认定和田市政府作出"解除合同告知函"的行政行为没有事实及法律依据。

第三，和田市建设局作出的《接管决定书》是否合法。"决定书"作出的依据为《市政公共事业特许经营管理办法》第十八条的规定。《市政公共事业特许经营管理办法》第十八条规定："获得特许经营权的企业在特许经营期间有下列行为之一的，主管部门应当依法终止特许经营协议，取消其特许经营权，并可以实施临时接管：① 擅自转让、出租特许经营权；② 擅自将所经营的财产进行处置或者抵押的；③ 因管理不善，发生重大质量、生产安全事故的；④ 擅自停业、歇业，严重影响到社会公共利益和安全的；⑤ 法律、法规禁止的其他行为。"本案，兴源公司、天瑞公司是以同政府签订"特许经营合同"的形式取得特许经营权的，作为政府下属部门无权终止政府签订的"特许经营合同"。此外，《接管决定书》接管理由与引用的条文不相符，无法证实兴源公司、天瑞公司违反上述规定的那一项，属适用法律、法规错误。

第五章 公私合作行政行为形式法制建构

（3）二审判决主旨部分

第一，关于《合同解除通知函》及《接管决定书》的合法性。和田市政府与兴源公司就和田市天然气利用项目工程的投资建设签订的《和田市天然气利用项目合同》，其性质属于政府特许经营协议，系和田市政府在天然气开发利用领域，与兴源公司签订行政合同，授予其建设供气公共管网及其附属设施项目并提供公共产品的特许权。在特定条件下，行政主体对行政合同有单方面的变更或者解除权，有对相对人违反合同的制裁权，但其事实、法律依据以及程序皆应符合法律、法规的相关规定。解除特许经营协议、取消其特许经营权，属于对相对人的权益产生重大影响的行政处罚事项。和田市政府在作出《合同解除通知函》之前，应当依法告知兴源公司与天瑞公司违法的事实、适用的法律以及拟作出的行政处罚，听取兴源公司与天瑞公司的陈述、申辩，并告知其有要求举行听证的权利，兴源公司与天瑞公司要求听证的，应当组织听证。和田市政府未履行告知义务，剥夺了相对人的申辩、陈述和举行听证的权利，其行为违反了法定程序，构成违法。如上所述，作为行政合同，政府特许经营协议在当事人地位、合同内容、适用的法律规则等方面均不同于民事合同。在民事合同中，当事人一方依照合同法的相关规定，向另一方发出解除合同通知的行为当然不违法。但是在行政合同中，合法的行政行为不仅要有充分的事实和法律依据，而且要遵循法定的程序。和田市政府将作出《合同解除通知函》等同于一般的民事行为，无法律依据。

《合同解除通知函》的实质在于终止特许经营协议，取消兴源公司及天瑞公司的特许经营权。在行政行为的履行阶段上，终止特许经营协议属于特许经营项目接管的前置行政行为，是实施特许经营项目接管的前提条件。前置行政行为不合法，以其为依据的后续行政行为则不合法。本案中，和田市政府作出《合同解除通知函》的行政行为违法，而和田市建设局作出《接管决定书》亦不合法。2012年机构改革，和田市住建局成立并承接了原和田市建设局的相应行政职能，和田市建设局作出的被诉行政行为的法律后果，应由和田市住建局承担。本案中，和田市住建局作为继续行使和田市建设局被诉行政行为相应行政职权的行政机关参加诉讼，其指代的即为和田市建设局，故一审法院判决"和田市住房和城乡建设局作出的《接管决定书》的行政行为违法"符合法律规定，并无不当。

第二，关于《合同解除通知函》及《接管决定书》是否应被撤销。《中华人民共和国行政诉讼法》第七十四条第一款第（一）项规定，行政行为依法应当撤销，但撤销会给国家利益、社会公共利益造成重大损害的，人民法院判决确认违法，但不撤销行政行为。本案中，和田市政府解除特许经营协议以及和田市建设局接管特许经营项目的行为违法，但是特许经营涉及社会公共事务，是为了给社会生产和居民生活提供公共服务，保证天然气供应和服务的连续性与稳定性至关重要。自原和田市建设局接管天瑞公司在和田市天然气供应经营权业务至今，原供气管网铺设、入户安装、调压门站、巡检抢修抢险设施设备、加气站等方面的建设以及经营状况都发生了重大变化，加之双方在接管行为实施之前的经济往来，包括垫资、借款、归还及往来挂账就不明晰，导致兴源公司及天瑞公司继续履行特许经营协议在客观上缺乏可操作性，亦无法保证相关经营项目的平稳过渡，保证过渡期间和田市天然气供应和服务的连续、稳定。因此，为保障公共利益，本院对和田市政府解除特许经营协议、和田市建设局接管特许经营项目的行为确认违法而不予撤销，对兴源公司、天瑞公司关于返还接管的天然气供气经营财产以及接管期间的全部财务账册、施工资料，继续履行合同的请求不予支持。因和田市政府、和田市建设局被诉行政行为违法而给兴源公司、天瑞公司造成的损失，和田市政府、和田市住建局应予赔偿，但因本案中该赔偿金额的认定需要当事人各方的配合，对相关损失进行举证、质证乃至鉴定，原审中经法院释明，兴源公司、天瑞公司拒绝变更诉讼请求，相关赔偿金额的审理工作无法继续进行，故关于此部分损失，兴源公司、天瑞公司可另行主张。

综上，原审判决认定事实清楚，适用法律正确，各方当事人的上诉理由均不能成立。依照《中华人民共和国行政诉讼法》第八十九条第一款第（一）项的规定，判决驳回上诉，维持原判。

3. 综合分析

本案争议焦点较多，案情也相对复杂，但基于公私合作行政行为形式的规制角度出发，可提炼本案的争议焦点之一，即公私合作协议履行过程中，政府方可否单独撤销合同以及如何进行撤销程序。一审法院认为，和田市政府与兴源公司就天然气利用项目工程的投资建设签订的《和田市天然气利用项目合同》是和田市政府实施公用事业管理的一种方式，在性质上属于行政协议。和田市政府"解除合同告知函"虽以函的形式作出，但从其内容及所引用的依据看，属具体行政行为，行政相对人对该行政行为有权提起诉讼。"市政府对住建局申请接管的批复"是行政机关上下级之间行政事务管理的一种表现形式，在性质上属于内部行政行为，不具有可诉性。也就是说，虽然法院在裁判中确认了"行政协议"的概念，但基于其法律效力缺少法源基础，从而进一步认为和田市政府"解除合同告知函"虽以函的形式作出，但从其内容及所引用的依据看，属具体行政行为，从单独行为效力上予以确认。

二审法院更是进一步将解除特许经营协议、取消其特许经营权认定为属于对相对人的权益产生重大影响的行政处罚事项，基于行政处罚的基本原则，二审法院认为和田市政府在作出《合同解除通知函》之前，应当依法告知兴源公司与天瑞公司违法的事实、适用的法律以及拟作出的行政处罚，听取兴源公司与天瑞公司的陈述、申辩，并告知其有要求举行听证的权利，兴源公司与天瑞公司要求听证的，应当组织听证。和田市政府未履行告知义务，剥夺了相对人的申辩、陈述和举行听证的权利，其行为违反了法定程序，构成违法。在行政行为的履行阶段上，终止特许经营协议属于特许经营项目接管的前置行政行为，是实施特许经营项目接管的前提条件。前置行政行为不合法，以其为依据的后续行政行为则不合法。

因此，基于公私合作所订立的契约在内容上具有行政权力的行使，本案中的单方面解除特许经营协议，其根本触发点即在于取消对相对人的特许经营权，二审法院认为该行为没有法定取消事由的情形下，属于行政主体在相对人违反合同情形下的制裁权，对行政合同有单方面的变更或者解除权，在行政法律关系上属于行政处罚，应当适用行政处罚的基本程序。

二、结合江苏省高院相关调研结果的理论分析

江苏高院民一庭以 BOT、PPP 为关键词，检索中国裁判文书网上公布的约 500 个裁判文书。在对裁判文书进行统计、归纳、总结的基础上，形成调研报告。本部分以江苏高院民一庭课题组《政府与社会资本合作（PPP）的法律疑难问题研究》一文为分析对象，结合本书相关论据观点，以及前述对典型判例的解读和分析，检讨江苏省内公私合作相关法律问题和观点。

（一）公私合作协议法律性质与诉讼类型之确定不能一概而论

综合前述判例分析可知，公私合作协议其实是一个合同群，具有不同类型的权利义务或权力行使关系，不宜一概而论。对此，江苏法院民一庭在调研报告中提出：① 涉及行政规划、许可、处罚、管理、监督等行政职能的争议，属于行政法律关系，对于 PPP 争议中涉及政府特许经营协议的授予、收回，政府采购投诉，政府信息公开，项目规划许可，对项目公司的处罚，对项目公司征收补偿决定、收费标准的确定等争议的，因涉及相关行政审批和行政许可内容，属于行政争议。② 内容上涉及民事权利义务的，属于民事争议。对于 PPP 协议的履行、变更、解除等行为，常见的包括土地使用权的取得、项目产权的归属、项目收益的分配、项目公司融资、项目担保、工程建设、项目收益权抵押、项目回购、税费负担、违约责任等，属于民事法律关系的范围，当事人就此可以提起仲裁，也可以提起民

事诉讼。①

江苏高院的该观点与最高院的上述判例裁判思路一致，不宜对公私合作契约进行笼统的定性，即在实践中即对于《PPP协议》的法律属性不宜一概而论，但若将其定性为行政契约并明确其法源，即可借鉴德国或我国台湾地区立法例，将其规制在"行政程序法"下，予以公法和私法的双重约束。

(二) 公私合作协议履约纠纷之管辖不宜适用专属管辖

江苏高院在调研报告中指出：如 PPP 争议的事项属于行政法律关系，则即使当事人在 PPP 协议中约定仲裁或民事诉讼，该约定无效，应当通过行政复议或行政诉讼途径处理。如 PPP 争议的事项属于民事法律关系，当事人约定仲裁或民事诉讼的，可按约定处理。当事人的约定管辖是否有效，取决于 PPP 协议内容是否涉及工程建设，如涉及工程建设，则按工程所在地法院专属管辖；如不涉及工程建设，则适用合同的一般管辖原则，可以约定管辖。②此处可能受《中华人民共和国民事诉讼法》第三十三条第一项及《最高人民法院关于适用〈中华人民共和国民事诉讼法〉的解释》第二十八条规定的影响，规定了因不动产纠纷提起诉讼的由不动产所在地人民法院专属管辖。③但江苏省高院宜区分公私合作双方主体之间和建设工程承发包人之间的法律关系，公私合作（PPP）项目中，双方主体不仅仅是工程发包与承包的内容，更有投融资、购买服务、无偿转让资产等法律内容，有些甚至没有工程的承发包关系，不存在所谓的不动产纠纷，也就无从适用该专属管辖。

(三) 公私合作项目非必经公开招投标程序

江苏高院认为，如 PPP 协议内容包含建设工程施工，则该合同属于法

---

① ② 参见江苏省高院民一庭课题组：《政府与社会资本合作（PPP）的法律疑难问题研究》，载《法律适用》，2017 年第 17 期。

③ 参见《最高人民法院关于适用〈中华人民共和国民事诉讼法〉的解释》第二十八条。

定的必须强制招投标的项目，PPP协议未经招投标则无效。①

《中华人民共和国招标投标法》第三条规定，在中华人民共和国境内进行下列工程建设项目包括项目的勘察、设计、施工、监理以及与工程建设有关的重要设备、材料等的采购，必须进行招标：① 大型基础设施、公用事业等关系社会公共利益、公众安全的项目。② 全部或者部分使用国有资金投资或者国家融资的项目。③ 使用国际组织或者外国政府贷款、援助资金的项目。前款所列项目的具体范围和规模标准，由国务院发展计划部门会同国务院有关部门制订，报国务院批准。法律或者国务院对必须进行招标的其他项目的范围有规定的，依照其规定。② 根据《关于在公共服务领域推广政府和社会资本合作模式指导意见的通知》（国办发〔2015〕42号）文的规定，政府应采取竞争性方式择优选择具有投资、运营管理能力的社会资本，③ 且根据《政府和社会资本合作项目政府采购管理办法》（财库〔2014〕215号）第四条规定，PPP项目采购方式包括公开招标、邀请招标、竞争性谈判、竞争性磋商和单一来源采购。公开招标主要适用于采购需求中核心边界条件和技术经济参数明确、完整、符合国家法律法规及政府采购政策，且采购过程中不作更改的项目。从上述规定可知，PPP项目的采购方式共有五种，分别为公开招标、邀请招标、竞争性谈判、竞争性磋商和单一来源采购，而对公开招标的适用范围限定于需求中核心边界条件和技术经济参数明确、完整的项目。对于公私合作（PPP）项目而言，无论从法律层面，还是现有的部门规章层面来看，均没有强制要求公开招投标之规定。

---

① 参见江苏省高院民一庭课题组：《政府与社会资本合作（PPP）的法律疑难问题研究》，载《法律适用》，2017年第17期。
② 参见《中华人民共和国招标投标法》第三条。
③ 参见《关于在公共服务领域推广政府和社会资本合作模式指导意见的通知》（国办发〔2015〕42号）。

三、南京市浦口区 PPP 项目调研情况总结[①]

(一) 总体概况

2015 年以来，浦口区政府以区财政局作为全区 PPP 项目的牵头单位，围绕整体工作部署，会同区发改局分两批共征集 39 个新建项目建立了区级 PPP 项目库，实际推进的项目为 38 个，总投资 709 亿元。其涵盖棚户区改造、新市镇建设、医疗卫生、污水处理、市政基础设施、文化旅游、保障性安居工程、教育、民政、环境保护、片区开发等多个领域。全部 38 个项目中，已列入省库项目 13 个，求雨山文创园和丰子河大道项目被列入省试点项目，剩余 25 个项目申报入库资料已报送省厅，正在审核过程中。截至目前，33 个项目已完成采购落地，签约率 86.8%，签约总投资 491 亿元。落地项目中选社会资本中（含联合体成员），民营企业 3 家、央企 27 家、地方国企 3 家、混合股份制企业 2 家。

为进一步推进 PPP 项目发展，提升 PPP 业务水平，浦口区采取多举措加强能力建设。其中主要包括以下几个方面：一是以引进来的方式举办全区性培训，邀请省财政厅领导和工商银行专家授课，区政府全体领导和相关部门、街道、园区中层以上干部参与学习，通过业务培训，转变理念、凝聚共识，形成推广运用 PPP 的良好氛围；二是以走出去的方式学习操作模式，积极参加财政部和省、市财政部门的各类培训，学习掌握 PPP 要领，组织项目实施机构赴先进地区学习示范项目的操作模式，就推进过程中的困难和经验交流学习；三是以勤交流的方式积累操作经验，以区财政局为牵头单位，积极深入部门指导 PPP 工作的开展，常态化召开座谈会，分享工作经验和热点问题研讨，全面提升浦口区各部门 PPP 业务能力。

以 PPP 模式推进浦口区项目的实施总体上取得不错的效果，主要包括

[①] 张一雄，《推进浦口 PPP 项目建设的路径研究》，载《2017 年度浦口区社科联重点调研课题成果汇编》，2017 年 12 月。

以下几个方面。

1. 促进项目整体建设进度，提升基础设施建设管理水平

以丰子河大道、002省道浦口段、沿山大道西延、新星大道为代表的一批道路基础设施项目的落地，进一步加快了区域主干路网建设，改善出行条件，尤其是以央企为代表的社会资本合作方具有较强的实力，通过全生命周期建设运营以及施工总承包一体化招标的方式，确保在整个合作期内重视工程质量，提供优质服务，打造精品项目。

2. 改善人居环境，保障民生项目，提高公共服务水平

以保障性住房、星甸、陡岗新市镇、桥林片区综合开发，桥北地区河道及防涝设施综合整治、珠江中水厂、南医大四附院等为代表的一批民生社会事业项目的落地，进一步提升新市镇、医疗、教育、民政等领域的公共服务水平。全区通过PPP项目新开工保障性住房188万平方米，极大缓解了"人等房"的安置矛盾；通过涉水市政项目和桥北片区河道和防涝设施综合整治，进一步完善雨污水管网优化配置，黑臭河整治成效显著，彻底解决老百姓长期反映的环境和内涝问题；通过南医大四附院项目的实施缓解桥北片区缺少大型医院的矛盾，解决片区医疗基础设施薄弱、医疗资源分布不均的问题；通过星甸、陡岗新市镇、桥林片区综合开发项目的实施，进一步改善周边百姓的居住环境，为新型城镇化建设提供样板经验。在项目实施过程中，以光大水务为代表的专业水务企业，以中国建筑为代表的新型城镇化运营企业，以上海宝冶"三天一层楼"建设速度为代表的一批建设企业，通过发挥建设和运营优势，导入优质产业，全面提升公共服务项目建设和运营水平。

3. 加快园区建设步伐，全面服务重大产业项目

以开发区一批园区市政道路、求雨山文化创意产业园、老山生态体验园（天井洼）等为代表的园区建设项目的落地，进一步改善园区基础设施建设，服务招商引资工作，显著提高园区的知名度和竞争力。保障了台积电、清华紫光、老山生态旅游综合体等重大产业项目的顺利推进，求雨山文创园项目预计可实现固定资产净增值85亿元,园区年平均营业收入50亿元,提供就业岗位12 000个,1 000家企业入驻,年交易额达1 000亿元。

4. 营造公平竞争环境,吸引优质社会资本合作方

通过政府采购公开招标的方式,吸引一大批有实力的央企、地方国企和民营企业到浦口投资建设,为地方经济稳增长作出重要贡献,同时通过社会资本的资源优势引入产业和项目,反哺实体经济,形成良性循环。

(二)浦口区各PPP项目在落实过程中的问题与风险

1. PPP项目前期工作中的问题

(1) 招标主体不规范

规范的PPP项目是政府公共部门和社会资本方利益共赢、风险共担的一种新型合作模式,政府公共部门实施机构是由政府或者具有行政智能的部门承担。但在浦口区实际操作中,由于专业人才和资金等方面的原因,以浦口国资集团四个PPP项目为例,其均由国资集团和相关职能部门组建双主体实施机构,由浦口国资集团承担项目实际实施机构的职责,这给PPP项目后期的建设、运营和移交带来一定的操作问题和风险隐患。

(2) 主管部门不统一

这一问题直接导致浦口区PPP项目合同备案的障碍,由于浦口区PPP项目是在财政部门通过政府采购程序下完成的,所以PPP主合同(投资合作协议、特许经营协议、运营服务协议)都不是建设主管备案所用的二维码合同,这直接导致了浦口区PPP合同无法在建设主管处备案,后续导致施工许可证等无法正常办理、质监安监等无法介入,影响了PPP项目的正常进度。

(3) 中介咨询机构服务水平参差不齐

浦口区政府并未正式建立专门的PPP财务、法律、咨询等各专业方向的专家库,社会上不同水平的中介咨询机构业务能力影响到PPP项目质量。以浦口区水务集团中水厂PPP项目为例,中介机构在招标文件中未能明确

涉及建筑安装工程是否需要开展二次招标，中水厂项目在实际操作过程中就该问题与建工局进行了多次沟通确认，最终开展了二次招标，影响了工程建设的整体进度。

2. PPP项目招标签约阶段存在的问题

（1）招投标过程中的公平竞争机制无法贯彻实施

在浦口区PPP项目招标环节中，缺乏民营企业与大型国有企业公平竞争的制度保障。在浦口区政府与社会资本的合作过程中，就区财政局统计情况来看，大型国有企业参与度普遍较高。浦口区政府本应当鼓励社会资本尤其是民间资本进入基础设施和社会公共事业领域，而现在民间资本却被拒之门外，这与PPP的初衷相违背。这其中的原因之一当然与我国的市场体制不完善、缺乏保障民营企业参与市场竞争的体制机制、国有企业在某些领域的垄断势力较为强大有关，但就实地调研情况来看，浦口区财政局在选择社会资本方上也侧重以大型国企作为合作方。

（2）基于项目不同导致工程造价控制难度增加

由于PPP项目在前期阶段就要选定社会资本方，而设定造价一般在项目实施过程中确定，这就相当于每一个子项目都要确定一个造价。同时，项目公司的公司制化导致政府部门与社会资本方成了平等民事契约主体，很多情形下多次谈判沟通仍然无法确定统一工程造价。以南医大四附院PPP项目为例，该项目是浦口区大型公建类医院，对智能化要求很高，很多设备有可能存在价格垄断，还有众多专业医疗设备，在造价控制方面对政府方造成了更高的要求和困难。

（3）土地指标无法按进度取得影响项目进展

从浦口区康居集团落地实施的5个PPP项目情况来看，普遍存在政府方实施的项目土地指标无法取得的情形，导致社会资本方成立的项目公司无法按期办理四证，影响工期进度。再如江北新区桥林新城PPP项目所反映的情况，目前其总体规划及各单元控详均未批复，所有PPP项目的正式规划手续无法办理，导致部分项目可研批复、环评报告及批复、土地预审意见、规划选址意见书等均无法办理。

3. PPP项目建设运营过程中存在的问题

（1）合同约定权责分配不合理

从项目遴选、收费方式确定、政府补贴程度以及项目收益率测算等方面看，PPP应用需要大量的专业人才和知识储备。而目前浦口区各部门尚未形成对PPP统一的认识和风险把控，在签约、操作过程中有出现脱离实际的风险，导致社会资本方和政府部门的权责不完全匹配，并未形成风险共担和收益共享的合作机制。

（2）项目开展后无法按期落实融资资金

以康居集团在建的浦口区保障房PPP项目为例，普遍存在社会资本方大部分未按投标约定落实融资资金，项目推进仅靠垫资推进的情形。尽管对于这方面，社会资本方本身也存在诸多问题，但通过调研座谈情况来看，主要还是项目入库问题未解决，项目不属于省财政部PPP项目入库项目，则给项目融资带来一定的困难。

（3）入库问题亟待解决

承接上一个现存问题，浦口经济开发区目前共建PPP项目19个，总投资约230亿，但在座谈中发现其19个项目仅4个进入了省财政PPP项目库，其余均未纳入省财政项目库，目前开发区已中标的社会资本方均表示融资难度极大，目前尚无一家融资到位，给PPP项目后期建设和运营带来较大隐患和阻碍。

（4）存在建设期内的财务风险

由于PPP项目合作期不低于10年，时间跨度长给财务决算带来一定风险。以浦口区国资集团实施的PPP项目而言，建设期内由于金融政策调整、银行放贷收紧、项目四证不全等带来的融资问题等因素，给建设期结束后项目财务决算工作增加了很大的难度，也对财务专业人员提出了更高的要求。

4. PPP项目移交过程中存在的问题

(1) 补偿与定价问题

现行的 PPP 项目产品或服务的定价缺乏理论依据和科学的定价规律，价格管理监督机制不完善。由于公共产品定价涉及参与各方的利益因素复杂、影响因素众多和各自目标的差异性较大，导致浦口区 PPP 项目定价存在以下问题：公共产品和服务的定价过程是政府部门和私人单位对利益分配的运作；政策性调价和经营原因调价互相混淆；没有规范的定价标准；定价管理机构和监督体系不完善；信息不对称，现行的定价机制不能约束企业虚报成本的行为。以浦口区水务集团中水处理 PPP 项目为例，中水厂项目已进入商业运营阶段，截至目前尚未形成有效的水价定价机制，同时中水厂 PPP 项目的城市杂用水和工业企业用水尚未形成生产销售完整的产业链，有待进一步明确谁使用谁付费，承担税费补偿原则。

(2) PPP 项目绩效评价问题

在英美等发达国家，对 PPP 模式进行绩效评价的体系日臻完善，但是在我国还处于起步阶段。浦口区现有的 PPP 绩效评价体系存在诸多问题，如绩效评价标准不统一、评价方法不科学，再加上评价机构缺乏权威性，导致绩效评价结果缺乏约束力，且目前还没有相关法规政策给出具体的绩效指标、绩效定性分析等概念。

(3) 风险分担与收益分配机制不合理

PPP 项目由于自身的特殊性使得其在建设和运营过程中面临许多无法避免的风险。然而由于公共部门和私人部门在参与 PPP 项目时所期望达到的目标存在差异性。政府部门有时为了吸引资金、提升建设政绩，往往会向私人部门承诺风险由政府兜底，从而使政府单方面承担较多风险；有时又会为了减轻公共部门应该承担的责任，而将风险推向私人部门。在浦口区落地几项 PPP 项目来看，PPP 项目缺乏合理的、明确的承担主体，一旦出现风险分担不合理、公私双方互相推诿的情况，将有碍项目的进展，最终可能会导致项目的失败，进而损害各方的利益。

5. 针对上述现存主要问题和风险的对策与建议

(1) 在项目准备阶段，重点把握各项评价要点

第一，保证财务测算翔实，坚持全生命周期合作理念。全面细致测算项目总投资和经营收入，充分考虑项目全生命周期内不同方案的成本测算，保证全生命周期不少于 10 年。

第二，风险分配合理，回报机制明确。将政府方、社会资本方、项目公司承担的风险进行合理分担，明确项目回报机制，经营收入能覆盖采用使用者付费的项目投资，比如保障性住房 PPP 项目；纯公益性项目由政府付费，如道路等基础设施项目；准公益性项目采用政府可行性缺口补助的方式，如片区开发、新市镇项目，并保证整个合作期内平滑政府付费支出，不对社会资本进行兜底、固定回报承诺，并择优选择等额本息、等额本金和财政部公式三种测算方法。

第三，健全绩效考核机制、把关物有所值评价。设置全生命周期的绩效考核指标，引导社会资本提高公共产品和公共服务的供给质量，并将绩效考核结果与政府付费挂钩，指定奖惩措施。同时严谨把关物有所值评价，定性评价组织专家评审打分，财政部门参与，定量评价由中介机构组织测算，充分考虑生命周期过程的财政支出责任，由财政部门进行审核。

第四，控制财政承受能力，同步市场测试。根据公共预算支出的 10%，统筹浦口全区政府性基金预算可用额度，测定财政可用于 PPP 项目的支出额度。同时确保项目实施机构在编制实施方案过程中，在合法合规、公开透明的基础上，鼓励社会资本提前介入，参与项目可研、实施方案设计等前期工作，同步市场测试，做到公开透明。

(2) 在项目采购阶段，明确禁止性规定，增加约束条款

第一，禁止设定资格条件排他性条款。根据《政府采购法》《招标投标法》等相关法律法规，尤其在 PPP 项目的招投标过程中，政府方应当始终秉持公开、公平、公正原则进行筛选社会资本方，充分发挥市场的最大

优势。

第二，严禁资格预审条件、评分标准量身定做。所有项目的政府采购均须进行资格预审，目的是检验市场响应程度，保证有足够的社会资本参与，实现充分竞争，但浦口区实施PPP项目应当秉持公开透明原则，平等对待社会资本方。

第三，禁止实施机构违规选择并干预专家评分。浦口区各部门应严格按照采购程序，按照三公原则将所有PPP项目委托政府采购中心采取公开招标的方式进行采购，采购过程中邀请公证部门现场公证。同时不得以政府监督的名义现场干预评审专家打分，应当事后将部分有异议的社会资本方提交专家委员会进行复核，并最终由政府方确认。

第四，优化招标文件，增加约束条款。以浦口区国资集团PPP项目为例，其在2016年度PPP招标文件中增加了现场管理的约束条款，附件中附加了针对本项目的模拟清单报价内容，价格由社会资本自行报价，中标后不再一一核价，大大降低了现场造价控制的人力物力，拿回了造价谈判的主动权。

第五，优化筛选PPP项目，确定用地指标。政府方应当在确定采取实施PPP模式进行项目实施前，优化筛选各类项目综合情况，避免出现土地用地指标不合规的情形，防止出现后期四证无法办理而导致项目中止甚至终止的情形。

（3）在项目执行阶段，实行政府有效监管，保障多部门沟通

第一，政府方实施对项目全过程监管。项目实施机构应按照合作协议的约定，对照绩效考核方案，对项目进行全过程监管，其中以投资建设为核心的项目重点做好工程建设管理，尤其是工程计量、计价、变更、调整概算等与政府付费密切相关的部分，以运营绩效为核心的项目重点做好运营阶段生产管理、营收、公共服务效率和质量等方面的考核。

第二，政府各部门按职能分属监督。行政主管部门各司其职，开展行业管理，重点做好工程质量、安全、环保、审计以及物价等方面的监督，

并及时将问题通报项目公司,共同针对问题论证讨论,顺利并及时找出解决方案。

第三,完善社会监督职能。浦口政府各部门应当在PPP项目全生命周期内完善社会公众监督,通过引入第三方咨询评价公司,以开展公众满意度测试等多种方式接受社会公众监督,督促社会资本方提供优质和高效的建设运营服务。

第四,保障多部门互相沟通,加强政府部门间协作。随着浦口区PPP项目的发展壮大,需区政府建立专门的统一协调机制。发改、财政和项目实施机构在政府和社会资本合作中承担着不同的工作,建议按照各部门的工作职能,明确工作职责,形成从项目立项、识别、筛选、采购各司其职的工作链,同时由区政府出台相应工作实施细则加以保障执行。

(4) 其他有待完善并贯彻实施的细节性问题

第一,抓好PPP项目的几个重要环节。从落地项目的经验看,PPP操作流程中有几个关键点需要关注:一是项目前期工作尽量完善,项目的产出说明要明确,提高财务测算的准确度;二是项目实施方案要科学合理,实施方案直接关系到项目运作成效,是PPP的基础工作,需要反复论证、测算、评估,确保方案的可操作性;三是项目招标文件、合同条款要细化,为避免后续合同签订以及项目实施过程中与社会资本产生分歧,在招标阶段就要做到准确、全面,对未来可能存在的工程变更、调价等事项约定清晰,执行过程中响应招标文件和合同;四是将运营部分通过绩效考核方式与政府付费挂钩,引导社会资本方重视工程质量,提高公共服务水平。

第二,项目实施机构需主动作为,履行监管职责。PPP项目周期较长,我区大多采取建安费率招标的方式,项目完工后由政府方组织进行工程量的审计,根据定额和下浮率计算政府付费总额。基于费率的招标方式下,设计、测绘、跟踪审计、监理等中介机构服务应由政府方主导实施,进一步控制设计风险、管理风险和工程变更风险。设计调整、工程变更仅于缩短工期、节约成本的优化方案,且需经政府方审核同意,否则不计入政府付费总额。在项目建设过程中,跟踪审计和监理由政府方招标或摇号产生,政府方负责管理监督和审核付款,星甸新市镇和桥林老城改造项目试点聘请项目管理公司对 PPP 项目进行全生命周期的管理、监督,借助专业力量提高管理水平和效率。

第三,培养 PPP 领域的专业人才。PPP 属于综合领域,涉及工程、财务、法务、造价咨询、招投标等多个领域,对从业人员的综合能力要求较高。首先政府方需要持续稳定的专业人才做好方案审核、项目建设、管控和监督工作;其次中介咨询机构需要集成的综合业务能力,在现阶段业务量较大的情况下,难以投入精干力量为项目实施机构服务,反而是社会资本在专业人才方面具有明显优势。因此,在方案编制、谈判过程中就容易造成政府方利益受损。目前我区主要通过对方案组织进行专家评审来弥补这方面的不足,从长期看政府方需要引进和培养 PPP 领域的专业人才。

参考书目

一、专著类

[1] 周佑勇：《行政法基本原则研究》，武汉大学出版社2005年版。

[2] 周佑勇：《行政裁量治理研究：一种功能主义的立场》，法律出版社2008年版。

[3] 周佑勇：《保密行政执法的理论与实践》，金城出版社1999年版。

[4] 周佑勇：《行政法原论》，中国方正出版社2005年版。

[5] 周佑勇：《行政不作为判解》，武汉大学出版社2000年版。

[6] 周佑勇：《行政规范研究》，法律出版社2002年版。

[7] 周佑勇主编：《行政许可法理论与实务》，武汉大学出版社2004年版。

[8] 周佑勇主编：《行政法专论》，中国人民大学出版社2010年版。

[9] 应松年主编：《当代中国行政法》，中国方正出版社2005年版。

[10] 姜明安主编：《行政执法研究》，北京大学出版社2004年版。

[11] 余凌云：《行政自由裁量论》，中国人民公安大学出版社2005年版。

[12] 杨伟东：《行政行为司法审查强度研究》，中国人民大学出版社2003年版。

[13] 朱新力主编：《法治社会与行政裁量的基本准则研究》，法律出版社2007年版。

[14] 刘鑫桢：《论裁量处分与不确定法律概念》，台湾省五南出版公司2005年版。

[15] 詹镇荣：《民营化法与管制革新》，台北元照出版公司2005年版。

[16] 胡建淼：《中外行政法规分解与比较》，法律出版社2004年版。

[17] 罗豪才等：《软法与公共治理》，北京大学出版社2006年版。

[18] 杨海坤，章志远：《中国行政法基本理论》，北京大学出版社2004年版。

[19] 余凌云：《行政契约论》，中国人民大学出版社2000年版。

[20] 姜明安主编：《行政法与行政诉讼法》，北京大学出版社2005年版。

[21] 陈敏：《行政法总论》，台北新学林出版有限公司2011年版。

[22] 李震山：《行政法导论》，台北三民书局1998年版。

[23] 林明锵：《欧盟行政法——德国行政法总论之变革》，新学林出版股份有限公司2009年版。

[24] 陈春生：《行政法之学理与体系（一）》，台北三民书局1996年版。

[25] 陈春生：《行政法之学理与体系（二）》，台北三民书局1996年版。

[26] 吴庚：《行政法之理论与实用》，台北三民书局2001年版。

[27] 王文宇：《民商法理论与经济分析》，台北元照出版公司2000年版。

[28] 王泽鉴：《债法原理（第一册）》，中国政法大学出版社2001年版。

[29] 敖双红：《公共行政民营化法律问题研究》，法律出版社2007年版。

[30] 李建良：《2011行政管制与行政争讼》，台北"中央"研究院法律学研究所专书2011年版。

[31] 李建良：《宪法理论与实践（二）》，台北新学林出版有限公司1999年版。

[32] 李建良等：《行政法入门》，台北月旦出版社1998年版。

[33] 陈新民：《德国公法学基础理论》，法律出版社2010年版。

[34] 陈新民：《行政法学总论》，台北三民书局1992年版。

[35] 陈新民：《公法学札记》，中国政法大学出版社2001年版。

[36] 陈小文：《行政法的哲学基础》，北京大学出版社2009年版。

[37] 金自宁：《公法/私法二元区分的反思》，北京大学出版社2007年版。

[38] 刘恒主编：《行政许可与政府管制》，北京大学出版社2007年版。

[39] 潘伟杰：《制度变迁与政府规制研究》，上海三联书店2005年版。

[40] 陈干全：《公共服务民营化及其政府管理研究》，安徽大学出版社2008年版。

[41]　章剑生：《行政程序法基本理论》，法律出版社 2003 年版。
[42]　张树义：《行政法与行政诉讼法》，高等教育出版社 2002 年版。
[43]　黄锦堂：《行政组织法》，翰芦图书出版有限公司 2005 年版。
[44]　董保城：《法治与权利救济》，台北元照出版公司 2006 年版。
[45]　程明修：《行政法之行为与法律关系理论》，台北新学林出版有限公司 2005 年版。
[46]　赖恒盈：《行政法律关系论之研究》，台北元照出版公司 2003 年版。
[47]　翁岳生主编：《行政法》（上），中国法制出版社 2002 年版。
[48]　翁岳生主编：《行政法》（下），中国法制出版社 2002 年版。
[49]　翁岳生：《法治国家之行政法与司法》，台北月旦出版社 1995 年版。
[50]　翁岳生：《行政法与现代法治国家》，台北三民书局 1990 年版。
[51]　叶必丰：《行政法的人文精神》，湖北人民出版社 1999 年版。
[52]　廖义男：《企业与经济法》，台北三民书局 1987 年版。
[53]　于安：《德国行政法》，清华大学出版社 1999 年版。
[54]　许宗力：《法与国家权力》，台北月旦出版社 1993 年版。
[55]　张千帆等：《比较行政法——体系、制度与过程》，法律出版社 2008 年版。
[56]　［日］美浓部达吉：《公法与私法》，陈正明译，中国政法大学出版社 2003 年版。
[57]　［日］美浓部达吉：《法之本质》，王国维、林纪东译，中国政法大学出版社 2006 年版。
[58]　［日］盐野宏编：《新版行政法判例》，有斐阁出版社 1990 年版。
[59]　［日］盐野宏：《行政组织法の诸问题》，有斐阁出版社 1991 年版。
[60]　［日］盐野宏：《行政法》，杨建顺译，法律出版社 1999 年版。
[61]　［日］大桥洋一：《行政法学的结构性变革》，吕艳滨译，中国人民大学出版社 2008 年版。
[62]　［德］奥托·迈耶：《德国行政法》，刘飞译，商务印书馆 2002 年版。

[63] [德]哈特穆特·毛雷尔:《行政法学总论》,高家伟译,法律出版社2000年版。

[64] [英]安东尼·奥格斯:《规制——法律形式与经济学理论》,骆梅英译,中国人民大学出版社2008年版。

[65] [英]达霖·格里姆赛:《公私合作伙伴关系——基础设施供给和项目融资的全球革命》,济邦咨询公司译,中国人民大学出版社2008年版。

[66] [美]E. S. 萨瓦斯:《民营化与公私部门的伙伴关系》,周志忍译,中国人民大学出版社2002年版。

二、论文类

[1] 周佑勇:《交通规划民营化及其法治建构》,载《江苏行政学院学报》,2016年第1期。

[2] 周佑勇:《公私合作语境下政府购买公共服务现存问题与制度完善》,载《政治与法律》,2015年第12期。

[3] 周佑勇:《特许经营权利的生成逻辑与法治边界——经由现代城市交通民营化典型案例的钩沉》,载《法学评论》,2015年第6期。

[4] 周佑勇:《建立健全行政裁量权基准制度论纲——以制定〈行政裁量权基准制定程序暂行条例〉为中心》,载《法学论坛》,2015年第6期。

[5] 周佑勇:《作为行政自制规范的裁量基准及其效力界定》,载《当代法学》,2014年第1期。

[6] 周佑勇:《裁量基准的技术构造》,载《中外法学》,2014年第5期。

[7] 周佑勇:《裁量基准公众参与模式之选取》,载《法学研究》,2014年第1期。

[8] 周佑勇:《行政法中的法律优先原则研究》,载《中国法学》,2005年第3期。

[9]　周佑勇：《和谐社会与行政执法的改进》，载《湖北社会科学》，2006年第2期。

[10]　周佑勇，钱卿：《裁量基准在中国的本土实践——浙江金华行政处罚裁量基准调查研究》，载《东南大学学报（哲学社会科学版）》，2010年第4期。

[11]　周佑勇：《行政裁量的均衡原则》，载《法学研究》，2004年第4期。

[12]　周佑勇：《作为过程的行政调查——在一种新研究范式下的考察》，载《法商研究》，2006年第1期。

[13]　周佑勇：《裁量基准的正当性问题研究》，载《中国法学》，2007年第6期。

[14]　周佑勇：《行政裁量的治理》，载《法学研究》，2007年第2期。

[15]　周佑勇：《行政裁量概念的比较观察》，载《环球法律评论》，2006年第4期。

[16]　周佑勇：《完善对行政规范的复议审查制度》，载《法学研究》，2004年第2期。

[17]　周佑勇：《行政不作为构成要件的展开》，载《中国法学》，2001年第5期。

[18]　周佑勇：《行政法的正当程序原则》，载《中国社会科学》，2004年第4期。

[19]　张一雄：《论行政行为形式选择裁量及其界限——以公私合作为视角》，载《行政法学研究》，2014年第1期。

[20]　张一雄：《公私合作背景下关于行政监督新内涵的再思考》，载《法制博览》，2015年第34期。

[21]　张一雄：《比较法视野下的行政法人法律属性探究及其制度化建构基础》，载《理论与改革》，2016年第2期。

[22]　陈爱娥：《行政行为形式—行政任务—行政调控——德国行政法总论改革的轨迹》，载《月旦法学》，2005年第120期。

[23] 陈爱娥：《公私合作对行政契约法制的影响——以德国法的引介为中心》，载《政治与法律之对话——合作国家与新治理研讨会》，2007年6月。

[24] 陈爱娥：《促进民间参与公共建设事件中的行为形式与权力划分》，载《月旦法学》，2006年第134期。

[25] 宋冰：《政府特许经营若干问题研究——关于"什刹海胡同游"政府特许经营的实例调查》，载《北京行政学院学报》，2008年第6期。

[26] 梁卫军：《"依法行政"探略》，载《广西社会科学》，2004年第6期。

[27] 姜明安：《行政裁量的软法规制》，载《法学论坛》，2009年第4期。

[28] 余凌云：《游走在规范与僵化之间——对金华行政裁量基准实践的思考》，载《清华法学》，2008年第3期。

[29] 韩大元：《"五四宪法"的历史地位与时代精神》，载《中国法学》，2014年第4期。

[30] 杨建顺：《论行政裁量与司法审查》，载《法商研究》，2003年第1期。

[31] 葛先园：《社会国原则的基础理论》，载《苏州大学学报（哲学社会科学版）》，2010年第3期。

[32] 陈军：《冲击与回应——公私合作背景下行政法体系重构》，载《广西师范大学学报（哲学社会科学版）》，2013年第1期。

[33] 陈婉玲：《公私合作制的源流、价值与政府责任》，载《上海财经大学学报（哲学社会科学版）》，2014年第5期。

[34] 詹镇荣：《论民营化类型中之〈公私协力〉》，载《月旦法学》，2003年第11期。

[35] 詹镇荣：《行政合作法之建制与开展——以民间参与公共建设为中心》，载于台湾行政法学会编：《行政契约之法理/各国行政法学发展方向》，2009年。

[36] 詹镇荣：《民间参与公共建设之国家赔偿责任》，载《宪政时代》，

2009年第4期。

[37] 章志远:《民营化、规制改革与新行政法的兴起——从公交民营化的受挫切入》,载《中国法学》,2009年第2期。

[38] 章志远:《公用事业特许经营及其政府规制——兼论公私合作背景下行政法学研究之转变》,载《法商研究》,2007年第2期。

[39] 章志远:《我国国家政策变迁与行政法学的新课题》,载《当代法学》,2008年第3期。

[40] 章志远:《公共行政民营化的行政法学思考》,载《政治与法律》,2005年第5期。

[41] 章志远:《新〈行政诉讼法〉实施对行政行为理论的发展》,载《政治与法律》,2016年第1期。

[42] 章志远,黄娟:《公用事业特许经营市场退出法律制度研究》,载《学习论坛》,2011年第6期。

[43] 章志远,李明超:《公用事业特许经营立法问题研究——以若干地方性法规为分析样本》,载《江苏行政学院学报》,2009年第6期。

[44] 罗豪才,宋功德:《公域之治的转型——对公共治理与公法互动关系的一种透视》,载《中国法学》,2005年第5期。

[45] 袁曙宏:《服务型政府呼唤公法转型——论通过公法变革优化公共服务》,载《中国法学》,2006年第3期。

[46] 高秦伟:《行政法中的公法与私法》,载《江苏社会科学》,2007年第2期。

[47] 高秦伟:《美国行政法中正当程序的"民营化"及其启示》,载《法商研究》,2009年第1期。

[48] 王维达:《通过私法完成公共任务及其在中国的发展》,载《同济大学学报(社会科学版)》,2003年第2期。

[49] 王春业:《公权私法化、私权公法化及行政法学内容的完善》,载《内蒙古社会科学(汉文版)》,2008年第1期。

[50] 蔡乐渭：《BOT 中的行政法问题研究》，载《行政法学研究》，2003 年第 3 期。

[51] 杨寅：《公私法的汇合与行政法演进》，载《中国法学》，2004 年第 2 期。

[52] 葛云松：《法人与行政主体理论的再探讨——以公法人概念为重点》，载《中国法学》，2007 年第 3 期。

[53] 彭涛：《论公私合作伙伴关系在我国的实践及其法律框架构建》，载《政法论丛》，2006 年第 6 期。

[54] 蒋红珍：《非正式行政行为的内涵——基于比较法视角的初步展开》，载《行政法学研究》，2008 年第 2 期。

[55] 章剑生：《现代行政法面临的挑战及其回应》，载《法商研究》，2006 年第 6 期。

[56] 史际春：《公用事业民营化及其相关法律问题研究》，载《北京大学学报（哲学社会科学版）》，2004 年第 4 期。

[57] 邢鸿飞：《政府特许经营协议的行政性》，载《中国法学》，2004 年第 6 期。

[58] 钟明霞：《公用事业特许经营风险研究》，载《现代法学》，2003 年第 3 期。

[59] 郎佩娟：《论我国公共基础设施特许经营的行政法环境》，载《中国人民大学学报》，2006 年第 6 期。

[60] 刘飞：《试论民营化对中国行政法制之挑战——民营化浪潮下的行政法思考》，载《中国法学》2009 年第 2 期。

[61] 郑春燕：《行政任务变迁下的行政组织法改革》，载《行政法学研究》，2008 年第 2 期。

[62] 刘志刚：《论服务行政条件下的行政私法行为》，载《行政法学研究》，2007 年第 1 期。

[63] 颜玉明：《我国台湾地区"促参法"BOT 契约法律性质初探》，载

《台湾法学杂志》，2006年第82期。

[64] 程明修：《行政行为形式选择自由》，载《月旦法学》，2005年第5期。

[65] 程明修：《公私协力契约相对人之选任争议——以"最高行政法院"九十五年判字第一二三九号判决（ETC案）之若干争点为中心》，载《月旦法学》，2006年第3期。

[66] 程明修：《行政受托人之选任应适用政府采购法或行政程序法》，载《月旦法学》，2004年第21期。

[67] 许宗力：《双方行政行为——以非正式协商、协定与行政契约为中心》，载《新世纪经济法制之建构与挑战——廖义男教授六秩诞辰祝寿论文集》，2002年。

[68] 许宗力：《国家机关的法人化——行政组织再造的另一种选择途径》，载《月旦法学》，2000年第2期。

[69] 许宗力：《论行政任务的民营化》，载《当代公法新论——翁岳生教授七秩诞辰祝寿论文集》，2002年。

[70] 林明锵：《论型式化之行政行为与未型式化之行政行为》，载《当代公法理论》，1993年。

[71] 林明锵：《"促进民间参与公共建设法"事件法律性质之分析》，载《台湾法学杂志》，2006年第82期。

[72] 林明锵：《论行政委托私人——其基本概念、法律关系及限制监督》，载《宪政时代》，1993年第2期。

[73] 高家伟：《论我国大陆煤炭能源监管中的公私伙伴关系》，载《月旦法学》，2009年第174期。

[74] 柳砚涛：《论行政行为的形式》，载《行政法学研究》，2006年第4期。

[75] 李显冬：《市政特许经营中的双重法律关系——兼论市政特许经营权的准物权性质》，载《国家行政学院学报》，2004年第4期。

[76] 陶品竹：《公共服务理论与行政法学的转型》，载《西南政法大学学报》，2007年第4期。

[77] 鲁鹏宇：《行政法学理构造的变革》，吉林大学硕士学位论文，2007年。

[78] 杨欣：《变革与回应——民营化的行政法研究》，中国政法大学博士学位论文，2006年。

[79] 宋国：《合作行政的法治化研究》，吉林大学博士学位论文，2009年。

[80] 敖双红：《民营化语境下的行政法问题研究》，中南大学博士学位论文，2007年。

[81] 陈军：《变化与回应——公私合作的行政法研究》，苏州大学博士学位论文，2010年。

[82] 邓念国：《西方国家社会保障的民营化——新制度主义的视角》，上海交通大学博士学位论文，2008年。

[83] 孙结：《城市基础设施的公私合作管理模式研究》，同济大学博士学位论文，2005年。

[84] 陈铭聪：《公民参与行政任务研究》，苏州大学博士学位论文，2013年。

[85] 赵颖：《我国城市公交服务公私合作机制的构建》，厦门大学博士学位论文，2009年。

[86] 何寿奎：《公共项目公私伙伴关系合作机理与监管政策研究》，重庆大学博士学位论文，2009年。

[87] 赖丹馨：《基于合约理论的公私合作制（PPP）研究》，上海交通大学博士学位论文，2011年。

[88] 沈叶迪：《英国公私合作项目研究》，华中科技大学博士学位论文，2012年。

[89] 张惠东：《行政行为形式选择》，中兴大学硕士学位论文，1999年。

[90] 刘如慧：《论行政机关选择公法及私法手段之自由》，台湾大学硕士学位论文，1995年。

三、外文文献

[1] SCHUPPERT G F. Die öffentliche verwaltung im kooerationsspektrum staatlicher und privater aufgabenerfüllung: zum denken in verantwortungsstufen. Die Verwaltung 31 (1998), S. 415 ff.

[2] OSSENBUEHL. Die Erfuellung von Verwaltungsaufgaben durch Private. VVDStRL 29 (1971), S. 137ff.

[3] KRAUSE P. Rechtsformen des Verwaltungshandelns, überlegungen zu eunem System der Handlungsformen der Verwaltung, mit Ausnahme derRechtsezung, 1974, SS. 235.

[4] SCHOCH. Privatisierung von Verwaltungsaufgaben, DVBl. 1994, S. 962 (962f).

[5] ZIEKOW, WINDOFFER. Public Private Partnership: Struktur und Erfolgsbedinggungen von Kooperationsarenen. Baden-Baden, 2008, S. 27.

[6] SCHUPPERT. Die Oeffentliche Verwaltung im Kooperationsspektrum staatlicher und privater Aufgabenerfuellung: Erscheeinungsformen von Public Private Partnership als Herausforderung an Verwaltungsrecht und Verwaltungswissenschaft//Budaeus, Eichhorn (Hrsg.). Public Private Partnership: Neue Formen oeffentlicher Aufgabenerfuellung. Baden-Baden, 1977, S. 93 (117, 124).

[7] GRIMM D. Regulierte Selbstregulierung in der Tradition des Verfassungsstaats//Die Verwaltung, Beiheft 4, 2001, S. 9 (19).

[8] PETER J TETTINGER. Public Private Partnership, Moeglichkeiten und Grenzen-ein Sachstandsbericht, NWVBl. 2005, S. 5.

[9] OSSENBUEHL F. Die Erfuellung von Verwaltungsaufgaben durch Private, VVDStRL 18. 1971, S. 159 ff.

[10] MEYER-HESEMANN W. Methodenwandel in der verwaltungsrechtswissenschaft. Baden-Baden, 1981, S. 139.

[11] KENNETH CULP DAVIS. Discretionary Justice. University of Illinois Press, 1971.

[12] WADE H W R, FROSYTH C F. Administrative Law. 9th ed. Oxford University Press, 2004.

[13] SCHWARZE J. European Administrative Law. London: Sweet & Maxwell, 1992.

[14] SMITH S DE, RODNEY. Constitutional and Administrative Law. 8th ed. Penguin books Ltd, 1998.

[15] GELLHORN E. LEVIN R M. Administrative Law and Process. West publishing co. 1990.

[16] CRAIG PAUL. Administrative Law. 3nd edition. Sweet & Maxwell, 1994.

[17] GALLIGAN D J. Discretionary Powers: A Legal Study of Official Discretion. Oxford: Clarendon Press, 1986.

[18] PEARCE LORD, BEATSON, MATTHEWS M H. Administrative Law: Cases and Materials. 2nd edition. Oxford: Clarendon Press, 1989.

[19] CHARLES CF, KOCH H. Judicial Review of Administrative Discretion// George Washington Law Review May, 1986.

[20] BENNION FRANCIS. Distinguishing Judgment and Discretion. Public Law, Autumn 2000, Sweet & Maxwell and Constributors.

[21] VICKER JOHN, YARROW GEORGE. Privatization: Economic Analysis. MIT Press, 1988.

[22] BECKER. Rechtsrahmen fuer Public Private Partnership. ZRP 2002, S. 303 (304).